KB254144

觀音

정 만 지음

우리출판사

觀 音

글을 시작하며

관음기도를 하면서 일었던 환희심으로《관음성지를 찾아서》의 중판을 발행한 지도 벌써 10년 가까운 시간이 지났습니다. 그러나 판이 거듭될수록 부끄러운 마음이 자꾸만 무거움을 더해 갑니다.

나름대로 부족했다고 느꼈던 내용들에 대한 자료를 수집하고 보완하여 책을 다시 펴내면서 독자들에 대한 마음의 빚을 조금이나마 갚으려 노력했습니다. 그러나 자료 부족과 얕은 불심에 기인한 졸필에 여전히 부끄럽기는 마찬가지입니다.

이 땅의 관음성지를 참배하며 한결같이 느낄 수 있었던 것은 옛 스님들이 고통받는 중생을 위하여 발원하며 관음도량을 개창했던 것을 직접 확인할 수 있었다는 것입니다. 관음을 친견하거나 현몽을 받아 곳곳에 생관음도량을 열었던 옛 스님들의 발원에 저절로 머리가 숙여졌습니다.

우리 불자들에게도 그분들의 숭고한 정신을 알려 아직도 가능성이 있는 심전(心田)에 불보살님의 원력을 새겼으면 하는 바람입니다. 무시 이래로부터 지어온 두터운 죄업을 참회하고 보리심을 발하여 윤회에서 벗어날 수 있도록 한다면 더할 수 없는 복덕이라 여겨 32응신 나투신 관음성지를 찾는 작업을 기쁘게 할 수 있었습니다.

관세음보살님은 32응신 나투신 모습대로 성지를 열어 두고 중생의 근기에 맞추어 정법을 깨닫게 하고 인과의 도리를 바르게 하는 보시 공덕과 선근업을 쌓게 하여 우리로 하여금 참된 삶을 추구하도록 한 것입니다.

　여러 해 동안 답사를 통해 이 땅의 관음성지가 만다라의 개법에 따라 개창되어졌음을 새삼 느끼게 된 것입니다. 즉, 동·서·남·북의 모든 불상들이 한결같이 동쪽을 향해 마치 연꽃잎이 펼쳐져 있듯이 모셔져 있다는 것입니다. 우리의 선조 스님들은 그렇게 곳곳에 관세음보살님의 32응신 그 모습 그대로를 벽화나 탱화에 조성하여 현신해 놓았던 것입니다.

　관음성지를 답사하는 동안에도 끊이지 않고 이어지는 불자(佛子)들을 보면서 그들의 발원이 성취되기를 기원하면서 조심스럽게 이 책을 내놓습니다.

신사년 정월　**정 만** 합장

진심을 잘 내는 어느 스님 이야기

걸핏하면 성질을 잘 내는 사람이 있었다. 이 사람은 사소한 일에도 성을 잘 내는 바람에 주위 사람들이 그와 마주하기를 몹시 꺼려했다. 그는 대수롭지 않은 일에도 얼굴을 벌겋게 붉히면서 성을 내기 때문에 이 사람과 말상대를 하거나 일을 같이 하게 되는 것은 곧 그로부터 화풀이 봉변을 당할 위험이 있는 일이라고 생각했다. 자기 자신도 그러한 성질이 잘못된 것인 줄 알고 못된 성질을 바로 잡으려고 무던히 노력을 했지만 별다른 효과가 없었다.

그는 이러한 자신의 못된 성질을 부모로부터 물려받은 것이라 생각하고 부모를 원망하기조차 했다. 이웃 사람들은 그에게 화 잘 내는 성질은 천성이므로 고치기 어려울 것이라고 말했다. 동네 사람들은 그의 그러한 나쁜 성질을 고치는 방법을 그와 함께 찾았다.

그 때 반규스님이라는 선지식이 사람들의 마음을 꿰뚫어 보는 혜안이 있다는 말을 듣고 반규스님을 찾아갔다. 설명을 다 듣고 난 반규스님은 이렇게 말했다.

"그것 참 못된 병이구려. 내가 지금 고쳐 줄테니 그 성 잘 내는 신경질이라는 걸 이리 내놔 보시오. 그리고 성을 내면서 나를 두들겨 패 보시오."

그 사람이 말했다.

"그건 안 됩니다. 누가 저의 성질을 건드려서 성이 나게 해야 성을 내는 것이지 아무 이유없이 저 홀로 성을 낼 수는 없습니다.”

“그렇다면 당신의 성 내는 성질은 본래 없는 것이 아니겠소. 그런데 그 못된 성질을 부모의 유전이라고 하니 부모에게 그런 불효가 어디 있겠소. 어떤 부모든지 부모는 자식에게 착한 성품과 바른 길을 가도록 가르치는 것이지 나쁜 성질이나 습관을 가르치는 부모는 절대 없습니다. 그 못된 성질은 당신이 만드는 것이지 부모가 물려준 것이 아니오. 또 당신은 누가 건드려야 성을 내게 된다고 했는데 본래부터 당신에게 그런 성질이 있다면 누가 건드리지 않더라도 제 홀로 튀어 나올 수 있는 것 아니오. 잘 찾아보시오. 본래 있는 것이라면 분명히 찾아 낼 수 있을 것이 아니오. 당신은 그것을 잘 모르고 있으니 당신은 본래부터 있는 것이 아니오. 당신은 그것을 잘 모르고 있으니 당신은 본래부터 그런 나쁜 버릇이 있는 것이 아닙니다. 어떻소. 찾아 낼 수 있겠소?”

그 사람은 무엇에 놀란 듯한 표정을 지으면서 손으로 가슴을 더듬기도 하고 머리를 갸웃거리면서 그 습성을 찾아보려고 무척 애를 쓰면서 곰곰이 생각했다. 이윽고 그는 이렇게 말했다.

“스님! 찾을 수가 없습니다. 어디 있는지 알 수가 없습니다. 없는 것도 같습니다만…….”

반규스님이 버럭 소리를 질렀다.

“무얼 더듬거리는거요. 없어요! 본래가 없어!”

그 사람은 몸을 흔들며 안절부절했다. 스님은 계속해서 그 사람이 금방 이해가 가도록 알기 쉽게 법문을 시작했다.

"그건 찾아 봐도 없는 거야. 내 성질이 그렇거니 하는 당신의 그 생각이 병이오. 이제부터는 없다고 생각하시오. 그런 성질은 없어요 없어! 알았소? 꼭 명심하시오."

그 사람은 정신이 번쩍 드는 듯 눈빛이 초롱초롱해지면서 정신이 맑아졌다. 반규스님은 조용한 목소리로 말을 바꾸었다.

"이제부터는 관세음보살을 주야로 행주좌와에 항상 부르시오. 성이 나고 화가 치밀어도 관세음보살을 부르시오. 그러면 관세음보살님이 깨끗이 풀어주실 것이오. 성 잘 내는 성질도 관세음보살님의 마음처럼 자비스럽게 되어지고 모든 장애가 다 없어져서 하는 일이 번영하고 가족들도 건강하고 행복하게 될 것이오."

관세음보살님의 원력으로 성 잘 내는 사람은 자비스럽고 덕성스러운 성품을 지니게 되었다.

- 《관음영험록》

화 잘 내는 사람치고 어리석지 않은 사람이 별로 없다. 어리석음은 대개 진심(嗔心)으로부터 일어나는 것이다. 다소 현명한 사람도 벌컥 화를 내는 순간이나 몹시 화가 나 있는 상태에서는 어리석은 판단을 하는 수가 많다.

사람이 심한 진심에 사로잡혀 있을 때에는 살인 방화 같은 극악한 범죄도 서슴치 않고 저지르게 된다.

우리는 주변에서 사람들이 제 마음을 스스로 다스리지 못해 펄쩍 뛰거나 화병을 일으켜 얼굴이 시커멓게 타서 몸져 눕는 경우를 가끔씩 보게 된다. 자신을 스스로 다스리는 수양이 부족한 범부들로서는 그때 그때 마음을 스스로 억제하기가 어려우므로 평소에 관세음보살 염불을 주력해야 한다. 관세음보살을 주력하는 것은 관세음보살님의 원력과 위신력을 입는 일이며, 자신의 심신에 여유를 갖는 일이며, 신심을 분발케 하는 마음 공부이다.

염불을 오랫동안 열심히 하면 자신의 마음 속에서 삼독심이 사라지고 슬기와 자비심이 생겨 마음은 언제나 편안하고, 물질적으로 가진 것이 없어도 항상 행복감을 느끼게 된다.

여기서 염불 주력을 더욱 계속하면 삼매를 얻게 되고 마침내는 성품 자리를 보게 되는 것이다. 그러므로 범부들의 근기에는 관세음보살 염불이 가장 알맞다.

차 례

남해 보리암

금산 보리암

남해섬(297㎢)은 우리 나라 남해南海 중앙부에 위치하여 경남과 전남의 해역을 가르고 있는, 우리 나라에서 네 번째로 큰 섬으로 행정구역상 남해군을 이루고 있다.

이 섬에는 해발 785m의 망운산을 위시하여 금산(錦山: 681m), 원산(遠山: 627m), 송등산(松登山: 617m) 등이 솟아 있어 험준한 산세와 아름다운 지세를 두루 뽐내고 있다. 특히 노량해협과 금산이 아름다운데, 노량해협에는 하동 땅과 이 섬을 잇는 660m 길이의 남해대교가 또 하나의 명소가 되고 있다. 금산은 이 섬의 동남 해변가에 위치하고 있다. 주봉인 대장봉을 비롯하여 향로봉, 화암봉, 일월봉 등의 봉우리들과 기암괴석, 천연암굴로 된 금산 38경은 금강산에 견주어 남해의 소금강이라 일컫는다.

금산의 주인으로 위용이 당당한 대장봉은 관세음보살 주처로 신앙되고 있다. 이 곳에서 보리암은 대자대비 관세음보살의 굳건한 원력으로 우리 나라 불교의 맥을 이어왔다.

관세음보살 주처인 금산 보리암(龍頭觀音), 서해 보문사(送子觀音), 동해 낙산사(海水觀音)는 우리 나라 관세음보살 도량의 결정이라 할 수 있다.

〈관세음보살 보문품〉에 전하는 이야기를 잠깐 살펴보자.

무진의보살이 부처님께 사뢰었다.

"어떠한 인연으로 '관세음보살'이라 합니까?"

부처님께서 대답하셨다.

"한량없는 중생이 여러 가지 고통 가운데 빠져 있을 때 '관세음보살'의 이름을 듣고 일심으로 관세음보살을 부르면 보살은 그 음성을 듣고 모두를 고통에서 해탈케 해 준다."

이처럼 관세음보살은 중생을 위하여 근기에 따라 곳곳에 여러 형상으로 몸을 나투어 중생들로 하여금 두려움에서 벗어나 해탈을 이루게 하며 풍요로움을 주는 분이다.

이러한 관세음보살의 위신력을 기원하는 보리암이 관음도량으로 불리워진 데는 다음과 같은 이야기가 전해온다.

옛날 1900여 년 전, 가락국의 시조 김수로왕의 왕비는 허황옥이었다. 이 왕비는 인도 아유타국의 공주로서 16세에 외숙 장유화상과 함께 해로를 통해 가락국까지 왔다. 허왕비가 인도에서 관세음보살상을 모셔 왔다고 한다. 이 관세음보살상을 지금의 금산에 봉안하고 관세음보살의 위신력으로 나라의 영원한 평화와 안녕을 기원하였다.

그 이후 관세음보살의 대자대비 구세원력 사상에 바탕을 둔 허왕비의 확고한 신앙은 이 땅에 불법을 전하는 계기가 되었고, 그의 일곱 왕자 또한 칠불사로 출가하여 모두 성불하였다.

금산에 오르는 길은 매우 가파르다. 큰 도로에서 도보로 40여 분 오르면 보리암 입구 쌍홍문雙紅門이 있다. 이 곳의 거대한 바위에는 커다란 동굴 두 개가 엄숙하게 뚫려 있다. 왼쪽에 눈 감은 사천왕상 바위는 원효대사가 이 산을 찾았을 때, 큰스님 오는 것을 모르고 입구를 막고

있는 나무덩굴을 치우지 못한 미안한 마음에서 눈을 감았다는 이야기
가 있다.

원래 이 산은 신라 문무왕 3년(663)에 원효대사가 찾아들어 보광사를
창건하고, 산 이름을 보광산이라 하였다. 그 후 조선조 개국을 앞두고
태조 이성계가 이 산에서 백일 관음기도를 올리면서 관음성지의 가호
력으로 조선조 개국의 광명을 이룩하고 이 산을 비단으로 덮겠다는 뜻
으로 비단 '금錦' 자를 따서 금산으로 명명하여 오늘에 이르게 되었다.

38절경을 가진 금산은 그대로가 자연적으로 이뤄진 수도 도량이다.
원효가 좌선했다는 쌍홍문을 비롯하여 화엄의 글자와 모양이 유사하
다 해서 불리우게 된 화엄바위는 원효대사가 《화엄경》을 강설했다는
얘기도 함께 전해지고 있다. 그런가 하면 진시황제의 둘째 아들이 다녀
간 흔적으로 '서씨과차' 라는 중국식 상형문자가 새겨진 부소대도 간
직하고 있다.

조선조 제18대 현종 원년(1660), 이 절을 왕실원당으로 삼고 보리암이
라 개명했다. 그 후 낙서신립(樂西信笠, 1910), 동파東波 화상의 중수(1954)
를 거쳐 1969년 양소황梁素滉 주지에 의해 보광전을 위시하여 간성각看
星閣, 산신각山神閣, 범종각梵種閣이라는 현판이 걸린 요사채를 중수한
이후 오늘에 이르고 있다.

민중의 소망이 깃든 보리암

금산錦山 보리암은 한반도의 남쪽 끝에 자리한 관음기도 도량이다.
뒤로는 병풍 같은 산이 드리워져 있으며 앞으로는 수억의 중생에게 설
법을 하듯 대해大海를 펼쳐놓고 천 년의 세월 속에 변함없이 앉아 있다.
어찌 보면 보리암과 금산은 따로 떨어질 수 없는 인연으로 묶여져 있는

듯하다. 산 전체가 단아한 수도 도량이요, 절은 그 도량에 가부좌하고 앉은 선승禪僧인 것만 같다.

신라의 고승이며 우리 나라 불교를 대표하는 원효스님이 창건한 이래, 보리암에는 세월을 더하며 수많은 전설과 설화들이 쌓여왔다. 더러는 전해지고 잊혀지고 또 변화되고 첨삭되었을 보리암을 둘러싼 얘기들을 이 지역에 사는 몇몇 불자들의 입을 통해 들어봤다. 그들은 한결같이 보리암의 신령스러움을 유구한 세월이 낳은 알을 깨 보이듯 들은 대로 전해 주었다.

그들의 얘기에 앞서 보리암의 지리적 위치와 관음신앙과의 관계를 더듬어 볼 필요가 있을 듯 싶다.

〈화엄경입법계품〉은 선재동자가 진리를 구하기 위하여 50인의 선지식을 찾아다니는 이른바 '구법여행기' 다. 이 내용들을 자세히 관찰하면 매우 흥미 있는 하나의 공통점을 발견하게 된다. 그것은 선재동자가 어떤 선지식을 만나 설법을 듣고 나면 그 선지식은 다른 선지식을 소개해 주게 된다. 이 때 선지식 모두가 선재에게 '남쪽으로 가라' 고 일러 주고 있는 것이다.

남쪽은 어디를 뜻하는 방향인가. 일반적으로 동양인들에게 있어 남쪽은 '따뜻한 곳' , '축복이 있는 곳' 등을 뜻하는 희망의 방향이다. 태양이 지나는 적도를 기준으로 북반구에 자리한 나라의 공통된 것이 남쪽 선호의 경향이다. 부처님이 태어나신 인도 지방도, 중국도, 우리 나라도 모두 이러한 지리적 성향과 무관하지 않음을 우리는 짐작할 수 있다. 이런 관점에서 볼 때 이 북반구의 집단 심성과 《화엄경》에 거듭 나오는 남쪽과는 밀접한 관계가 있다는 것을 우리는 짐작할 수 있다.

물론《화엄경》에서의 남쪽이 반드시 지리적인 방향을 뜻하지는 않는

다해도 이러한 북반구적 심성과 결코 무관하지 않을 것이다. 어쨌든 남쪽은 진리의 방향이요, 자비와 부처님의 가피가 충만한 방향인 것이다.

중생의 서원을 천 개의 손과 천 개의 눈으로 살피고 어루만져준다는 관세음보살님도 남쪽으로 가야 만날 수 있다고 〈화엄경입법계품〉은 뚜렷이 기록하고 있다. 즉 선재동자가 비슬지라 거사를 만났을 때 비슬지라 거사는 보살행과 보살도를 설명했다. 그리고 이렇게 지시한다.

"선남자여, 여기서 남쪽으로 가면 보타낙가산이 있는데 거기에 관자재보살이 있다. 그대는 그를 찾아가 보살이 어떻게 보살행을 배우며 보살도를 닦는지 물어 보아라."

여기서 우리는 '남쪽', '보타낙가산', '관자재보살' 이라는 낯익은 말들을 만나게 된다. 이 말들은 우리에게 매우 익숙해 있다. 관자재보살은 관세음보살의 다른 이름이고 그가 상주하는 곳은 보타낙가산이며 그 산은 남쪽에 있다는 뜻이 된다. 물론 여기서의 남쪽은 특정 지역을 기준해서 방향지워진 것은 아니다.

그러나 생각컨대 오늘날의 보리암이 관음성지로 천 년을 이어져 온 것과 관련해 많은 공통점을 발견하게 되는 것이다. 지금의 금산은 옛날에 보타산, 보광산 등으로 불리워졌었다.

아무튼 보리암이 반도의 남쪽 바닷가에 보타산을 배경으로 세워진데는 관세음보살의 위신력을 염원하는 민중들의 소망이 진하게 스며 있음을 알 수 있다.

금산錦山이라는 이름이 지어진 배경

38가지의 절경을 갖고 있는 금산의 옛 이름은 보타산, 보광산 등이었다. 지금의 명칭인 '금산' 으로 명명된 것은 조선 태조 이성계에 의해서라고 한다.

이성계가 한 나라를 창시하는 왕이 되기 전 전국의 명산을 다니며 기도를 했다는 얘기는 익히 알려져 있다. 이성계는 계룡산과 남쪽의 지리산에서 기도할 때 '남해 바닷가의 보광산에 가라'는 산신의 계시를 받았다.

훗날 조선조를 일으킨 이성계는 산신의 계시에 따라 보광산을 찾았다. 그리고 백일기도에 들어갔다. 그 때 이성계는 산신에게 맹세했다.

"만약 내가 왕이 되어 나라를 다스리게 되면 이 산 전체를 비단으로 에워싸서 신들을 즐겁게 해 드리겠나이다."

훗날 이성계는 왕이 되었다. 나라를 새로 열고 갖가지 제도를 정비하고 궁도 옮겼다. 왕이 되어 바쁜 정치에 시달리던 이성계는 어느 날 자신이 기도했던 남쪽 끝의 작은 산을 생각하게 되었다. 이어 갑자기 조정에서는 진지한 회의가 열리게 되었다.

"과인이 억조창생을 위해 선정을 베풀고자 뜻을 품고 제방의 산신께 기도를 할 때가 있었소. 남쪽 바닷가의 보광산에서 기도하다 그 곳 산신들께 약속한 일이 생각나서 여러분을 불렀소……."

신하들은 왕의 이야기를 듣고 입을 다물 수가 없었다. 일반 상민들이 평생 한두 번 만져볼 기회가 있을까 말까한 비단으로 산을 덮는다는 것은 어불성설이었기 때문이다.

그러나 감히 누구도 왕의 뜻을 거역할 수가 없었다. 태조 자신도 그 무리함을 알기에 묘책을 추궁했던 것이다. 비단을 얼마나 구해야 산을 에워싼다는 말인가. 아무도 이렇다 할 방책을 내지 못하고 머뭇거리고 있었다. 왕의 입이 다시 열렸다.

"답답한 노릇이오. 내 팔도의 명산에 다니며 신령들의 보살핌을 얻어 왕이 되었거늘 어찌 산신과의 약속을 어길 수 있을까……."

침묵은 강물처럼 흘렀다. 무거운 정적이 한참 동안 계속되었다. 어느 신하가 조용히 입을 열었다.

"소인 미천한 생각이나마 한 말씀 아뢸까 합니다."

"그래 좋은 방법이 있단 말이오?"

"아무래도 그 산을 비단으로 직접 감싸지는 못합니다. 하니 어명을 내리시어 그 산 이름을 비단 금錦 자, 뫼 산山 자, 금산이라 부르게 함이 옳을 줄 아옵니다. 비단으로 덮는다면 10년을 넘지 못하여 썩고 말 것이나 비단 금자를 넣어 산 이름을 부른다면 천년 만년을 가도 썩지 않을 것이며, 뭇사람이 그 산을 금산이라 부르면 실제 비단을 두른 것과 다르지 않을 줄 압니다."

좌중이 술렁이기 시작했다. 묘안이 아닐 수 없다는 표정으로 대신들은 서로의 눈치를 살폈다. 왕도 매우 흡족한 제안이라 생각해 산의 이름을 금산으로 정해 대대로 부르게 하였다.

이 날의 회의 결과는 이내 백방으로 알려졌으며 남해의 백성들에게도 알려졌다. 이 후로 보타산, 보광산이란 명칭과 금산이 혼용되어 쓰였으나 지금은 대부분 '금산'이라 칭하고 있다. 그리고 옛 보광사 터에 절을 짓고 '보리암'이라 명했다 한다.

보리암의 탑과 관음상觀音像

보리암을 일컫는 명칭 중 '비룡관세음보살도량'이란 말이 있다. 이는 보리암 법당을 중심으로 보았을 때 관음봉과 법당, 그리고 법당 앞의 탑이 마치 날아가는 용의 형상이라는 데서 유래한 명칭이다.

그런데 그 용은 날아가는 방향을 대마도로 향하고 있다. 이에 대해서도 여러 가지 색다른 이유들이 얘기 되고 있다. 어떤 이는 일본에 우리의 불교가 전해졌기 때문에, 왜인들을 관세음보살님의 자비로 교화시키려는 뜻이라고 얘기 한다. 또 어떤 이는 일본 땅에서 건너온 도적, 즉 왜구들의 침탈을 막기 위해 그런 배치로 절이 지어졌다는 얘기도 한다.

이 곳 보리암이 위치한 금산이 우리 나라에서 최고 남쪽에 위치한 봉화대를 가진 산이란 점을 생각할 때 이런 얘기도 충분한 설득력을 갖는다고 보아야 할 것이다.

보리암에 있는 3층석탑과 관련되어 전해지는 얘기가 있다. 즉 가락국의 김수로왕의 비 황옥이 인도에서 올 때 배에 싣고 왔다는 주장이 그것이다. 그래서 이 탑 밑에는 부처님의 진신사리가 봉안되어 있다는 얘기도 전해지고 있다.

그런데 신기한 것은 이 탑 위에 나침반을 올려 놓으면 그 바늘이 방향을 잡지 못한다. 지방 유형문화재 제74호로 지정된 보리암 3층석탑은 지금도 나침반이 제 방향을 가리키지 못하는 이적을 보이고 있어 신비스러움을 자아내고 있다. 불자들의 대부분은 그 신비함을 부처님의 영험으로 믿고 있다.

보리암이 관음성지로 불리우는 또 하나의 전설을 법당에 모셔진 관음좌불에서 찾을 수 있다. 관음좌불의 뒤 광배에는 좌측이 남순동자, 우측이 해상용왕으로 각각 좌우보처를 삼고 있는 모습이 양각되어 있다.

이 관세음보살상 역시 허씨 부인이 가져왔다는 것과 저절로 배에 실려 왔다는 두 가지 얘기가 있다. 후자의 얘기에 따르면 지금의 관세음보살상은 원효대사가 바다 가운데서 모셔온 것으로 되어 있다. 어느 날 원효대사가 사시공양을 마치고 법당에서 나오니 멀리 바다에 신비한 광채가 떠올라 있었다. 그 곳은 세존도라는 섬 근처인 듯했다. 원효스님은 돌배를 타고 세존도를 향했다. 세존도는 보리암에서 150~160km 정도 떨어진 섬으로 두 개의 큰 구멍이 뚫려 있는 바위섬이다. 원효스님이 가 보니 과연 배가 한 척 있었고 그 위에 포장된 물체가 놓여 있었다. 스님은 급히 그 물체를 가지고 암자로 돌아왔다.

그것을 풀어 보니 모두 일곱 겹으로 쌓여져 있었는데 그 안에는 관세음보살상이 있었다. 지금의 관세음보살상은 그 때 원효스님이 가져온 것이라는 얘기다. 어떤 이유에서인지 모르나 이 관세음보살상은 인도에서 제작되었으며 해상용왕의 호위를 받아 보리암에까지 왔다는 것이 이 관세음보살상을 둘러싼 전설의 일말이다.

이 얘기에 나오는 세존도의 명칭이 부처님을 뜻하는 것도 의아스러운 일이지만 그 쌍굴이 금산의 바위굴, 즉 쌍홍문과 마주보고 있다는 점도 신기하지 않을 수 없다.

그리고 이에 덧붙여 우리 나라의 용두龍頭관음의 보리암, 송자送子관음의 보문사, 해수海水관음의 낙산사 등 3대 관음성지가 모두 바다에 인접하고 있으며, 용왕과 관련되어 있다는 것도 공통점이다. 역삼각형으로 이어지는 3대 관음성지 중에서도 보리암은 65개 가량의 무인도와 13개의 유인도가 포함되어 있다. 이 중 세존도, 연화도, 능인도 등 섬 이름과 상주 등 마을 이름이 불교와 깊은 인연을 갖는 것도 금산 보리암의 영향이라 짐작된다. 특히 아랫마을은 관세음보살이 항상 머물러 계시다 하여 상주常住라고 한다.

또 조성된 보리암 범종에는 다음과 같은 명문이 새겨져 있다.

천지가 구름 밖에 있으니〔天地雲外〕

삼라만상이 다를 것이 없다〔森羅萬象〕
한생각도 일어나지 아니 하였는데〔非他物 一念不生〕
오직 경치는 끝이 없구나〔唯末境〕.

원효대사와 화엄사상은 우리 나라 불교의 큰 뿌리이며 줄기다. 그 뿌리와 줄기를 중심으로 전해지는 보리암의 전설들은 그저 전해오는 애기라기보다는 간절한 중생의 소망일 것이다.

원효대사와 사명대사, 윤필스님이 수행했으며 근래에는 경봉스님도 매우 깊은 인연으로 불자들을 보리암으로 안내했다고 한다. 그리고 실제로 스님의 안내로 보리암에 와서 3일, 혹은 7일 등 원력 기도를 하여 소원을 성취했다는 불자는 수도 없이 많다.

기도처로서의 보리암과 수행처로서의 보리암의 존재는 천 년이 넘게 이어져 내려오는 역사와 함께 우리 나라 불교의 중요한 무대라 할 수 있다.

백의관음은 설함이 없이 설하고〔白衣觀音 無說說〕
남순동자는 들음 없이 듣는다〔南巡童子 不聞聞〕.
감로병에 버들은 삼제의 여름이요〔瓶上綠楊 三際夏〕
바위 앞의 푸른 대는 시방세계의 봄일세〔岩前翠竹 十方春〕.

관세음보살님은 큰 의왕이시니〔觀音菩薩 大醫王〕
감로병 가운데 법수가 향기롭네〔甘露瓶雲 法水香〕.
마운을 씻어내니 서기가 어리고〔灑濯魔雲 生瑞氣〕
번뇌로움을 소제하니 처량해지도다〔消除熱瑙 獲淸凉〕.

보리암의 연기 설화

허왕후 설화

아유타阿踰陀는 범어로 Ayodhya의 음역音譯이다. 의역하여 난승국難勝國, 무투국이라고도 한다. 인도 중부에 있던 옛 나라 이름으로 《대당서역기大唐西域記》 권 제5에 의하면 다음과 같이 기록되어 있다.

아유타국은 둘레가 5천여 리인데 나라의 큰 도성都城은 둘레가 20여 리나 된다. 곡식과 과일이 풍성하며 꽃과 풀들이 번식하고 우거져 무성하다. 기후와 계절이 화창하며 사람들의 생활 습속이 착하고 온순하여 낙복樂福을 좋아하며 학예學藝에 부지런하다.

가람(伽藍: 절)은 1백여 개가 있으며 승려는 3천여 명으로 대승大乘·소승小乘을 겸하여 닦고 익히고 배운다.

천사天祠가 열 곳인데 다른 도〔異道〕는 적고 거의 없다.

또한 《승만기》에 의하면 승만부인이 이 나라의 왕비가 되었다고 전하고 있다. 승만부인은 신라의 제27대 선덕여왕의 이름이기도 하다.

가락국의 수로왕비가 무슨 인연으로 아유타국의 공주라 하였는지는 알 수 없다. 연전年前에 어느 신문 기자가 이 일을 취재하러 인도까지 다녀와서 어문魚紋 등을 통해서 이를 입증하려 하였으나 이는 신라 진흥왕대에 인도 아육왕阿育王이 보낸 황철로 황룡사 장육불상을 조성하

였다는 설화(《삼국유사》〈황룡사 장육조〉)와 같이 단순한 설화인지 아니면
역사적 배경이 있었는지는 더 연구해 보아야 될 문제이다.

불교 나라의 공주

가락국의 구간이 왕을 조알朝謁할 때에 말씀을 올렸다.

"대왕께서 강림하신 후로 배필을 아직 얻지 못하셨습니다. 신들의
여식 중에서 간택하여 왕비를 삼으시기 바랍니다."

왕은 말했다.

"내가 이 곳에 내려옴은 하늘의 명령이다. 왕후를 간택함에 있어서
도 또한 하늘의 명령이 있을 것이니, 그대들은 염려하지 말라."

드디어 유천간留天干에게 명령하여 가벼운 배와 빠른 말을 주어 망산
도(望山島: 김해 남쪽의 섬)에 가서 기다리게 하고, 신귀간神鬼干에게 명령
하여 승점(乘站: 畿內의 나라)으로 가게 했다. 문득 한 척의 배가 바다의
서남쪽으로부터 붉은 빛의 돛을 달고 붉은 기를 휘날리면서 육지를 향
하여 오는 것이었다.

유천간留天干 등이 먼저 망산도 위에서 횃불을 올리니 배 안의 사람
들이 앞을 다투어 육지로 뛰어내려 왔다.

승점乘站에 있던 신귀간神鬼干이 이를 바라보고는 대궐로 달려와서
그 사실을 아뢰니, 왕이 듣고 기뻐했다. 곧 구간 등을 보내어 목련木連
의 키를 바로잡고 계목(계수나무로 만든 것)의 노를 들어 그들을 맞이하여
대궐로 모시고 들어가려 했다.

그 배 안에 탔던 허황옥은 말했다.

"나는 너희들과 본디 전혀 모르는데 어찌 경솔히 함께 따라 가겠느
냐?"

유천간蹂天干 등이 돌아가서 허황옥의 말을 전달했다.

왕도 그렇게 여겨 유사(有司: 일 맡은 관원)를 거느리고 행차하여 대궐 아래로부터 서남쪽으로 60보步쯤 되는 곳에 가서, 산 변두리에 장막으로 궁전을 설치하여 기다렸다.

허황옥도 산 밖의 별포別浦 나룻터에 배를 매고, 육지로 올라와서 높은 언덕에서 쉬었다. 그리고 자기가 입었던 비단 바지를 벗어서, 그것을 폐백 삼아 산신에게 바치는 것이었다.

허황옥을 모시고 따라온 잉신(시집갈 때 따라가며 모시는 신하) 두 사람은 이름이 신보申輔, 조광趙匡이라 했고, 그들의 아내 두 사람은 모정慕貞, 모량慕良이며 노비까지 합해서 20여 명이었다. 가지고 온 금수錦繡와 능라綾羅, 옷과 필단疋緞, 금·은 주옥과 경구瓊玖의 장신구裝身具 등은 이루 다 기록할 수 없었다.

허황옥이 점점 행궁行宮으로 다가가니 왕이 나와서 그녀를 맞이하여 함께 장막의 침전에 들었다. 잉신 이하의 여러 사람들은 섬돌 아래로 나아가서 임금을 뵙고 즉시 물러갔다.

"잉신들은 각 방에 머무르게 하고 그 이하의 노비들은 한 방에 5, 6명이 있게 하라."

왕은 그들에게 난초로 만든 음료와 혜초惠草로 만든 술을 주었다. 무늬와 채색이 있는 자리에 재웠으며 의복, 필단疋緞, 보화까지 주었다. 그리고 군인들을 많이 모아서 그들을 지키게 했다.

"저는 아유타국阿踰陀國의 공주입니다. 성은 허許라고 하고 이름은 황옥黃玉이며, 나이는 열여섯 살입니다. 올 5월에 부왕父王과 모후母后께서 제게 말씀하셨습니다.

'우리 내외가 어젯밤 꿈에 함께 하늘의 상제上帝를 뵈오니, 상제께서

가락국왕 수로는 하늘이 내려보내 왕위에 오르게 했으니, 신성한 분이
란 이 사람이며, 또 새로 나라를 다스림에 있어 아직 배필을 정하지 못
했으니, 그대들은 공주를 보내어 배필을 삼게 하라 하시고 말을 마치
자 하늘로 올라가셨다. 꿈을 깨고 난 뒤에도 상제의 말씀이 오히려 귀
에 쟁쟁하니, 이 자리에서 곧 우리와 작별하고 그 곳 가락국을 향해 떠
나라.'

　그래서 저는 바다에 떠서 멀리 증조(蒸朝: 仙境에 있는 좋은 과보)를 찾
고, 하늘로 가서 멀리 반도(蟠桃: 仙桃를 이름이니 3천 년 만에 한번씩 열매가
열린다고 한다)를 찾아, 지금 이 아름다운 모습으로 용안龍顏을 가까이하
게 되었습니다."

　왕은 말했다.

　"나는 나면서부터 자못 신성하여 공주가 먼 곳으로부터 올 것을 먼
저 알았으므로, 신하들로부터 왕비를 맞이하자는 청이 있었으나 굳이
듣지 않았소. 이제 현숙한 그대가 스스로 왔으니 이 사람으로서는 다행
이오."

　드디어 혼인하여 두 밤을 지내고 또 하루 낮을 지냈다. 이에 왕후가
타고 왔던 배는 돌려 보냈는데, 뱃사공이 모두 15명이었다. 그들에게
각각 쌀 10석과 베 30필을 주어서 본국으로 돌아가게 했다.

　8월 1일에 왕은 대궐로 돌아왔다. 왕후와 함께 잉신 부처도 나란히
수레를 탔다. 각종 물품도 모두 수레에 실어서 천천히 대궐로 들어오
니, 시각은 오정이 가까웠다. 왕후는 중궁中宮에 거처하게 하고 잉신 부
부와 그들의 노비들에게는 20칸이 넘는 빈관賓館 한 채를 주어서 사람
수를 보아 적당히 나누어 있게 하고, 주는 물품이 날로 풍부했다. 그리
고 그들이 싣고 온 진귀한 보물은 내고內庫에 간직하고 왕후의 사시 비

용으로 쓰게 했다.

　허왕후 설화는 가락국의 설화로서도 그 가치가 있지만 우리 나라 불교의 역사에서도 큰 의미를 가진다. 특히 관세음보살 신앙을 이야기할 때 빼놓을 수 없는 부분이다. 현재 보리암에 봉안된 향나무에 조각된 관세음보살상이 그 증거다. 이는 허왕후가 인도에서 모셔왔다고 전하는데 관세음보살은 큰 대나무 조각을 배경으로 좌정하고 남순동자南巡童子와 해상용왕을 거느리고 있다.

　지증왕智證王 2년(452)에는 허왕후의 명복을 비는 뜻에서 왕과 왕비가 처음 만난 자리에 절을 세워서 왕후사王后寺라 하고 절의 유지비로 밭 10결結을 봉납하였다.《삼국유사》권3의 〈금관성파사석탑金冠城婆娑石塔〉조에서는 허왕후가 인도 아유타국에서 올 때 파사석탑을 싣고 왔음을 설하고 있다.

　기록에 나오는 가락설화駕洛說話를 살펴보면 흥미있는 점을 발견할 수 있을 뿐 아니라 신라 중심의 불교 설화와의 큰 차이점을 찾을 수 있다.

　앞에서 살펴보았던 것처럼 원시신앙의 형태로 나타난 불교와 토속신앙과의 결연을 알 수 있다. 불교가 전파되는 과정에서 무엇보다도 그곳의 고유한 것들과 조화하면서 공존해야 했을 것이다. 인도에서 토속신앙의 한 형태로서 나타난 불교 또한 주술적인 요소가 포함되어 있었고, 교리를 말하는 경전에도 주술적인 요소가 있음을 지적하였다.

　향을 태워 서원誓願을 표하여 왕녀王女의 병을 고친 묵호자墨胡子의 설화는 우리의 토속적인 무의巫醫에 해당된다. 이렇게 자연스럽게 불교와 토속신앙은 결부되어 전교傳敎라는 원초적 목적에 접근해 갔던 것이다.

가락설화 중에도 수로왕의 비 허황옥을 맞이하는 과정에서 허황옥이 왕의 부름에 바로 응하지 않고 고갯마루에 올라가 비단바지를 예물로 하여 산신에게 제사를 드렸다는 사실은 토속신앙과의 타협 내지는 융화로 해석해야 할 것이다.

수로왕은 하늘에서 보내어졌고, 그가 불교의 나라 공주를 맞이하게 되는 이야기 구조는 천신天神과 부처님과의 결합, 원시신앙과 불교와의 결연을 말해주는 것이다.

허왕후 설화에서 보이는 증조蒸朝와 반도蟠桃는 도교의 신선사상神仙思想에 등장한다. 그것은 하늘 나라에 가서 찾아 구하여 아름다운 모습을 하고 수로왕을 만났다. 처음 출발할 때는 수신水神의 노함을 입어 항해가 순조롭지 못했는데 파사석탑婆娑石塔을 실은 후 수신의 노여움을 진정시켜 가야국까지 올 수 있었다는 점은 불교와 원시신앙과의 관계를 연결짓는 중요한 의미를 가지는 것으로 보아야 할 것이다.

기록으로 전해지는 가락국의 수로왕이 칠불암을 짓고, 장유長遊선사가 서림사西林寺, 동림사東林寺를 창건했다는 이야기들은 일찍이 이 땅에 부처님의 은혜가 스며들었다는 확신을 주는 사실들이다.

칠불암 설화

허왕후는 곰을 얻는 꿈을 꾸고 태자 거등공居登公을 낳았다. 그 후 왕후는 아홉 명의 왕자를 더 낳아 모두 열 명의 왕자를 두었다.

그 가운데 큰아들 거등은 왕위를 계승하고 김씨金氏의 시조가 되었으며 둘째, 셋째는 어머니 성을 따라 허씨許氏의 시조가 되었다. 나머지 7왕자는 가야산에 들어가 3년 간 수도했다.

이들에게 불법을 가르쳐 준 스승은 왕후와 함께 인도에서 온 허왕후의 외숙 장유長遊화상(보옥선사)이었다.

그는 가야에서 3년 동안 수도修道하고 다시 의령宜寧의 수도산, 사천泗川의 신룡사臣龍寺, 구룡사九龍寺 등에서 수도하다가 지리산에 올라가 운상원雲上院을 짓고 2년 동안 좌선하여 마침내 도를 깨치고 부처가 되었다고 전한다.

왕후가 아들들이 보고 싶어 자주 가야산을 찾자, 장유화상은 공부에 방해가 된다며 왕자들을 데리고 지리산으로 들어갔다.

그러나 아들을 그리는 모정은 길이 멀면 멀수록 더욱 간절했다. 왕후는 다시 지리산으로 아들들을 보러 갔다. 하지만 산문 밖에 외숙 장유화상이 버티고 서 있었다. 먼길을 왔으니 이번만은 부드럽게 면회를 허락할지도 모른다는 희망을 안고 가까이 다가갔으나 장유화상은 여전히 냉랭했다.

"아들의 불심을 어지럽혀 성불을 방해해서야 되겠느냐. 어서 돌아가도록 해라."

왕후는 생각다 못해 산 중턱에 임시 궁궐을 짓고 계속 아들을 만나려 했으나 오빠에게 들켜 한 번도 만나지 못했다. 일곱 왕자는 그 누가 찾아와도 털끝 하나 움직이지 않을 정도로 수행에 전념했다.

아들들의 도력이 높다는 소문을 들은 허왕후는 아들들이 더더욱 보고 싶어 견딜 수가 없었다. 몇 번이나 마음을 달래다가 지리산을 다시 찾았다. 그런데 의외로 장유화상이 선뜻 아들들을 만나는 것을 허락하는 것이었다. 부푼 가슴을 안고 아들들을 찾은 허왕후는 실망하지 않을 수 없었다. 아들들이 있어야 할 곳에 가보니 아무도 없었기 때문이다. 바로 그 때 그녀의 귀를 울리는 소리가 들려왔다.

"어머니, 연못을 보시면 저희들을 볼 수 있을 것입니다."

달빛이 은은히 잠긴 못 속에는 황금빛 가사를 걸친 일곱 아들이 공중으로 올라가는 모습이 뚜렷이 나타났다. 왕후에게는 이것이 아들들과의 마지막 만남이었다.

이 이야기를 들은 수로왕은 크게 기뻐하며 아들들이 공부하던 곳에 대가람을 이루니 그 곳이 바로 칠불암이다.

김왕광불金王光佛, 왕당불王幢佛, 왕상불王相佛, 왕행불王行佛, 왕향불王香佛, 왕성불王性佛, 왕공불王空佛 등 일곱 생불이 출현했다 하여 칠불사라 불리운다.

이 절은 한 번 불을 때면 49일 간 따뜻했다는 아자방(亞字房, 지방유형문화재 제144호)으로도 유명하다.

그에 대한 일화가 있다.

하루는 고을 수령이 지리산에 올라와 이들의 공부하는 모습을 보았다. 수령은 사미승에게 물었다.

"저들은 지금 무엇을 하고 있는 중이냐?"

"부처가 되고자 도를 닦는 이들입니다."

"저기 엎드려 코를 골고 있는 이도 도를 닦고 있단 말이냐?"

"땅 속의 원리를 관하는 중입니다."

"그럼 저기 머리를 뒤로 젖히고 있는 이는 무엇을 하고 있느냐?"

"저 분은 하늘의 별을 연구 중입니다."

"좌우로 흔들거리며 졸고 있는 이는 무엇을 하고 있는 것이냐?"

"춘풍양류관春風楊柳觀을 연구 중입니다."

"방귀를 요란스럽게 뀌고 있는 이는 무엇을 하는 중이냐?"

"속이 칠흑 같은 것을 밝히려고 칠통타파관漆桶打破觀을 하고 있는 중입니다.”

그래도 수령은 의문이 풀리지 않아 사미승에게 명하여 그들을 모시고 마을로 내려오라고 일렀다.

사미승은 혼자 수령을 찾아갔다. 수령은 탱자나무 가지를 마당에 깔아놓고 맨발로 걸어보라고 명했다. 사미승은 거뜬히 해냈다. 이번에는 목마를 타고 돌아보라고 했다. 사미승이 목마를 타고 싸리나무 회초리로 말 궁둥이를 내려치니 말은 벽력같이 소리를 지르며 펄펄 날뛰었다. 수령은 놀랐다.

“사미 도인이 저러할진대 큰 도인들이야…….”

수령은 큰절을 하고는 정중히 모셨다.

삼불봉三佛峯과 이성계

태조 이성계가 보광산을 비단으로 두른다는 뜻으로 금산錦山이라 칭한 것 외에도 이 산과 관련된 전설이 다양하다.

이성계가 기도를 올렸다는 곳은 지금의 삼불봉 아래이다. 마치 세 분의 부처님이 서 있는 듯하여 삼불봉이라 부르는 이 곳에서 이성계는 백일기도를 올렸다. 지극 정성으로 기도를 올린 이성계는 백일기도의 마지막 날 꿈을 꾸었다. 매우 기이한 꿈이었다.

한 마리의 염소가 나타나 이성계의 옆구리를 들이받더니 두 뿔과 꼬리가 빠져 버리는 그런 꿈이었다. 또한 앞에 누워 있던 봉우리가 하나씩 일어서는 모습도 보였다. 바위는 마치 부처님의 형상 같기도 했는데 먼저 하나가 일어서고 또 하나가 일어섰다. 세 번째 바위가 일어서려고 꿈틀거리는 순간, 어디선가 닭 울음소리가 들려왔다. 아래 닭바위에서 나는 소리였다. 닭 울음소리가 나는 바람에 세 번째 바위는 일어서지 못했다. 날이 훤히 밝아버린 것이었다.

백일기도의 마지막 날 이성계가 꾸었다는 꿈은 이미 그가 조선의 왕이 되어 새로운 위업을 남길 것을 예시하고 있다. 즉 염소의 뿔이 빠지고, 꼬리가 빠진다는 것은 한자로 쉽게 풀이된다. '양羊' 자의 두 뿔과 꼬리를 빼고 나면 임금 '왕王' 자가 되는 것이다. 또한 바위가 두 개 일어섰다는 것은 한반도를 다스리는 왕이 될 징조를 예시하는 것이다.

아직도 민간에는 그 때 세 개의 바위가 다 일어섰으면 이성계는 대륙을 통틀어 다스리는 천자天子가 되었을 것이라는 얘기가 전해오고 있다.

실상과 현상을 체험하다

- 보운, 보련, 보월 세 비구니 스님의 기도 견성한 이야기

부처님은 "유정무정有情無情이 개유불성皆有佛性"이라고 말씀하셨다. 《화엄경》에 전하는 이 말씀은 유정무정의 일체 중생이 모두 다 불성을 가지고 있기 때문에 미물이든 짐승이든 사람이든 간에 차별이 없다는 것이다. 이는 '심불급중생시삼무차별心佛及衆生是三無差別'이라는 말씀에서와 같이 중생 및 부처도 차별이 없다는 것으로 모든 중생이 평등함을 말씀하신 것이다. 그렇기 때문에 부처는 깨달은 중생으로, 중생은 깨닫지 못한 부처로의 표현이 가능하게 된다.

이처럼 평등한 유정무정은 모두가 삶에 있어서 혼자서만 살아갈 수 있는 존재가 아니라 서로 영향을 주고 받는 관계에 있으므로 존재와 존재 사이에는 상의상관성相依相關性이 있다는 것이다. 모든 존재는 결과인 동시에 원인이기도 한 것이다. 그렇기 때문에 생물의 생멸변화와 인간의 삶이 무관할 수가 없으며 인간과 인간 사이에는 더 말할 나위가

없는 것이다.

이를 바탕으로 볼 때 우리 인간의 삶은 나를 중심으로 하여 유정무정의 모든 중생과 더불어 깊은 인과 관계를 가지고 있으므로 풀 한 포기, 나무 한 그루도 함부로 다루거나, 상관 없게 생각되는 모든 사람들과의 관계에 대해서도 소홀히 해서는 안 되는 것이다.

이는 우리 중생의 삶에 있어서 어느 하나 무관함이 없음을 말씀하시는 참으로 한량없는 가르침이다. 이 가르침을 실천하고 자신을 바로 세우는 일은 예나 지금이나 수행자들에게는 하나의 화두로서 늘 함께 있는 것이다.

남해 보리암은 관음성지의 한 곳으로서 지금도 많은 불자들의 발길이 끊이지 않는 곳이다. 보리암과 인연 지은 보운, 보련, 보월 세 비구니 스님의 이야기는 우리에게 수행의 길을 어떻게 걸어가야 하는지 잔잔히 들려 주고 있다.

신묵화상은 황학산 직지사 조실스님이시며 유정스님을 아끼는 터라 보운, 보련, 보월스님을 각별히 보살폈다. 하지만 보운, 보련, 보월스님은 출가한지 몇 해가 지나도록 다겁다생多劫多生에 지어놓은 업은 잊어버리고 이생에 맺은 세속의 인연만을 잊지 못하였다. 하루는 신묵스님이 세 스님을 앉혀 놓고 부처님의 법을 설하며 꾸짖었다.

"너희들의 업이 지중하여 유정스님이 사문에서 떠난 것인데 너희들은 그것을 모르고 유정을 만나려 하느냐. 세속의 마음이 깨끗하여지기 전에는 다시 만날 길이 없다. 그러니 너희들은 지금부터 참회 기도를 해야 할 것이니라."

세 스님은 비오듯 눈물을 흘리며 여쭈었다.

"큰스님, 저희들의 깊은 죄를 어찌하면 깨끗이 참회할 수 있겠습니까?"

"그 때는 이미 가까워졌느니라. 너희들은 이 곳을 떠나거라."

세 스님은 이 말을 듣고 유정스님을 만날 때가 되었으니 떠나라는 말로 알아듣고 다시 여쭈었다.

"어디에 가면 유정스님을 만날 수 있습니까?"

"너희들은 유정스님을 왜 만나려 하느냐?"

보운이 대답했다.

"소승의 부모님께서 돌아가신 뒤 세상에 혈육은 오빠뿐이었기에 그 오빠과 함께 하기 위해 이 산중에 들어와 중이 되었습니다."

이어서 보련이 말했다.

"소승은 일찍이 유정스님과 백년가약을 맺었는데 그 분이 출가를 하여 저도 사문의 길로 들었습니다. 지금은 세속의 인연이 끊어졌지만 사문에서 쫓겨난 그 분을 찾아뵙고 조금이나마 위안이 되어드릴까 하여 이렇게 찾고 있는 것입니다."

"보월이는 어떤 연유로 유정을 찾고 있느냐?"

"큰스님, 소승은 유정스님께 너무나 죄를 많이 지어 그 분을 찾아가서 그 죄를 참회할 수 있다면 죽어도 한이 없겠습니다."

"알았다. 그러면 내가 너희들이 그토록 애타게 찾는 유정스님을 만날 수 있게 해줄 터이니 부처님께 인사를 드리고 오너라."

세 스님은 부처님 전에 예배를 드리며 부처님을 바라보니 무엇인가 깊게 한숨을 쉬게 하는 회한이 있었다. 중생의 무지로 인해 몸부림치는 자신들을 다시 보게 된 것이다. 이러한 자성의 아픔으로 인해 스스로가 치열한 자기 깨달음의 고통 끝에 와 있는 것을 느낀 것이다. 출가한 지

몇 해째부터인가 자신들의 모습을 한번씩 확인하며 세 스님은 생각이 일치함을 알 수 있었다. 그러나 그것을 확인하며 다소 위안으로 삼을 뿐이었다.

"스님, 저희들은 준비가 다 되었습니다."

"너희들은 행장을 꾸려 떠나도록 해라. 너희들이 만나고자 하는 유정스님을 만나려면 먼저 마음을 다스려야 한다. 생각은 그 속성이 일어남과 동시에 미혹이 생기기 마련이다. 그 미혹이 인간을 혼미하게 만들고 혼미한 마음이 잘못된 행위를 가져오게 하는 것이다. 하지만 마음을 닦음에 따라 지혜가 생기고 지혜가 밝아지면 의심이 풀리게 되며 최후에는 무명으로 인해 일어난 모든 번뇌 망상이 봄눈 녹듯 사라져 급기야 미혹의 근원이 되는 무명의 자취까지도 없어지게 할 수 있다. 그것은 우리의 일생에서 가장 큰 고통인 생사의 고통에까지 그 영향을 미치게 될 것이다.

여기에서 한 걸음 더 나아가 생사해탈과 무상대도를 얻게되면 영원히 불생불멸하는 열반의 세계에 도달해 부처님과 같이 정등각을 성취하게되는 것이다. 이를 알도록 미혹한 중생을 제도하는 것이 우리의 바람이자 구도의 목적이다."

《열반경》에서 부처님은 사법, 즉 계戒 · 정定 · 혜慧 · 해탈解脫을 통달함으로써 생사유전으로부터 벗어나 깨달음을 얻었다고 말씀하셨다. 이 4법을 알지 못하면 생사에 유전하게 되고 이를 알게 되면 열반을 얻는다 하셨다.

또 해탈은 삼악(三惡: 몸과 입과 뜻에 의해 얻어지는 악)을 여읜 결과로써 얻어진다. 신업身業과 구업口業은 표면에 나타난 결과이며 의업意業은 내면의 의지 또는 동기에서 비롯되는 내면적 행위로 구분된다. 그래서 의업이 나쁘면 구업과 신업도 따라서 나쁘게 되고 의업이 맑으면 신구身口의 두 업도 따라서 맑아진다는 것이다.

계율이라 하는 것 역시 표면에 나타난 두 가지 업(몸과 입)을 조율하는 것을 말한다. 사람이 일을 행함에 있어 표면에 나타난 결과가 설사 좋지 못하다 하더라도 의업만 깨끗하면 악업에 끌려가지 않는다고 보는 이유가 바로 여기에 있다.

큰스님은 하직 인사를 하러 온 세 스님에게 행선지를 물었다. 세 스님은 아직 어디로 갈지에 대해 의논해 보지 못했을 뿐만 아니라 의논한다 할지라도 목적지가 잡힐 턱이 없었다. 출가하여 오직 이 곳에서만 수행해 온 터라 큰스님의 지도를 받을 수밖에 없었다.

"큰스님, 저희들이 어디로 가서 기도를 올리는 것이 좋겠습니까?"

"남쪽에 있는 보광산을 찾아가면 너희들을 지도해 줄 스승을 만날 수 있을 것이다. 열심히 마음을 닦아 기도 성취하도록 해라. 그 곳까지는 신월스님이 동행할 것이다."

보운, 보련, 보월 세 스님은 걸망을 지고 신월스님을 따라 남으로 남으로 향하였다. 《화엄경》에서 선재동자가 문수보살의 말씀대로 53선지식을 찾아간 것과 같이 보광산 보리암을 향해 산을 넘고 강을 건너 여러 날을 걸었다.

"신월스님, 남해 보리암을 찾아가면 어떻게 정진을 할까요?"

"그 곳에 가면 우리들을 지도해 주실 큰스님이 계신데 그 분에게 지도 받고 기도하면 될 것입니다."

"스님, 보리암은 관세음보살님의 도량이라지요?"

"관세음보살님의 본래 이름은 천수천안관자재보살千手千眼觀自在菩薩

인데 천 개의 손과 천 개의 눈으로 중생 세계를 두루 관찰하고 계신다고 해서 그렇게 부르는 것이지요. 흔히 관세음보살觀世音菩薩이라고 하는데 생명 있는 모든 것들의 소리와 움직임 등 일거수 일투족을 보고 듣고 계신답니다. 그리하여 중생들이 당신을 간절히 원하면 그때그때 여러 가지 모습으로 현신現身하여 도움을 주지요. 관세음보살을 간절히 부르면 대낮같이 환한 빛으로 다가와 모든 슬픔과 괴로움을 녹여 준다고 합니다. 하지만 이를 믿지 못하고 쉽게 포기하거나 절망하는 경우가 다반사지요. 최선을 다하면서 불보살의 외호를 간절하게 바라면 반드시 이룸이 있을 것입니다. 일심으로 기도하면 모든 업이 사슬에서 빠져 나오게 되고 자신의 참모습을 볼 수 있게 됩니다. 관세음보살님은 그러한 바른 의지에 항상 미소로 답하실 것입니다. 다행히 보운, 보련, 보월 스님은 큰스님이 말씀하시기를 남해 보리암과 큰 인연이 있다고 하셨습니다.”

세 비구니스님과 신월스님은 보광산를 향하여 쉬지 않고 관세음보살을 마음으로 염하며 걸은지 20여 일 만에 하동의 남쪽 끝 바다를 큰 섬이 가로막고 있는 곳에 이르렀다. 이 곳이 남해 보광산이었다.

배를 타고 남해도의 관음포에 도달했다. 일행이 배에서 내리려 하니 배 돛대 위에서 관음조가 날아와 스님들 앞을 날아갔다. 그 관음조는 예쁘고 아주 미묘했다. 보운, 보련, 보월스님은 그 새를 보고 나서 환희심이 났다. 그들은 한번도 바다를 본 일이 없었다. 몇 십 리 바닷가를 돌면서 바다의 신비를 느꼈다.

이윽고 보광산 밑에 다다르니 날이 저물어 한 촌가에서 유숙하게 되었다. 주인 노인에게서 보광산이 있는 섬의 생활 풍속과 역사, 유래된 전설 등을 들었다.

이야기 가운데 그들의 흥미를 끄는 것이 있었다. 중국에도 보타산(혹은 보광산)이라고 하는 산이 있는데 그 지방 사람들은 생업으로 선박장사를 하였다고 한다. 그런데 폭풍으로 배가 파선, 침몰되는 등 재앙이 자주 일어나자 관세음보살을 지성으로 믿고 일심으로 찾으니 관세음보살의 외호를 입을 수 있었다고 한다. 그 후 관세음보살이 상주하신다고 해서 '생관음도량'이라고 한다는 것이었다.

또 하나는 원효 큰스님이 처음 이 곳에 이르러 관세음보살을 친견한 다음 산 이름을 보광산이라 이름하고 이 곳 사람들에게 관세음보살을 믿고 따르라고 가르쳤다고 한다. 이 곳 사람들은 지금도 관세음보살을 굳게 믿고 오직 관세음보살 염불밖에 모를 정도라고 한다.

이 말을 들은 세 스님은 관세음보살에 대한 환희심이 샘처럼 용솟음쳤다.

스님 일행은 보광산을 더듬어 올라가면 갈수록 내려다보이는 광경이 인간 세계에서는 찾을 수 없는 아름다움이 있으므로 보이는 것마다 모두 신기하고 환희심이 일어나 신심이 더욱 견고해졌다. 원효 큰스님이 이 곳을 《화엄경》에서 이른바 7처 9회 중의 하나인 '보광선회'의 '관음회상'임을 확신하고 관음성지로 삼아 이름을 보광사라 지은 이유를 알 듯도 했다. 산세가 웅장하여 기룡암을 타고 용립한 관음봉이 있고, 아래를 바라보면 쌍홍문이 있어 이 문을 들어서면 화한봉을 위시하여 용호가 여의주를 희롱하는 농주암이 보이고, 사자암, 일월봉, 촛대봉, 향로봉, 사선대, 팔선대, 좌선대, 제석봉 등 기암절벽이 자연경과 더불어 '보광선회'의 '관음회상'을 이루고 있었기 때문이다.

망대나 문장대에 올라보니 남쪽은 망망대해가 펼쳐지고 아득히 보이는 곳에 '세존도'가 있었다.

보운, 보련, 보월스님이 올라와 바라보니 그대로가 층암이요, 절벽이요, 석굴이다. 참으로 처음 보는 절경에 감탄하지 않을 수 없었다. 그들은 이러한 자연의 절경을 보고 정신이 황홀하여 유정스님을 찾는 생각도 어디론가 도망가 버렸다.

드디어 평평한 곳에 다정한 암자가 자리를 잡고 있는 곳에 당도하였는데 이 곳이 바로 보리암이었다. 신월스님과 세 스님이 보리암 큰스님을 찾으니 스님도 아니요, 속인도 아닌 노인 한 분이 계셨다. 머리카락은 하나도 없고 눈(雪)빛 같은 눈썹이 귀를 덮었고 눈빛은 맑디 맑으며 얼굴은 동안童顔이었다. 그 노장을 보니 병풍 속에 그려놓은 신선 같았다.

그 큰스님에게 장삼을 입고 삼배를 올렸다.

"소승은 황학산 직지사에서 왔습니다. 이 도량에서 지도를 받으려고 왔습니다. 저희들을 좀 도와 주십시오."

큰스님은 빙그레 웃으며 말했다.

"그래, 기도하러 왔는가?"

"예."

"음, 그러면 관세음보살님을 친견해야지. 그래, 기도를 잘하면 꼭 친견할 수 있을테니 열심히 해야 한다."

"직지사 조실스님을 잘 아시는지요?"

"응, 알지."

"불명을 일러 주시겠는지요?"

"나는 이름이 없다."

그 큰스님은 매우 다정스럽고 부드러워 부모와 같은 마음을 느끼게 했다.

"기도 정진을 일심으로 지성껏 해야 하느니라."

"예."

'참으로 뼛골에 스며드는 말씀이 아닌가. 많은 사람들이 이미 도를 얻어 해탈하였는데 이 몸들은 어찌하여 아직도 이 괴로움 속에서 헤매고 있는가. 시작없는 예로부터 오늘에 이르기까지 깨달음을 등지고 번뇌에 합하고 무지에 타락하여 항상 여러 가지 악을 저지르고 삼악도에 떨어지지 않은가. 사람으로 태어나서 중이 되어도 부처님 친견하지 못하고 또한 이 몸을 제도하기는커녕 더욱 학대하여 고랑을 채우니 언제나 이 몸을 제도할까?

이런 생각을 하며 스님들은 물러나와 기도정진 준비를 하기 시작했다. 신월스님은 보운, 보련, 보월스님을 앉혀 놓고 말했다.

"염불은 부처님을 의지하여 지혜를 얻으므로 타력이라고 할 수 있습니다. 반면 선은 화두를 가지고 공부하기 때문에 자력이라고 할 수 있겠지요. 우리는 자력과 타력을 겸수해야만 할 것 같습니다. 기도를 하면서 선이 최고니, 경이 어떠니 하는 이분법적 집착에서 벗어나야 합니다. 불교는 선학과 교학, 염불을 따로 구분하는 종교가 아니라 선정을 쌓으면서 염불공도 잊지 말아야 합니다. 선과 염불에서 자신의 참모습을 발견하는 것이 불교라고 큰스님께서 말씀하셨습니다."

저녁을 먹고 나와 포행을 하는데 보리암 뒤를 바라보니 층암절벽이요, 암자 앞으로도 또한 층암절벽이었다. 암자 앞에 있는 절벽 오른쪽으로 큰 굴이 두 개 있다. 하나는 10여 척 높은 곳에 동쪽으로 100여 척 뚫려 들어갔는데 이 굴이 관음굴觀音窟이다. 이것을 용굴龍窟이라고도 한다.

세 스님은 돌로 쌓은 층계를 밟고 그 굴에 올라갔다. 이 굴에 몸을 들

여놓자 그냥 무한히 기쁘고 또 슬프고, 무엇인가 어떤 인생의 새로운
충동을 끌어내는 것이었다. 세 스님은 뒤를 막아 불단을 만들고 그 불
단 위에 전단향목으로 부처님을 조각하여 모시고 그 뒤 벽에 하얀 옷에
꽃관을 쓴 관세음보살을 모셨다. 관세음보살은 상상할 수 없이 어여쁘
고 거룩하였다. 두 뺨에는 붉은 안개가 사무친 듯, 두 눈썹은 초생달이
솟아오르는 듯, 두 눈동자는 진주처럼 반짝이고 입술은 피어나는 연꽃
같았다. 사랑의 기쁨이 넘쳐 흐르는 그 얼굴이 참으로 미묘하고 황홀하
였다. 그리고 전단향목으로 조각한 불상도 또한 그처럼 어여쁘고 거룩
하여 스스로 사모하고 숭배하는 마음이 흘러나와 무한한 감격과 환희
를 느끼고 또 애모哀慕하게 되었다. 그래서 자기의 모든 것을 전부 털어
서 그 보살님께 바치고만 싶은 마음이 온통 마음을 진동케 했다.

　세 스님은 걷잡을 수 없는 감정에 그만 몸과 마음 전부를 불보살님께
내어 맡기고 관세음보살을 부르게 되었다.

　그 감정은 '관세음보살님, 오늘부터 저의 몸과 마음 전부를 오직 보
살님께 바치나이다. 보살님께서 이 변변치 못한 몸이나마 받아 주소서!
그리하시어 죽이시든 살리시든 마음대로 하십시오' 하는 부탁이었다.

　그리하여 오직 일편지성으로 관세음보살을 정송正頌했다. 그 음성은
바위굴을 울리며 멀리 구름 위에 울려 퍼졌다.

　보리암 큰스님은 밥은 드시지 않고 조석으로 계란만한 환약 같은 것
한 알과 냉수를 한 그릇 마실 뿐이었다. 그리고 밤이면 어디인지 갔다
가 새벽에 돌아오고, 때로는 며칠씩 있다가 어느 새 방에 들어와 있기
도 하는 등 그가 오고 가는 자취를 알 수가 없었다. 그것을 함부로 묻기
도 황송하였다.

신월스님은 큰스님의 정체를 알고 싶어서 산 아랫동리에 사는 어떤 노인을 찾아가서 물어 보았다.

"절에 쌀 말이나 있으면 오가는 해적들이 들어와서 빼앗아버려 스님들이 있지를 못 한답니다. 그런데 1년 전에 이상한 노인이 그 암자에 가끔 들어와 있으면서 솔잎이나 먹고 산다는데 우리는 해상사호海上四皓 중 한 분이라고 여기고 있습지요."

"해상사호?"

"예, 이 이상 더 자세히는 저희도 알 수 없습니다."

한편 세 스님은 주야로 관음정근을 하는데 그 소리는 바위굴을 통해 울려 퍼지고 그 소리를 들은 산과 들과 바위와 풀과 나무 등 모두가 한 마음이 되어 관세음보살님을 부르는 것이었다.

일심으로 정진한 지 몇 달이 지났을 즈음 세 스님은 신월스님에게 이야기를 올렸다.

"그런데 관음정진을 하다 보면 유정스님께서 저 높은 산봉우리에 홀로 앉아 있는 모습이 나타났다가 없어지기도 합니다. 어느 때에는 유정스님께서 우리 앞으로 걸어오기도 합니다. 벌떡 일어나서 '스님' 하고 외쳐보면 유정스님은 온 데 간 데 없습니다. 며칠을 이렇게 하다 보면 망상에 사로잡히기도 하고 용심이 있는 대로 일어납니다."

"이러한 현상들을 참으면서 열심히 정진을 하지만 저희 마음을 송두리째 흔들어 버리고 빈 껍데기만 법당 안에 있기가 일쑤이지요."

"정진하면서 불보살님을 찾는 것도 중요하지만 무념무상의 경지에 이르는 것이 선행되어야 합니다. 보살님을 찾되 찾는다는 생각마저 버려야 합니다. 우리가 가지고 있는 모든 망상을 버리지 않으면 평생 마음을 비우기가 힘들 뿐 아니라 견성도 이루기가 힘든 것입니다. 마음을 비우면 실상도 보게 되지요. 나의 자성은 물론이려니와 모든 중생의 자성도 훤히 보이는 것이지요."

"스님, 분별심을 버리고 밝고 맑은 마음으로 기도하지만 어느 새 마음은 딴 곳에 가 있습니다."

"중생의 마음 속에는 진眞과 망妄이란 미세한 심적心的 작용이 있는데 진眞 가운데는 변하지 않는 실체實體와 인연에 따라 변하는 작용이 있고, 망妄 가운데에도 걸림없이 공空한 체體와 사물을 좇는 용이 있지요. 이 미미하게 작용되는 중생의 마음 속에는 항상 상반되는 두 가지 마음 작용이 있어 저 깊은 열 가지 식〔十識〕의 경지로부터 현실에 이르도록 분별과 갈등을 일으켜 생사生死가 윤전輪轉되는 것입니다. 명철하지 못한 생명은 업業을 짓고 고苦를 받게 되며 이 혹업고惑業苦 삼장三障이 꼬리를 물고 장애를 일으켜 몸과 마음이 서로 엉켜져서 사생육도四生六道와 대천세계大千世界가 불안정해져 언제 어디서 무슨 일이 발생할지 위태로워지게 되는 것입니다. 세상이 위태하니 얕은 꾀만 생겨나 소견이 흐려지고, 소견이 흐리고 어리석으니 번뇌가 끝없이 일어나고 중생이 흐려져서 목숨마저 점점 흐려지게 되는 것이지요."

"그래서 이 오탁악세五濁惡世에서 일어나는 가지가지 고통이 삼재팔난으로 저 혼자 받기도 하고 때론 여러 동업 중생들과 함께 받기도 하는 것이군요."

"그래서 큰스님께서 스님들에게 스승이 필요한 것을 알고 노스님께 부탁한 것이지요. 바른 스승을 만나기란 칡넝쿨이 소나무를 만나 천길 하늘로 뻗어가는 것과 같다고 했습니다. 그러나 이 또한 선근을 쌓고 선업을 닦지 않으면 이루어지지 않는 것이지요. 그래서 '인신난득人身難得, 불법난봉佛法難逢, 정법난득正法難得' 이란 말이 있지 않습니까?"

스님들은 더욱 정신을 가다듬어 정진을 시작했다.

1년이 지나고 2년이 가까워질 무렵 꿈이 계속 이어졌다. 목욕을 자주 하는가 하면, 머리를 깎기도 하고, 빨래를 하기도 하며, 때로는 수없이 많은 사람들이 보이는 것이었다.

"신월스님, 왜 이리 꿈자리가 시끄러운지 알 수 없습니다."

"큰스님께 가서 여쭈어 봅시다."

신월스님과 세 스님은 큰스님을 찾아가 공손히 절한 뒤 꿇어 앉아 여쭈었다.

"큰스님께서는 어리석은 소승들을 불쌍히 여기시어 지도해 주시옵소서."

"음, 무엇을 지도해 달라는 말이냐?"

그 동안 꿈 속에서 일어났던 일들을 소상히 아뢰면서 자신의 처신이 가벼워 하루 종일 망상에 사로잡혀 몸을 허무한 시각 속에 가두어 두기도 하고, 정진을 하다가 몸과 마음이 따로 있는가 하면, 곧 작은 일에도 화를 내고 온 몸과 마음이 험상궂게 된 것을 이야기했다.

"이러한 마음으로 관세음보살님을 친견할 수 있을런지요?"

"기도 중에 일어나는 숱한 일들이 하나씩 가슴에 박히는 아픔을 감내하면서 그 망상을 하나씩 하나씩 들어내지만 그 자국들이 지워지지 않는 상처로 남아 있기 때문에 치열한 자각으로 마음을 다스리는 것이지."

"다생을 오고가며 지어놓은 업과 습 때문인지 주체할 수 없는 망상이 일어나 잠재우기가 참으로 어렵습니다. 기도 중에 많은 현상들이 장애인 줄 알면서도 그것을 다스리지 못하고 좋은 꿈만 꾸어도 환상에 사로잡힐 때가 허다합니다."

"그래, 우리가 알아야 할 것은 마구니가 오신통五神通을 부리는 능력
이 있다는 것이다. 부처님으로 둔갑하여 흐리게 할 때가 적지 않지. 반
드시 꿈에 일어나는 일들을 이겨야 기도를 성취할 수 있다. 반면에 상
서로운 꿈들은 식이 맑아지고 지혜로움이 일어나기 시작하는 것이다.
또한 꿈에 매달릴수록 자신이 품었던 화두에 대해 등한시하게 되고 결
국은 자신을 산만하게 하는 결과를 초래하는 것이다. 또한 꿈이라는 것
은 마음의 작용에서 일어남을 새겨야 한다. 너희들은 일생 동안 많은
꿈을 꾸지만 그 꿈은 같지가 않지. 그 이유는 마음의 상이 항상 같지 않
기 때문이다."

"마음이 같지 않다는 게 무슨 뜻인가요?"

"마음이 같지 않다는 것은 업의 차별이 있다는 말이다. 짓는 업이 같
지 않기에, 업에 따라 차이가 생기게 마련이다. 인과에 대해 응보의 차
별이 있는 이유 또한 여기에 있다. 받는 응보에 차별이 있기에 그 사람
의 과보의 등급에 따라 태어나는 세계 또한 같지 않은 것이다. 때문에
과보대로 태어나는 세계는 백사장의 모래알처럼 많다. 무수한 세계가
존재하고 있다는 말이다. 이처럼 무수히 많은 차별의 세계가 존재하고
있음을 알 때 그러한 세상의 깨달음을 얻기 위해 우리가 얼마나 일상에
서 열심히 정진해야 하는지 또한 알게 될 것이다. 깨닫지 못한 이에게
는 더욱더 차별의 세계가 심화될 뿐이다. 옆에 있는 자네가 누구라 했
는가?"

"보련이라 합니다."

"기도를 열심히 한다고 들었네."

"늘 제자리에서 허우적거리는 자신의 모습이 힘들지요."

"신월스님은 자네들보다 먼저 입산한 스님이지?"

“그렇습니다.”

“신월스님은 공부하면서 여유가 있어 보이지?”

“예.“

“보월스님, 그런 모습이 쉽게 보이는가?”

“그렇게 생각될 때가 많습니다.”

“그렇지 않다. 신월스님은 전생에서 많이 닦았기 때문에 지금도 열심히 닦는 것이다. 우리는 지금 현세에서 어떻게 사느냐에 따라 어떤 모습으로 윤회되어 태어나는가를 알아야 한다. 우리 중생이 윤회하는 길을 여섯 개로 나누어 설명한 것이 바로 육도六道이다. 그 첫번째가 천상인데 인간이 생각하는 이상의 세계로 예로부터 33천이 있다고 말한다. 흔히 말하는 도리천이나 도솔천이 여기에 해당된다. 두 번째는 인간 세계이며 세 번째가 아수라이다. 마신들의 세계를 일컫는 아수라는 천룡, 야차, 건달바, 아수라, 가루라, 긴나라, 마후라가 등 ‘천룡팔부중’이라 해서 수호신으로도 나오는데 싸우기 좋아하는 세계를 말한다. 네 번째는 축생이다. 동물, 곤충들과 같은 생물들의 세계이다. 다섯째는 아귀이다. 죽은 자의 영혼을 말하는 것으로 식사할 능력이 없어 늘 굶주리는데 배는 산 같고 목구멍은 바늘귀만하다고 설명되고 있다. 마지막인 여섯째가 지옥인데 땅 속에 있는 고통의 세계를 일컫는 말이다. 이 가운데 축생, 아귀, 지옥을 삼악도라고 하지.”

“삼악도는 삼계와 같은 것인가요?”

“삼계는 욕계, 색계, 무색계를 말한다. 삼악도는 삼계 가운데 하계인 욕계에서도 가장 낮은 지옥, 아귀, 축생의 세계를 말한다. 인간 세상을 포함한 오계는 말 그대로 욕심으로 가득찬 세계로서 재물욕, 색욕, 식욕, 수면욕, 명예욕 이 다섯 가지 욕망에 의해서 투쟁과 더불어 살육이 쉬지 않는 아주 고통이 심한 곳이지.

그 중 삼악도란 우리 인간의 상상을 초월한 무섭고 고통스러운 곳으로 그 시간 또한 인간 세상의 시간으로는 계산할 수 없는 긴 시간도 있지. 즉 인간 세상의 한 달 혹은 1년이 어느 지옥에선 하루밖에 되지 않는 곳도 있으니 그 지옥에서 1년쯤 지나고 보면 인간 세상에는 헤아릴 수 없는 많은 세월이 지나게 되기도 하지.

색계란 욕심은 남아 있으되 형상을 떠난 정신 세계로서 마음만 먹으면 뭐든지 취할 수 있으므로 고통은 적고 즐거움이 많으며 상천으로 올라 갈수록 그 즐거움의 시간도 증가되는데 그 즐거움에 취해 수행하려는 마음을 내지 않으며, 상대적 고통도 보기 어렵게 된다. 성인의 바른 가르침 또한 만나기 어렵고 그 낙에 안주하다보니 자기의 수용할 복을 다 받은 뒤에 복진타락하게 되어 결국 윤회의 세계를 벗어나지 못하기 때문에 부처님께서도, '천상에 나기를 바라지 말라. 오직 고와 낙이 공존하는 인간 세상만이 완전한 수행과 해탈을 이룰 수 있는 가르침과 기회를 만날 수 있는 곳이다.' 고 하셨던 것이지.

무색계는 완전한 정신만이 존재하는 곳으로 욕심조차도 떨어져나간, 고통은 전혀 없고 오직 낙으로 충만되어 극락 세계와 다를 바 없이 무량한 복을 지은 자들이 그 복을 다 누리지만 완전한 지혜를 성취하지 못한 까닭에 이 역시 복진타락하여 윤회에 들게 된다 했지.

이와 같이 우리 중생들은 부처를 이루지 않는 한, 몇억 겁의 세월을 두고 윤회해야만 하는 운명에 처하게 되지."

"스님들은 윤회의 세계를 생각하고 업을 생각하면서도 현실의 우리를 잊지 말아야 할 것이다. 보운, 보련, 보월스님 왜 합장을 하는가?"

"나와 내가 하나가 되는 모습이라고 알고 있습니다."

"그래, 영과 육이 하나되는 모습이다. 이러한 마음에서 올리는 기도가 사상(四相: 중생이 심신에 대해 잘못 인식하고 집착하는 네 가지 상. 我相·人相·衆生相·壽者相)을 버린 진정한 기도가 될 것이다. 스님들에게 일어나는 마음은 몸과 마음이 따로 있기 때문에 그러한 망상들이 일어날 수 있다. 끝없는 참회부터 시작하여라. 그러면 자신도 모르는 사이에 알 수가 있다. 또한 더욱 열심히 기도하다 보면 진정한 무아의 경지를 미세한 파동으로 느끼게 된다. 이러한 경지는 식이 맑아지는 상태다. 또한 장엄하거나 상쾌하거나 환희심이 우러난다거나 하는 감정들을 수반하게 된다. 이것을 반야지般若知라고 부른다. 우리 수행자가 공부를 하다 보면 지知와 식識을 체험하게 된다. 그리고 한량없는 정신 세계를 키워갈 수 있다. 하지만 중요한 것은 업력을 불력으로 이겨야 하는데 업력에 이끌려 도중에 주저앉는 경우가 허다하다. 스님들은 더 의심이 일어날 때 나에게 와서 물어가며 정진하도록 해라."

"고맙습니다."

"스님들, 사람만이 할 수 있는 것이 무엇인지 아는가? 기도 정진이다. 참된 수행으로 살아가기 위한 자기 다짐이기도 하고 어리석음에 빠져 있는 자신을 보호하는 방편이기도 하지. 끝으로 업에 대한 이야기를 다시 해주마. 처음에 이야기할 때 업이 다르다고 했지?"

"예."

"나와 남이 함께 이익되는 공익적 행위를 선업이라 하며, 남에게 피해를 주는 행위를 악업이라고 하고, 남에게 해도 득도 되지 않는 행위를 무기업無記業이라 한다. 다시 말해 중생이 짓는 바 모든 행위는 선, 악, 무기의 세 가지 종류의 업으로 나누어진다. 백천만 겁이라도 소작업所作業은 불무不無라 했다. 지은 바 나의 업은 아무리 오랜 시간이 지나도 없어지지 아니한다는 뜻이다. 자기가 지은 업은 언젠가 반드시 인연이 도래하면 그 과보를 돌려받게 된다는 천리를 일깨우는 말이다. 선업은 선한 과보를 부를 힘은 있으나 악보를 부를 능력은 없고, 악업은 악보를 부를 힘은 있으나 선보를 부를 능력은 없다. 무기업은 선악간의 그 과보가 뚜렷하지 않은 업이니 선善이다, 불선不善이다 기록할 수 없어 무기업이라 한다.

또 지은 업을 행, 불행으로 돌려받는데 3단계가 있다. 금생에 지어 금생에 바로 돌려받는 것을 순현보順現報라 하고, 금생에 지어 내생에 돌려받는 것을 순생보順生報 또는 순차보順次報라 하고, 금생에 지은 업이 내생을 거쳐 3생 이후에 돌려받는 것은 순후보順後報라 한다. 이 생에 받지 못한 과보는 다음 생 또는 어느 생에선가 인연이 지어지면 반드시 되돌려 받게 된다. 참되게 살려고 노력하며 착한 일을 하는 사람이 금생에서 하는 일마다 뜻대로 되지 않는 것은 전생에 지은 악업으로 인해서이다. 금생에 그가 아무리 착하게 살고 있다 하더라도 그 선업은 아직 익지 않은 설익은 업에 불과하므로 오늘의 선업은 다음 생에 돌려받기 위한 준비를 하고 있는 절차에 해당된다. 악한 짓을 일삼는 사람이 잘 사는 것은 전생에 지은 선업이 남아 있기 때문이고 금생의 악업은 금생에서 소멸되어 없어지는 게 아니라 순생보 또는 순후보를 통해 반드시 그 과보를 받게 되어 있다."

세 스님은 큰스님에게 절을 세 번 올린 후에 한 소리로 말씀드렸다.

"의심이 어느 정도 풀리는 것 같습니다."

"자신을 다스리기 위해서는 아상과 아집을 버려야 하느니라. 그것을 버리지 못하면 사견邪見과 정견正見을 제대로 분별치 못하게 될 뿐 아니라 기도가 성취된다 하더라도 삿되게 되느니라. 또한 전생에 지은 원천적인 업보를 닦지 못하느니라."

"예, 명심하겠습니다."

"너희들이 모든 마음을 비우고 나면 애욕, 번뇌, 생사, 고해를 건널 것이다. 그 후 부처님의 세계가 나타날 것이니 정진을 잘 하거라."

신월스님과 세 스님은 삼배를 하고 방을 나왔다.

그들은 지성으로 정진하였다. 이제는 아무 마음이 일어나지 않고 마음 속에 끝없는 허공이 드러나고 나아가서는 허공조차 나타나지 않았다. 아무 생각도 없고 자신마저 잃어버린 것이다. 관세음보살 찾는 것을 잊어버리고 모든 것을 다 잊었다. 주관도 객관도, 우주 만상과 내가 본래 둘이 아닌 세계로 빠져든 것이다. 절대 경계가 없어진 것이다. 그 경계를 뛰어넘어 우주도 없고 나도 없는 절대 경계에 들어간 것이다. 아무 현상도 없고 소리도 없고 생각조차 없는, 오직 적적요요寂寂蓼蓼뿐이었다.

그 다음 날 큰스님을 찾아가서 여쭈었다.

"어서들 오게나. 얼굴이 많이 맑아졌구먼."

노장은 반가이 맞아 주셨다.

"부끄럽습니다."

"아니야, 정진을 열심히 했구나. 무엇이 보이든가?"

"적적요요할 뿐입니다."

노장은 크게 웃으셨다.

"그래, 주변에 보이는 것이 아무 것도 없었단 말인가?"

"예."

"나는 여러 번 보았지."

"……?"

"스님들 주변에 안개처럼 쌓여 있는 업 말이네. 다생으로 오가며 지어온 업은 안개처럼 우리의 온 몸을 둘러싸고 있지. 우리는 안개처럼 쌓인 그 업을 걷어내기도 전에 중도에서 포기하지. 업으로 인한 장애가 일어나기 때문에 업력에 끌려가 버린 것이지. 스님들처럼 정진을 잘하면 그 안개는 걷히고 신령스러운 기운들이 모여 몸을 감싸므로 장애가 일어나지 않지."

"그 신령스러운 기운이 무엇인지요?"

"그것은 불력이네. 불력은 가피를 말하는데 자기가 지은 업은 정진의 힘으로 소멸시킬 수 있는 것이지. 정진은 시간의 양보다 분별심을 갖지 말고 욕심을 버리는 것이 더욱 중요하지. 세상에는 영원한 것이 없다. 제행무상이라고 하는데 이를 아는 것이 업장 소멸의 시작이다. 모든 것이 무상한데 내 것이 어디에 있겠는가. 지금 스님들 손에 가지고 있는 것은 스님들의 것이 아닌 것이다. 스님들처럼 모든 마음을 비우고 육바라밀을 행하는 것이 중생을 이상 세계로 이끌어 가는 실천이며 정토세계를 실현하는 것이다. 아무리 두터운 업장이 있다 하더라도 육바라밀을 잘 실천하면 봄눈 녹듯 소멸될 것이다. 그 중 첫째 바라밀이 바로 보시바라밀이야. 다시 말해 스님들이 소유하고 있는 모든 것을 아낌없이 베풀라는 것이지. 보시에는 재물로 하는 보시도 있겠지마는 출가자의 경우는 불안해하고 고통스러워하는 중생들을 안심시켜 주는 무외시無畏施를 베푸는 방법도 있지. 스님들이 기도 중에 적적요요할 뿐이라 했지?"

"예."

"적적요요란 산란한 마음이 떠나고 삿된 생각, 허영심, 분별심으로부터 다 떠났을 때만 일어나는 경계이다. 이제부터는 걸어다닐 때〔行〕,

멈추었을 때〔住〕, 앉을 때〔坐〕, 누워 있을 때〔臥〕, 말할 때〔語〕, 침묵할 때〔默〕, 움직이거나〔動〕 고요히 있을 때〔靜〕 상관없이 실행할 수 있도록 해야 한다."

"예, 그렇게 실행하도록 하겠습니다."

"스님들 근기에 맞도록 기도를 하면서 각자가 읽고 있는 경전을 겸수해서 화두를 절대 놓치지 않도록 해야 한다. 정진할 때 시간을 어떻게 나누어야 할지 일러주마. 염불은 삼시염불과 별시염불로 구분되느니라. 삼시염불은 새벽과 낮, 저녁 세 번을 나누어 하고, 별시염불은 3일, 7일, 21일, 백일, 천일을 정하여 도량에 머물면서 몸과 마음을 깨끗이 하고 염불에 임하는 것을 말한다. 또 칭명염불은 부처님의 명호를 지극 정성으로 부르는 것을 말하고, 소리를 내지 않고 조용한 마음으로 염불하는 것을 정신염불이라고 하지. 소리의 크고 작음에 따라 나누어지는 대념염불과 소념염불, 부처님 명호만 부르는 정행염불, 그리고 여러 부처님의 명호를 차례로 일컫는 잡행염불도 있다. 염불할 때 집중을 위해 소리를 크게 내서 행하는 고성염불과 한 부처님의 상호를 관하여 생각하는 관상염불이 있다. 또 실상염불은 자신과 아울러 일체 법의 진실한 자성법신을 관하는 형태로 정진하는 방법을 말한다. 아침 저녁으로 참회하고 있지?"

"예."

"몸으로 업을 참회함은 깨달음에 도달하는 데 목적이 있다. 지금부터 너희들은 눈으로 보고, 귀로 듣고, 입으로 짓는 구업을 막으려는 원력을 세워 지극한 마음으로 참회하며 정진하되 도량을 돌 때나 앉을 때나 높고 낮음이 없게 참회하는 차분한 마음을 가져야 한다. 또한 송주를 외울 때는 무언으로 하고 마음을 비운 채 모든 것을 초월한 상태에 이르면 삼매의 경지에 도달할 것이다.”

“열심히 정진하겠습니다.”

이렇게 해서 세 스님은 무일물의 경계에서 관세음 정진에 들어갔다. 하루가 가고 이틀이 가고 7일째 되던 날, 아무런 의식 작용이 없는 절대 공絶對空의 세계에 들어갔다. 괴로움도, 기쁨도, 사랑도, 미움도, 나는 것도, 죽는 것도 모두 다 끊어진 세계였다. 공적 삼매에서 어느덧 7일 주야를 지낸 것이다.

신월스님은 보운, 보련, 보월스님이 삼매에 든 것을 알고 오고 가는 것을 금하였다.

‘일념부동 만상적연一念不動 萬像寂然’

꿈 없는 잠과 같은 삼매에 도취하여 모든 것을 잊었을 때 별안간 천지가 진동하고 환해지는 것을 느끼게 되었다. 그리고 관세음보살의 머리에 관음조가 앉아 아름다운 소리를 내고 있는 것이었다.

큰스님은 이 경계를 이렇게 말씀하셨다.

“그래, 가까워진다. 너희들은 관세음보살의 법신(法身: 진리의 몸)을 보았다. 관세음보살의 법신 그 자체는 현상도 없고 소리도 없고 빛깔도 없는 절대의 공空이니라. 모든 부처님이 이 법신을 증득證得하시고 무한한 공덕을 닦아서 부사의不思議한 작용을 일으키나니, 관세음보살은 여환자재삼매如幻自在三昧를 닦으시어 네 가지 부사의덕不思議德과 열네 가지 두려움이 없는 힘〔十四無畏力〕과 신통묘용神通妙用을 성취하시어 중생의 인연을 따라 33응신 또는 32응신을 나타내어 모든 중생을 구제하시고 교화하시니라. 너희들은 이제 그 법신을 보았으나 자재응용하시는 공덕신功德身을 보지 못하였으니 지극히 정진하여 관세음보살님의 공덕신을 친견토록 하여라. 관음조도 보살의 묘용이니라.”

세 스님은 가르침을 받고 마음에 새로운 광명의 빛을 발견했다. 그들은 〈관세음보살 보문품〉을 독경하며 찬덕의 칭호를 부르며 자비하고 신통자재한 공덕신을 친견하고 그들이 품고 있는 의구심을 풀어보겠다는 서원으로 정진해 들어갔다. 세 스님은 오직 한 가지의 힘으로 가슴에 묻혀 돌처럼 굳어진 것들이 서서히 풀리기 시작한 것이다.

과거 황학산 직지사에서 마주앉아 삼세인연, 곧 전생과 후생에 대한 인과因果가 있느냐, 없느냐 하는 의심을 가지고 토의한 것이 여러 번 있었다. 그 때 보월스님은 이것을 부인하였었다. 그로 인하여 여러 스님들에게 외도라는 지적을 받았고, 또한 불법을 참으로 믿고 닦는 사람이 아니니 내쫓아야 한다는 말까지 들었다. 여러 스님이 주장하므로 항상 의심을 품고 있었으나 입 밖에 함부로 내지 못하였던 것이다.

보월스님은 '사람이 인연으로 세상에 났다가 죽으면 그뿐이지 않겠는가, 전·후생이 어디에 있겠는가' 하는 의심이 철저했다. 그러나 기도를 하면서 삼세인연을 믿기 시작했던 것이다. 그래서 큰스님을 찾아뵐 때마다 여쭙곤 했다.

"사람에게 과연 전생, 후생이 있는 것입니까?"

노장은 기도를 해 보면 알 것이라고 했다.

그런 그가 이제는 관세음보살의 법신을 친견한 후, 그러한 의심들이 사라지기 시작한 것이다.

큰스님이 보월스님을 불렀다.

"관세음보살님의 법신을 보았느냐?"

"보았습니다."

"법신은 근본 생멸生滅이 없거늘 어찌 전·후생이 있겠느냐. 하지만 업보신(業報身: 중생의 몸)은 인연 따라 생사가 있으니 전·후생이 있느니라. 법신은 저 앞에 보이는 푸른 바닷물과 같고 업보신은 저 보이는 바다의 파도와 같으니라. 바닷물은 근본 생멸이 없겠지만 파도는 바람의 인연에 따라 생멸하느니라."

"그러면 저희들의 업보신은 시절 인연이 다되면 없어지는 것과 같으며 저 파도치는 바람에 따라 없어지겠네요."

"그렇다. 그러나 바로 보면 너의 업보신이 바로 법신이니라."

이 때 보운, 보련, 보월스님은 관세음보살의 법신 진리의 본 이치가 뚜렷이 드러나며 번뇌 망상이 끊어지고, 나와 우주가 둘이 아닌 경계에 들어가며 자신의 몸이 곧 부처라는 이치가 투명하게 드러남을 알았다.

그러나 '이 몸이 전생에 어느 곳에 어떤 몸을 받아서 어떤 일을 하다가 어떤 업을 짓고 어떤 복을 받아서 어떻게 죽었을까' 하는 의심이 사라지지 않았다. 알고 싶었다. 이것은 유정스님과의 깊은 인연 때문에 더욱 그러했다. 전생에 어떤 인연으로 만나게 되었다가 어떤 인연으로 헤어졌는가 하는 것들이었다.

신월스님과 세 스님은 다시 노장께 절을 하며 여쭈었다.

"저희들 전생 인연을 일러 주옵소서. 꼭 알아야 되겠나이다."

노장은 빙그레 웃으며 말씀하셨다.

"관세음보살님을 지극히 부르며 정진하면 알 도리가 있을 것이다."

세 스님은 무엇이라 할 말이 없어서 물러나와서 주야불출하고 관음 정진했다.

'관세음보살의 공덕신을 친견할 것이고, 삼세인연을 깨달을 것이고, 그토록 그리운 유정스님을 만날 것이다. 관세음보살의 공덕신을 보아야 불보살님에 대한 신앙이 확고하게 될 것이며, 삼세인연을 깨달아야 불심을 깊게 가질 것이다. 유정스님을 꼭 만나겠다. 관음 정진을 하되 만일 관세음보살의 공덕신을 친견치 못한다면 보리암에서 천 리나 되는 낭떠러지 아래로 죽을 것을 각오하며 정진하리라.'

여러 날로 접어드니 모든 잡념 망상이 다 사라지고 오직 백옥 같은 순결한 신념, 쇳덩이 같은 정열적인 열성만이 활활 타오르고 있었다. 이 같은 순결한 신념, 뜨거운 정열은 맹렬한 정신력의 발현이었다.

여러 날이 지났을 때 세 스님은 완전히 어린아이가 되었다. 발가숭이 어린아이가 되었다. 오직 어머니의 젖을 찾는 어린아이가 되었던 것이다. 어린아이가 어머니를 찾는 순결하고 간절한 마음이야말로 참으로 위없이 갸륵하고 어여쁜 마음이다.

수십 일이 지났을 때 세 스님은 발가숭이가 된 자기의 정신이 무한히 가엾고 슬펐다. 또 자기의 과거가 무한히 가엾고 슬프며, 모든 인생이 가엾고 인생의 살림살이가 무한히 가엾고 애달펐다.

그리하여 두 눈에서는 눈물이 주루룩 흘렀다. 그 슬픔이란 세속적인 어떤 비애와는 성질이 다르다. 티끌 없는 붉은 마음에서 참다운 보살의 대비심이 흘러나오는 것이다. 세 스님은 슬픔의 까닭은 모르지만 인생이 불쌍하다고 느끼는 것이었다.

마음은 모양이 없는 것이어서 허물과 더러움에 의해 물들지 않는 것인데 어찌 마음이 탐진치에 의해 더러워진다고 할 수 있으며 과거, 현재, 미래의 와중에서 무엇을 마음이라 하겠는가.

큰스님이 오셔서 그런 그들에게 차례로 말씀하셨다.

"보련아, 과거의 마음은 없어진다. 미래의 마음은 아직 오지 않았고 현재의 마음은 머물지 않아서 모든 업의 본성을 얻을 수 없을 뿐 아니라 모든 업의 중간은 얻을 수조차 없지 않은가.

보월아, 우리는 탐욕을 부리지 아니하였으므로 진정한 참모습으로 돌아와 있는 것이다.

보운아, 기도하다 보면 몸뚱이의 다섯 기관이 서로 맞지 않을 때가 허다하다. 귀가 싫어하는 것은 코가 좋아하고, 코가 좋아하는 것은 혀가 싫어하고, 혀가 좋아하는 것을 육신이 싫어하는 등 제각각 욕심을 주장하지 않던가. 여러 작용으로 얽히고 서로 어울려서 한데 뭉쳐져 돌아갈 때 모든 집착과 모순과 번뇌 망상이 일어나지 않던가. 이로 인해 슬프고 기쁘고 괴롭고 즐겁다는 분별이 얼마나 생기던가.

지금 생각에는 괴롭다 여겨지는 것이 어제는 즐거움으로 느꼈으며, 지난날 악으로 여겼던 것이 당장에 선으로 생각되기도 하지. 선악분별과 고락관념은 사람의 영역과 지식의 수양 정도에 따라 다르게 나타난다.

보운아, 우리 인간이 살아가는 모습은 아무리 오랜 시간이 흘러도 오온에 쌓여서 죽을 때까지 일생 동안 생로병사의 고해를 헤매게 마련이다. 그래서 운명의 마음을 다스리는 것이 중요한 것이지.”

세 스님은 가만히 큰스님 말씀을 듣고 있었다.

“부처님의 법은 하나이나 여러 가지를 말씀하고 계시며, 여러 가지 몸으로 나타나 중생을 교화하지. 대지가 온갖 중생과 초목을 받아들인 것과 마찬가지로 차별하거나 편애하지 않는다. 태양이 빛을 비출 때 그 빛을 사방에 두루 비추듯 부처님의 법도 그러한 것이 아니겠는가. 하지만 여래의 복밭은 하나인데 중생들의 과보에는 여러 가지 차별이 있기 마련이다. 물이 그 담기는 그릇에 따라 모양이 달라지듯 중생의 업보 역시 그들이 지은 업에 따라 다르게 나타나는 것이다. 젖은 나무에 불을 피우려고 부단히 노력하는 이가 있는가 하면 불을 지피다 말다 하며 자신의 행동을 반복하는 이도 많지 않던가. 부처님 말씀에 행과 발언을 중요시하는 이유는 바른 행동을 통해 업을 닦는 것을 중요하게 여기기 때문이다."

바다 밑을 보거나 주변의 산과 꽃, 이름 모를 산새들의 표정조차 진여법체의 원만이라는 느낌이 든다. 배우고 깨닫는다는 것은 자기 마음속의 원유한 말로 자신의 마음 속에 깃들어 있는 법음을 키워나가는 가장 기본적인 것이다.

세 스님은 그제야 유정스님이 자기들을 버리고 산 속 깊이 들어간 이유를 뚜렷이 깨닫게 되었다. 인생이 한 꿈이라는 것을 다시 한 번 알게 된 것이다. 깨끗하고 뜨거운 마음 속에서 흘러나오는 슬픔, 이것이 곧 관세음보살 대비심임을 알게 된 것이다. 보련스님은 관세음보살 탱화 앞에 꿇어앉아 한없이 울고 또 울었다. 보운, 보월스님도 함께 울었다.

무한한 감격, 가장 순결하고 아름다운 참마음일 것이다.

부처님은 온 중생을 사랑하고 중생을 불쌍히 여기신 것이다. 관세음보살님은 부처님의 대자비가 인격화된 것이니 중생의 어머니가 된다는 것은 모든 생명을 불쌍히 여기기 때문이다.

그들은 관세음보살이 어떤 분이라는 것을 진실하게 체험하게 되었다. 순결하고 순고한 순정, 어린아이가 부모를 그리는 마음이 불보살의 대자대비라는 것을 체험하게 된 것이다.

그리하여 자신이 관세음보살과 같은 우주적인 인격에 접촉하게 되었으며 모든 생명을 끝없이 불쌍히 여기는 마음, 이것이 곧 관세음보살의 마음임을 알게 되었다.

3년 여 동안에 그들의 염불은 관세음보살의 심장을 울리고 또 우주 전체를 우렁차게 울려 나갔다. 그들의 음성은 관세음보살의 마음의 소리인 것을 스스로 느꼈다. 염불 소리가 우주 전체를 울리어 나올 적에 그야말로 모든 하늘의 천신이 기뻐하고 시방세계의 불보살이 다 기뻐하시는 듯 가지가지 상서로운 일이 나타났다. 관음조가 이상한 꽃을 물어다 주는가 하면 오색 구름이 금산을 둘러 덮기도 하며, 또 이상한 거문고 소리가 허공에 가득하기도 하고, 때로는 노루, 사슴, 범까지 굴 앞에 와서 무릎을 꿇고 염불 소리를 듣기도 했다. 또 오색 구름이 바다를 덮고, 가는 바람에 이상한 향기가 풍기며 때때로 관세음보살의 탱화에서 붉고 흰 광선이 일어나기도 하였다. 이러한 상서가 나타나니 세 스님은 더욱 감격하여 뜨거운 눈물을 흘리며 관세음보살을 불렀다.

천 일이 차 가는 사월 초파일 밤이었다. 한밤중이 되어 돌연 굴 속이 대낮같이 밝아졌다. 찬란한 오색광명이 벽에 걸린 관세음보살 탱화에서 쏟아져 나왔다. 석벽이고 산이고 다 없어졌다. 우주 공간에 광명이 가득 찼다. 온 대지가 밝게 빛나고 여러 가지 보석과 꽃으로 장식되어 아름다운 향기가 넘치고 있었으며, 나뭇가지와 잎새는 찬란한 빛으로 눈이 부시게 빛나고, 감미로운 미풍에 나뭇잎이 흔들리고 은은한 선율이 공간을 가득 메웠다.

부처님은 사자좌獅子座에 앉아 과거·현재·미래의 진리가 모두 평등하며 그러한 미묘한 깨달음의 조리條理는 온 세상과 중생의 마음 속 구석구석까지 메아리치고 있음을 설하고 있었다. 무수한 천왕들과 천신들은 지혜의 빛으로 어둠을 사르고 천만 년 불국토를 나타내는 연화의 그늘에 앉아 여러 방편으로 중생을 교화하려 하고 일천 등불이 주위에 가득차고 아무리 많은 등이 있어도 서로의 빛을 방해하지 않고 아름다운 빛을 발하고 있음을 볼 수가 있었다. 모든 사물은 자신의 참된 모습으로 고요하고 통일되게 그러나 자유스럽게 그 무엇에도 방해받지 않고 자신의 자리를 빛내고 있었다. 여래는 신통력으로 한 미물의 중생이라도 구원하기 위해 최상의 진리를 말씀하셨다. 또한 진리의 깊은 뜻을 살피고 중생의 능력에 따라 불멸의 가르침을 비처럼 내리고 있었다.

부처님의 지혜는 수천 수만의 빛이 되어 허공에 번져나가 일체 중생에게 그 광명을 미치게 하고 있었다. 참으로 아름다운 모습이었다. 이러한 빛의 실낱〔光絲〕을 수많은 천신과 보살들이 번갈아 찬탄하는 중에 하늘에서 꽃비가 내리고 연화잎이 세상을 덮었다. 연화향이 세상을 진동시키고 있었다.

이것을 본 세 스님은 관세음보살의 부사의한 신력에 놀라서 오체를 땅에 던지고 흐느껴 울었다. 다시 머리를 들어 높이 하늘을 바라보니 그 오색 광명은 구름 바다를 이루고 그 위에 오색 연꽃이 가득 피어 있었다. 그 연꽃 위에는 눈빛보다 더 하얀 의복에 칠보로 꾸민 연화관蓮花冠을 쓰고 백옥과 진주 등 갖은 보배로 눈부시게 단장한 보살님이 나타났다. 분명히 관세음보살이었다.

"보살님!"

세 스님은 놀라고 감격하며 그 앞에 뛰어들려 하니, 관세음보살은 사랑이 넘치는 얼굴로 빙그레 웃으셨다.

"나는 항상 너희들을 어여삐 여긴다. 나는 너희들의 어머니이니라."

관세음보살은 오른팔을 내밀어 세 스님의 이마를 만져 주었다.

세 스님은 보살의 품에 뛰어들며 외쳤다.

"관세음보살님, 저희들을 안아 주소서. 저희들은 관세음보살님의 품을 떠나지 않으렵니다."

그 때에 관세음보살은 왼손에 들었던 하얀 연꽃 한 가지를 스님에게 주었다.

"이 꽃은 오직 보리공덕으로 이루어진 것이니 이것을 가지면 모든

애욕의 번뇌가 맑아지고 죄액, 죄업이 소멸되고 속히 불보살의 공덕을
성취하리라."

눈보다 고결한 그 빛이 몸에 비치니 몸이 유리같이 맑아지고 그 향기
를 맡으니 마음이 백옥같이 깨끗해졌다.

보살은 다시 말했다.

"너희들은 아직 이 세상에 빚이 많다. 사랑의 빚, 은혜의 빚……그것
을 갚아야 한다. 그리고 불보살의 공덕을 쌓아라."

보운, 보련, 보월스님은 보살께 여쭈었다.

"보살님, 저희들의 전생 인연을 가르쳐 주옵소서. 그리고 유정스님
을 만나게 하여 주옵소서."

보살은 빙그레 웃으며 그림자와 함께 사라졌다. 세 스님은 깜짝 놀라
서 주변을 살펴보았다. 그들은 여전히 굴 속 불탁 앞에 서 있었다. 마치
꿈인 것만 같았다. 큰스님은 불탁 앞에 성큼성큼 다가가더니 벽에 걸린
관세음보살의 탱화를 잡아내렸다. 그리고는 관세음보살을 그린 비단
을 한꺼풀 벗겨내더니 척척 접어서 촛불에 사르는 것이었다. 세 스님은
깜짝 놀라 말했다.

"큰스님, 어인 일이십니까?"

"응, 이것이 이미 쓸데없는 물건이 되었으니 불사름이 옳지 않겠느
냐."

관세음보살은 벌써 불에 활활 타올라가고 있었다. 타올라가는 불빛
을 물끄러미 바라보던 세 스님은 별안간 번쩍하는 빛과 함께 깊은 잠을
깬 듯이 정신이 맑아지며 전세인연前世因緣이 그림처럼 나타났다. 비단
을 벗겨낸 족자 바탕을 바라보니 과연 글자가 드러났다. 그 글의 내용
은 다음과 같았다.

우리 세 사람은 연화도인蓮花道人을 모시고 10년 간 이 곳에서 관세음보살님을 모시고 정진하다가 관세음보살님의 자비하시고 미묘하신 얼굴을 친견親見하고 기쁨과 감격에 넘치어 성심을 기울여 한 폭 비단에 관세음보살님의 의용儀容을 그려 모신다. 우리는 이 인연으로 오는 세상에도 이 곳에 와서 관세음보살님을 모시고 공부하기를 서원한다. 그리고 관세음보살님을 친견하고 나서 우리는 세세생생世世生生 연화도인의 뒤를 따라서 관세음보살님의 가피를 입으리라.

(정덕正德 무인戊寅 9월, 연화도인 제자 성운 · 성연 · 성월)

세 스님이 이 글을 보고 나니, 전세前世 인연이 더욱 눈 앞에 또렷이 드러났다. 하도 신기하고 꿈 같아서 서로 멍하니 바라보며 어찌할 줄을 모르다가 너무나 감격해서 서로 붙들고 울고 말았다.

"아니, 이것이 정말 사실일까?"

"나도 모르겠어."

보월스님의 물음에 대한 보련스님의 대답이었다.

보운스님이 물었다.

"불법이란 참으로 불가사의하지 않은가! 부처님이 우리를 속이신 것은 아니지?"

세 스님은 다시 신비에 감읍感泣하면서 눈을 감고 몇 시간을 보냈다. 보리암 큰스님은 관음상을 불사르고 어디론지 자취를 감추어 버렸다.

'이것은 어찌된 사실인가?

그로부터 70년 전의 일이다. 연산燕山 시대에 서울 부근의 절을 전부 기생 놀이청으로 만들고 스님을 쫓아낼 적에 삼각산에 도인이 한 분 계셨으니 사람들이 부르기를 '연화도인蓮花道人'이라 했다. 그 때에 성

운, 성연, 성월 세 제자를 데리고 남으로 육지가 끝난 곳까지 와서 남해
섬으로 건너와 보리암에 머무르면서 세 제자와 같이 보리암을 다시 짓
고 지성으로 관세음보살을 부르다가 관세음보살을 친견하고 그 모습
을 그대로 탱화에 그려 모시고 또 전단향으로 상을 조각하였다.

연화도인이 세상을 떠난 뒤 세 제자는 20여 년 간 더 공부하면서 내
세에도 또 이 곳에 와서 관세음보살을 친견하고 연화도인을 따라 공부
하기를 맹세했다는 기록이 보리암 스님이 있던 방 벽 위에 걸려 있었
다. 이것은 관음탱화에서 나타난 기록과 같은 내용이면서 좀더 자세하
였다.

이러한 기록을 본 세 스님은 자신들의 세속인연이 마치 거울 속의 그
림자처럼 드러나는 것을 보고 놀라움을 감출 수 없었다. 또 보리암 큰
스님께서 이미 그러한 숙명을 통달하고 자기들을 기다리고 있었다는
것을 생각하니 그저 신비하기만 하였다.

"인생이란 참으로 알기 어려운 것 아닌가. 부처님의 가르치심이 너
무나 미묘하고 신비하구나."

세 스님은 이러한 신기한 체험을 겪은 뒤 커다란 변화를 겪었다. 귀
와 눈이 명랑해지고 입에는 향기가 가득했으며 몸은 나는 듯이 가볍고
상쾌하였다. 정신이 맑아지고 지혜가 크게 열렸다. 마음 속의 모든 번
뇌 망상이 깨끗이 없어지고 끝없는 대비심으로 바뀐 것이다. 삼세인연
이 환하게 드러나며 불법의 불가사의하고 미묘한 이치를 깨닫게 되었
다. 세속 인연에 끌리지 않고 영원히 불법을 잘 배워서 무외시를 행하
며 살아야 함을 깨달았다. 세 스님은 관세음보살의 자비 신통력에 무한
히 감격하였다.

한편 세 스님이 최초에 보광산 보리암에 오게 된 동기는 유정스님을

찾기 위함이었는데 그들이 관세음보살의 자비 신통력으로 마음에 안정을 얻을 수 있었지만 유정스님을 만나고 싶은 마음은 아무리 해도 사라지지 않는 것이었다. 세 스님은 하루 종일 만경창파 펼쳐진 바다 위 섬들을 바라보며 대자연의 신비를 느끼며 마음을 달랬다.

"언니, 저 많은 섬들 가운데 연화도는 어디일까?"

"글쎄…… 그 섬에 한 번 가보면 좋겠다. 나도 궁금하구나."

그들은 그 섬을 구경가기로 하였다.

다음 날 아침, 어선 한 척을 빌려 사공의 설명을 들어가며 목탁섬, 세존도를 구경하고 배를 동으로 향하니 두미도를 거쳐 욕지도가 나왔다. 거기서 좀더 나아가니 꽃송이 같은 봉우리가 높이 솟은 섬이 보였다. 해는 이미 섬 그림자를 드리우며 사그라지고 있었다.

"사공, 이 섬의 이름이 무엇인가요?"

"이 곳이 바로 연화도입지요."

세 스님은 너무 반갑고 정겨워 마치 고향산천을 찾아온 듯했다. 무한한 기쁨과 신비감을 안고 배에서 내렸다.

"사공, 이 섬에 인기척이 없는 듯한데 사람이 살지는 않는 모양이지요?"

"예, 제가 알기로는 사람이 살지 않는 것으로 알고 있습니다. 다만 저 봉우리 동쪽에 석굴이 하나 있는데 옛날에 연화도인이라는 분이 그 곳에서 공부하다 돌아가셨는데 그 분은 유언으로 제자들에게 자신의 시체를 바다에 던지라고 했다 합니다. 제자들은 유지를 따라 그 분의 시신을 바다에 던졌는데 그 곳에서 연꽃 한 송이가 솟아났다 합니다. 그리하여 이 곳을 연화도라 이름하고 그 분을 연화도인이라 부르고 있습니다. 아직도 그 석굴은 남아 있습니다."

이 이야기를 들은 세 스님은 눈물이 왈칵 쏟아졌다. 그리고 목이 메여 말이 나오지 않았다. 보련스님이 말문을 열었다.

"세상에 참 기이한 인연도 다 있지. 이 곳이 바로 연화도인이 입적한 곳이라니……."

"연화도인이 돌아가신 곳에는 비석이 서 있지요."

무한한 신비를 느끼면서 보운, 보련, 보월스님은 석굴을 더듬어 올라갔다. 석굴 가까이 다가가던 보운스님이 무엇을 발견한 듯 주춤했다. 그리고는 자세히 살펴보더니 깜짝 놀라는 것이었다.

"아니, 이게 웬일이야. 유정스님이 아니신가요?"

보운스님이 달려들어 그의 팔을 잡아 흔들었다. 그 때 바위 위에 가부좌를 하고 죽은 듯 눈을 감고 있던 유정스님은 눈을 지긋이 뜨고는 보운스님을 바라보았다. 잠시 그들을 바라보던 유정스님은 서서히 입을 열었다.

"그래, 그 사이 어찌들 지냈소?"

"……."

"참 잘 왔소. 일찍이 이 곳에서 만나기로 약속이 되어 있었나 보오."

아무렇지 않게 이야기하는 유정스님의 모습은 기골이 장대하고 안광이 빛났다. 행장이라고는 주변에 울멍줄멍 싸놓은 볏자루가 하나 있고 앉은 자리는 바위 위에 풀을 깔아놓고 있었다.

세 스님은 가슴이 벅차고 심장이 울렁거려 더 이상 아무런 말이 나오지 않았다. 모두가 꿈 같고 현실은 아닌 듯했다.

잠시 마음을 가라앉힌 그들은 유정스님 뒤에 있는 비석을 발견했다.

'연화도인 입적처蓮花道人 入寂處'

그 뒷면에는 '제자 성운, 성연, 성월' 이라 새겨져 있었다.

유정스님은 그들을 바라보며 입을 열었다.

"스님들, 이제는 알겠지요."

모두들 하도 신비스럽고 감격하여 그만 유정스님 앞에 엎드려 흐느껴 울었다. 그것은 세 여승이 관세음보살의 신력으로써 보리암에서 깨달아 얻은 삼생인연, 곧 세 제자가 연화도인을 모시고 공부하다가 연화도인이 이 섬에서 세상을 떠난 뒤 그 세 제자들이 이 곳에 비석을 세웠다는 것, 그것이 곧 자기들의 일이었다는 것이 너무나 신비스러웠다.

유정스님은 영취산 반고사 옛 터 바위굴에서 하루 아침에 몸을 빼어 그 곳에 온 것이었다. 제법무애의 원리를 체득하고 유식唯識, 천태天台, 화엄華嚴의 불교 철학을 살아있는 가치로써 알아나가기 위함이었다.

보운 등 세 스님은 실상(우주의 본체)과 현상(법성작용)을 관세음보살의 법신과 공덕신의 작용으로써 체험한 것이다.

이렇게 남해 보리암에는 수많은 이야기와 영험력이 전해져 내려오고 있다. 이것은 이 곳이 관세음보살님의 가피로 세워진 관음도량임에 그 연유를 찾을 수 있을 것이다. 하지만 그보다 우리의 긴 불교사를 통해 우리 불자들이 보여온 관세음보살님에 대한 지극 정성이 이끌어낸 불력의 힘에서 비롯된 것이 아닐까 생각한다.

강화 보문사

강화 보문사

서울에서 강화로 가다 보면 태백산맥 등줄기에서 서쪽으로 뻗어 내린 광주산맥이 있다. 이 산맥은 북한산 남쪽으로 서울을 만들고 그 서쪽으로는 김포를 만들어 놓았다.

김포평야를 가로질러 강화 북쪽에는 고려산이, 남쪽으로는 마니산이 있다.

강화로 접어들기 전 '통진' 이라는 곳을 지나다 보면 금강산 장안사 보덕굴에서 빛이 뻗어나와 이 곳을 관통하여 마니산에 닿았다는 말이 실감 난다.

보문사에 거의 다 와 만나는 마을이 불은면佛恩面인데 이 곳은 고려 때 팔만대장경이 제작되었던 곳이며, 부처님의 은혜를 많이 입었다 하여 이런 이름이 붙여졌다.

고려산 줄기에 있는 적석사(적련사)는 중국의 동진東晉시대 천축조사가 강화에 이르러 오색의 연꽃이 핀 연못을 발견하고 그 연꽃을 꺾어 공중에 날렸는데 그 연꽃이 떨어진 곳마다 절을 창건하였다 하여 이 곳을 오련사五蓮寺라 이름하였다. 하지만 지금은 적련사赤蓮寺와 함께 백련사白蓮寺, 청련사靑蓮寺만 남아 있다.

불은면을 지나면 외포리 선착장에 도착하는데 차를 탄 채 승선하게 되어 있다. 출발한 지 2~3분 정도면 석모리에 도달하게 된다. 연중 보문사 참배객으로 인해 길이 좀처럼 열리지 않는다.

성지를 찾는 사람마다 자신을 돌아보며 현실에서 겪는 갖가지 어려움이나 고통스러운 일을 생각하게 된다. 이런 저런 생각으로 허덕이며 애써 올라왔다고 여기다가도 아득하기만한 정상이 손에 잡히지 않아 장탄식을 내뱉는다. 이 모든 것이 다 중생살이가 아닌가 싶다. 성지순례의 본 의미는 어쩌면 이런 상념을 잊는데 있는지도 모르겠다.

우리는 삶을 제대로 살 줄 알아야 한다. 그러기 위해서는 깨끗한 본성인 사랑과 지혜에 삶의 가치척도를 두어야 한다. 그래야 모든 것으로부터 자유로워질 수 있다. 관세음보살을 찾는 것 역시 얽매이지 말아야 할 것이다.

일주문을 지나면서 길이 가파라지는데 송림에서 은은히 배어 나오는 솔향이 상쾌하다. 낙가산은 둥그런 산으로 높지도 낮지도 않은 두 봉우리를 가지고 있다. 하나는 커다란 바위로 뭉쳐 있고 다른 하나는 여인의 가슴과 같은 형상을 하고 있다. 그 아래 움상한 곳에 천연 법당굴이 있는데 16나한이 계시고 바위에는 송자관음보살이 조성되어 있다.

중국까지 알려진 해동의 낙가산落迦山

고려 현종 1년(1095)에 중국 자은종의 승려 혜인惠忍이 31인의 성인들과 함께 고려에 와서 이 곳 낙가산의 성굴聖窟을 친견하고자 고려 조정에 간청했다. 그러나 조정에서는 친견을 허락하지 않았다. 고려 조정이 이 곳을 그만큼 신성시하고 보호했기 때문이다.

버스 종점에서 올려다보는 것만으로는 낙가산의 신비로움을 전혀 알지 못한다. 가파른 길을 가슴에 안은 것처럼 몸을 앞으로 굽히고 노송으로 덮여 있는 도량을 향해 3백여 미터쯤 올라가면 한 길 높이쯤 되는 축대의 중간에서 계단과 마주치게 된다.

경건한 마음으로 계단을 올라가 뜰에 서면 보문사普門寺라는 현판이 걸려 있는 입법당 종무소 건물과 마주하게 된다. 그 왼편에 석굴법당이 있고 다시 종무소 건물의 오른편에 요사가 있다.

이 곳이 바로 송자送子 관세음보살님께서 상주하시는 최대 성도량 낙가산 보문사이다.

중생의 위난을 구제, 교화하시는 관세음보살의 행원이 기록된 보문품普門品을 옮겨 절 이름을 보문사普門寺라 함도 그 때문이다.

종무소의 오른편을 돌아 먼저 관세음보살을 경건한 마음으로 참배하기 위해 육중한 화강암으로 만들어진 계단을 오른다. 12계단을 올라서면 그 곳에는 우아한 석등이 좌우에 나란히 시립하고 있다. 화강암을 잘 다듬어 만든 계단석은 발을 편안히 놓을 수 있도록 폭이 넓고 급경사를 피하기 위해 계단길을 'ㄹ'자를 그리면서 오르게 되어 있다. 108계단째에 계단 조성 공덕비가 서 있다.

■ 관음성전 계단 불사 공덕비문

국내 유일의 관음 발생지인 강화도 삼산면 낙가산 보문사에는 '해출22나한' 이 봉안된 법왕굴과 낙가정봉 천연 암벽에 미려하게 조성된 마애송자관음성전이 있어 오늘날 관세음보살의 상주도량으로서 모든 불자들의 귀의처가 되었도다.

끊이지 않는 선남선녀 불자들의 발길을 열어 주기 위하여 증명 전관응, 황진경, 오녹원, 오범인, 선대주지 정정수, 배등각 청신사 청신녀 등을 모시고 사부대중 일동이 대발원하니 강호의 선남선녀들이 수희 동참하여 일층일단씩 쌓으니 위용을 드러내어 마침내 낙성식을 보게 되었다. 선재동자의 일보 일배의 길이 되고 이 불사에 동참한 설판재자들은 그 공덕이 무량할 것이요, 국운이 융성하고 모든 발원자의 소원이 성취되기를 기원하면서 이 공덕비를 세우도다.

다시 108계단을 오르면 한 쌍의 석등이 또 서 있고 118계단을 다시 올라가면 거기에 반야용선이 있다.

다시 84계단을 올라가면 계단석을 더 놓을 곳이 없다. 수십 명씩이 한꺼번에 오르고 내려도 길을 비키기에 불편함이 없는 넓은 계단이 끝나는 곳에 마애석상으로 관세음보살이 서 계신다. 낙가산의 주봉을 이루고 있는 암봉의 눈썹같이 두드러진 부분을 천연 지붕으로 하여 눈비를 가리고 관세음보살님은 서해 쪽을 향해 잔잔한 미소를 띠면서 항상 낙가산 보문사와 함께 계신다.

태양이 서해의 바다 끝으로 내려앉으면 하늘과 바다의 수평선이 맞닿고 저녁 노을은 붉게 물들어서 부처님의 발 밑으로 밀려온다. 하늘과 바다가 교착되는 일대 장관은 보는 이로 하여금 절로 숙연하게 한다.

천만 년의 세월이 흘러도 관세음보살님은 이 곳에 계시면서 이 땅 중생들의 간절한 기도의 소망을 이루어주실 것이다.

관세음보살의 상주도량

낙가산 보문사를 창건한 때는 신라시대 선덕왕善德王 4년(653)이다.

회정스님이 금강산 장안사에 보덕굴을 중창하고 하늘을 바라보니 한 줄기 빛이 발하여 장안사 보덕굴을 비추고 난 후 그 빛이 통진을 지나 마니산에서 멈추었다. 그 빛을 따라 마니산에 이르니 다시 강화 삼산면 낙가산 바위굴을 비추는 것이었다. 그 빛이 이른 곳에는 천연적으로 이루어진 석굴 법당이 신비롭게 형성되어 있었다. 안개가 피어오르고 향내가 진동하며 눈 앞에 펼쳐진 바다로 인해 마치 천연적으로 꾸며진 연꽃 도량을 펼쳐 놓은 듯했고, 주위의 숲과 골짜기가 어우러져 관세음보살이 상주하는 도량임을 확신케 했다. 이에 보문사를 창건한 것이다.

회정대사懷正大師가 처음 이 절을 지을 때는 이름을 낙가落迦라고 했다. 관세음보살이 상주하는 인도의 남해 보타 낙가산의 이름을 따서 지은 것이다. 이 후 관세음보살의 자비하시며 깊고 넓으신 자비 방편을 말씀하신 〈보문품普門品〉의 이름을 그대로 옮겨 보문사普門寺라 하였다. 즉 관세음보살의 자비하고 신통자재하신 위신력이 그대로 실현되는 도량이라는 뜻을 담은 것이다.

관세음보살은 곧 석가모니부처님의 무연자비無緣慈悲의 권화신權化身이다. 관세음보살은 자비의 화신이기 때문에 흔히 자모慈母를 상징하여 여인상으로 표현되지만 실은 성을 초월하여 제도해야 할 중생의 근기에 맞도록 자유자재하게 나투신다.

천태天台대사께서는 관세음觀世音을 해설하여 말하기를 "관觀은 각覺이요, 각覺은 이름하여 불佛이라 이르며, 세음世音은 경이니 곧 여래如來이다." 라고 했다.

그러므로 관세음은 곧 불여래佛如來를 뜻하는 것이다.

관세음보살은 먼 옛날 구원겁久遠劫 전에 성도한 정법명왕여래正法明王如來부처이다. 정법正法이란 우주의 본체인 것이니 이 대우주의 진리 바로 그 자체가 관세음觀世音이며 이 진리로부터 만상萬象이 출현하는 것이다. 이와 같이 관세음은 사물의 근본이면서 본체이므로 만물을 생육시키는 덕으로 활동한다.

만물을 생육시키는 덕의 활동으로 중생을 감싸고 구제하므로 중생을 자식같이 사랑하는 마음, 즉 부성애父性愛를 본체로 갖추고 있는 것이다.

지혜가 없어 미혹迷惑하고 고뇌하며 비애悲哀의 고해 속에 있는 중생을 구제하고자 하는 관세음보살의 사랑은 자식을 사랑하고 걱정하는 어버이의 사랑보다도 더하다. 아무런 조건이나 보답을 바라지 않는 절대애絶對愛가 관세음보살의 참 마음이다.

보살은 '마하 보리살타'의 준말로 그 뜻을 풀이하면 '대도심大道心 각유정覺有情'이다. 즉 오로지 희생으로 중생의 괴로움을 구제하고 미혹을 제거하며 깨달음을 얻게 하고 중생을 보살펴 준다는 뜻을 가지고 있다.

보살은 미혹한 차안此岸의 중생을 열반의 피안으로 인도하는 역할을 스스로 책임지고 있다. 열반이란 탐욕과 노여움, 그리고 어리석음을 소멸하는 것을 말한다. 그러니까 보살은 중생을 고통으로부터 구제하여 안락으로 인도하는 본원을 위해서만 활동한다.

관세음보살은 먼 옛날에 이미 불과佛果를 증득하고 부처의 위位에 올랐으나 중생을 구제하기 위한 대비원력으로 보살 자리로 내려와 중생 구제 활동을 하고 있는 것이다. 따라서 관세음보살은 영겁에 이르도록 중생과 함께 세간에 상주하며 중생과 밀접하고 친근한 관계를 유지하고 있는 것이다. 그러므로 관세음보살의 구원을 비는 사람은 먼저 그 마음에 자비심을 일으켜 자기 마음을 관세음보살의 마음이 되게 해야 한다. 자비심을 일으켜 중생의 고뇌를 구제하려는 서원을 세우고 죄업을 참회하지 않으면 관세음보살의 자비에 감응할 수가 없다. 그렇지 아니하고 죄업만 쌓아간다면 아무리 관세음보살을 불러도 고통이나 재앙, 환란을 면할 수 없다.

모든 인간의 재앙과 환란은 밖에 있는 것이 아니다. 인간 모두의 마음 속에 있는 것이다. 모든 원인이 자신의 마음 안에 있는 것이므로 관세음보살의 공덕과 위신력을 생각하고 관세음보살을 간절히 부르면 그것이 곧 자기 마음에 착한 마음을 일으켜 자신의 자성 가운데 있는 관세음보살이 우주 안에 꽉 차 있는 관세음보살과 합치되어서 흉한 것은 피하고 길한 일을 성취하게 되는 것이다. 모두 자기 마음 속에 있는 관세음보살의 실현이라고 할 수 있다.

관세음보살이 보타낙가산의 관음궁전에서 부처님께 이렇게 말씀드렸다.

"저에게 신비한 주문이 있사오니 만약 어떤 중생이 이 주문을 수지하고 독송하면 모든 병환과 질고를 제거하고 일체의 악업과 번뇌를 소멸하여 신구의身口意 3업이 모두 청정하게 되며 백천만억 사업을 성취하지 않음이 없을 것입니다. 저의 이 신비한 주문은 크게 신비스러운 영험이 있으니, 삼세의 모든 부처님이 찬탄호념讚嘆護念하시나이다.

누구든지 이 경을 매일 백여덟 번씩만 외우면 만병이 소멸하여 수명이 장수하게 되오며, 항상 시방제불의 호념하는 바가 되어 재물과 의식에 모자람이 없고 여러 사람의 공경과 사랑을 받게 됩니다. 뿐만 아니라 귀사鬼蛇, 도장刀杖의 피해를 받지 아니하고 두려움은 멀리가고 편안함을 얻어서 임종시에는 시방의 부처님을 뵈옵고 극락세계에 왕생하여 다시 악도에 떨어지지 아니하오리이다."

관세음보살의 서원을 들으시고 부처가 칭찬하셨다.

"장하도다. 대사大士여! 모든 중생을 위하여 외우라. 나도 또한 받아지닐 것이니 그대는 속히 설하여라."

관세음보살은 곧 주문을 설했다.

"옴 마하 가로니가야 사바하."

관세음보살은 주문을 설해 마치고 부처님께 다시 사뢰었다.

"만약 남자나 여자가 이 주문을 한 번 외우면 십악오역十惡五逆과 일체의 죄장을 모두 소멸하고 병고를 제거하며 두려움을 여의고 생사의 바다를 뛰어넘어 열반의 언덕에 오르리다.

만약 어떤 사람이 십만억 나유타 제불명호를 생각한다고 할지라도 잠깐 동안 나의 이름을 지극한 마음으로 생각하고 부르는 것만 같지 못하오리다. 박복한 사람은 나의 이름과 이 주문을 듣지도 못할 것이거늘 어찌 항차 수지독송할 수 있사오리까.

만약 어떤 사람이 빈궁하고 하천하여 병고를 수없이 받으며 우치하고 암둔하여 선과 악을 가리지 못할지라도 성심껏 이 주문을 외운 다음 나의 이름을 생각하고 부르면 원하고 구하는 바를 반드시 성취하여 부귀가 자재하며 지혜와 변재를 얻어서 위없는 경지를 증득하게 되오리다."

이와 같이 관세음보살은 중생들의 현세의 고통과 번뇌를 구제해 주는 대자대비하신 중생의 자모慈母이시다. 이 거룩하고 대자대비한 관세음보살이 보문사에 상주하시는 것이다.

천진석상天眞石像과 천진석굴天眞石窟 법당

회정대사가 보문사를 창건한 지 14년 만인 신라 진덕여왕 3년(649)에 일어난 일이다.

보문사 산 아래, 지금의 매음리 마을 어부들이 배를 타고 바다에 고기를 잡으러 갔다. 어부들이 바다에 그물을 쳤다가 한참만에 걷어올리는데 그물이 몹시 무거웠다. 고기가 걸렸으면 그물이 당겨지고 요동을 칠텐데 그물은 움직임이 없었다.

이상하게 생각한 어부들은 그물을 아주 조심스럽게 천천히 걷어올렸다. 그물이 올려지는 순간 어부들은 놀라서 하마터면 그물을 놓칠 뻔했다. 고기는 한 마리도 걸리지 않고 이상하게 생긴 돌덩이만 잔뜩 걸린 것이었다. 어부들은 그 돌덩이들을 자세히 들여다 봤다. 그런데 기이하게도 그 돌덩이들은 사람 형상과 똑같았다. 어부들은 듣지도 보지도 못한 기이한 석상을 보고 놀랍기도 하고 두려운 생각이 들어서 그 석상들을 얼른 바다에 던져 버리고 배를 저어 멀리 떨어진 다른 곳에 가서 그물을 쳤다.

그러나 어부들의 마음은 시간이 지날수록 더욱 불안해졌다. 한참만에 어부들은 그물을 걷어 올렸다. 그런데 이것이 웬일인가. 아까 멀리 떨어진 곳에 던져 버린 석상들이 고스란히 또 그물에 걸려 올라온 것이었다. 그들은 너무나 두려운 나머지 황급히 그물을 바다에 던져 버리고 급히 배를 저어 육지로 돌아와 버리고 말았다.

그리고 어부들은 그 기이한 일이 무슨 조짐인지 알지 못하여 크게 걱정을 했다. 그날 밤, 어부들은 똑같은 시간에 똑같은 꿈을 꾸었다.

해맑고 수려한 풍모를 지닌 노스님이 나타나 말했다.

"우리는 먼 서천국(인도)으로부터 왔느니라. 나와 더불어 스물두 분의 성인이 돌배를 타고 이 곳까지 왔는데 우리가 타고 온 돌배를 돌려 보내고 물 속에 있다가 그대들의 그물을 따라 올라왔더니 그대들은 두 번씩이나 우리들을 다시 물 속에 넣어버리더구나. 그대들이 알지 못하여 그러한 것이니 그 일을 허물치 않겠노라. 우리가 이 곳 동방 세계의 서쪽 바닷가에 온 것은 이 나라에 '아라한'의 신통을 펴기 위한 것이며, 더욱 큰 뜻은 영산회상(부처회상)에서 베풀어진 무진법문과 중생의 복락을 성취하는 길을 전하러 온 것이다.

마을 뒤 낙가산에 가보면 우리가 오래도록 편안하게 쉴 수 있는 곳이 있으니 우리를 그 곳으로 안내해 주기 바라노라. 의심하지 말지니라. 내일 곧 시행하도록 하라. 이 인연과 공덕으로 그대들의 후손까지도 길이 복을 누리게 될 것이니라."

말을 마친 노스님은 앞서서 낙가산으로 어부들을 인도하여 보문사 앞에 있는 석굴을 보여 주었다.

노스님은 이 곳에 쉬게 해 달라고 다시 이르고 어부들이 낮에 석상을 버린 바다로 사라졌다.

어부들은 새벽녘부터 일어나 간밤의 꿈 이야기를 주고받으면서 감탄을 연발했다. 그들은 날이 밝기를 기다렸다가 배를 띄워 어제 석상을 던져 버린 그 바다에 나가 그물을 쳤다. 조금 후 가슴을 조이며 걷어올린 그물에는 어제의 그 석상 스물 두 위가 고스란히 따라 올라왔다.

어부들은 정성스럽게 석상을 모시고 뭍으로 올라와 물로 깨끗하게 씻고 꿈에 본 석굴로 석상 스물두 위를 모셔갔다. 굴 앞에 다가가니 굴 안에서 경 읽는 소리가 나고 은은한 향내음이 굴 밖으로 스며 나오고 있었다.

어부들은 형언할 수 없는 기쁜 마음으로 굴 안으로 조심스럽게 들어갔다. 굴 안은 마치 어떤 사람이 일부러 다듬어 놓은 것 같았다. 그리고 중앙에는 천연적으로 된 좌대도 만들어져 있었다. 어부들은 스물두 위의 석상을 그 좌대에 차례로 올려 모셨다.

어부들은 그 석상들이 돌 부처라고 생각했다. 돌 부처님을 좌대에 모시고 나니 굴 안은 엄숙하고 신비한 영기靈氣가 가득 찬 것처럼 느껴졌다.

그들은 일제히 돌부처 앞에 엎드려 거듭거듭 절을 하면서 소원을 이루어 주도록 염원했다.

어부들은 돌부처를 모시게 된 것을 큰 영광으로 생각했다. 뿐만 아니라 신심이 절로 우러나서 기쁜 마음으로 동네에 돌아와 잔치를 벌이면서 하루를 경사스럽게 보냈다.

그날 밤 꿈에 그 노스님이 다시 어부들 앞에 나타났다.

"그대들의 수고로 장차 무수한 중생들이 복을 얻게 될 것이다. 그대들에게 먼저 복을 줄 것이니 받은 복을 함부로 쓰지 말며, 만일 교만하거나 자비심을 버리고 악하고 삿된 마음을 일으키게 되면 곧 복을 거둬들일 것이니라. 그리고 그대들에게 효성이 지극하고 복덕을 갖춘 아들을 점지할 것이니라."

노스님은 이렇게 말하고 어부들에게 옥동자를 안겨 주었다.

노스님은 말씀을 이었다.

"사람들은 이 노승을 '빈두로존자' 라고 부른다네. 우리들은 석가모니 부처님과 두 보살님을 함께 모시고 왔으며 나와 더불어 나머지 열여덟 분은 모두 부처님의 수제자들이라네. 존자들의 이름은 스님들에게 잘 일러놓을 것이니 소원을 빌 때에는 반드시 명호를 불러야 하느니라."

어부들뿐만 아니라 보문사의 스님들도 같은 꿈을 꾸었다. 어부들과 스님들은 이 신비한 일들을 서로 찬탄하여 존자의 이름을 확인했다.

석가모니 부처님, 미륵보살(좌보처), 제화갈라보살(우보처), 나반존자, 빈두로아존자(좌), 가락가빌차존자, 바리도아존자, 노빈타존자, 낙구라존자, 발타라존자, 가릿가존자, 빌사라불타라존자, 수박가존자, 라후라존자, 나가세라존자, 인계라존자, 빌라바사존자, 아시다존자, 주단반탁가존자, 정우존자, 빈두루존자 등 18분의 나한이었다.

열여덟 분의 존자들은 모두가 아라한과를 성취한 대 아라한들로 생사에 자재하여 삼천대천 세계에 현몰이 자재한 대신통을 갖추신 성인들이시다.

석굴 안에는 신령스런 샘물이 솟아오르고 있다. 그 물맛이 감미로워 불자들이 많이 마시게 되는데 아무리 많이 마셔도 탈나는 일이 없다.

그 때 모셔진 스물두 분의 석상은 조금도 변함없이 지금도 그대로 보존되어 있으며 마치 최근에 모신 것처럼 항상 신선하고 새로운 느낌이 느껴진다. 호기심 많은 사람들이 돌의 석질을 조사해 보니 석상의 돌은 화강암 같이 보이지만 우리 나라 화강암이 아니라 인도에서 산출되는 돌임이 확인되었다.

굴법당의 내부를 살펴보면 다음과 같다.

앞면 높이 21자, 뒷면 높이 12자, 굴 전체 넓이 30평, 법당 면적 24평으로 이루어진 석실로 안에는 연꽃이 조각된 불단 위에 닷집이 달린 전각 형태의 불전佛殿이 있고, 그 안에 아래 위 두 줄에 걸쳐 감실이 마련되었으며 그 위에 23위의 석상이 봉안되었다.

성문4과

보문사 굴법당에 모신 나한은 천진석상天眞石像으로 인간이 조성하지 않은 신성함이 있으며, 오랜 역사 속에서 변함없는 가피력을 주신다.

아라한은 Arhan이란 범어를 한자로 음역한 말이다. 그 원음이 '아르한' 이기 때문에 아라한이라 표기한 것이다. 아라한은 성문聲聞 수행과 위의 최고 지위로 열반을 체득하여 대자유를 실현하는 경계이다.

4단계로 되어 있는 성문의 수행과 그 위치를 살펴본다.

■ 수다원과

성문 수행과위의 제1단계 과정인 수다원은 범어로 스로타·판나
Srotāpanna라고 한다. 예류과預流果라고도 하여 무루도無漏道에 처음 참
예하여 들어간다는 뜻을 가지고 있다.

수행 초에 반드시 애욕을 끊고 심성이 비고 밝아지게 해야 한다. 형
상이나 소리나 냄새나 맛, 혹은 감각을 초월하여 경계에 물들지 않으며
계戒를 지킴에 자재하여 맞지 않는 것이 없고 시방에 자재로이 노닐게
되는 경지를 말한다.

■ 사다함과

범어로 사크르다·가·미Sakrdāgāmi라고 말하는 사다함과는 때로 수
다함이라고 표기되어 있는 경우도 있다.

이 말은 '한 번 갔다 온다'는 뜻이다. 아직은 욕계의 사혹思惑을 완전
히 끊지 못했기 때문에 한 번 더 욕계에 태어난다는 것이다.

그러나 오고 가는 상에 걸려 있는 것은 아니다. 이 경지에 이르면 마
치 국왕이 태자太子에게 국사를 나누어 맡기는 것과 같이 부처로부터
'관정灌頂'을 받게 된다. 부처의 마음과 같이 광명하고 자비한 부처의
아들로 부처의 일을 맡게 되는 과위다.

■ 아나함과

범어로는 아나·가·민Anāgāmin이라고 한다. 이 욕계에서 죽어 색계
色界나 무색계無色界에 태어나는데 다시는 욕계로 돌아오지 아니한다는
뜻이다. 즉 욕계의 경계를 완전히 초월하여 오고 간다는 의식마저도 완
전히 끊어진 경계다.

이전까지는 비원悲願이 모자라지만 아나함과에 이르면 중생을 이익되게 하려는 비원이 일어나고 출세간의 진眞에서 속俗으로 돌아오게 되며 지혜가 돌아가게 되므로 회향回向한다고 말한다.

아나함과는 부처 경계에 이르기 바로 직전의 단계다.

■ 아라한과

범어로는 아르한Arhan이다.

부처님의 경지境界와 같게 되는 것을 말한다. 부처님의 명호 10호 가운데 '응공應供'은 바로 아라한을 뜻하는 것이다. 다만 성문 경계에서 얻은 아라한과 구분하기 위하여 응공이라 한 것이다. 부처 스스로 '나는 아라한을 이루었노라' 고 말씀하신 적이 많다.

이 경지는 법이 있음을 초월하는 경지다. 이 경지를 실무유법實無有法이라 말한다. '아뇩다라삼먁삼보리' 라고도 말하는데 '정해진 법이 없음' 을 의미하고 있다. 생사生死마저도 없음은 이미 말한대로이며 그 신통력으로 불가능이 없다.

■ 아란나행

아라한은 그 증득한 경계에 대하여 생각이 없어야 한다. 만약 아라한을 얻고 그것을 얻었다는 생각이 있으면 이것은 아란나행이 아니다. 아라한이 아라한으로서 행하는 바 모든 법이 한다는 생각 없이 행해져야 하는 것이다.

보문사의 석굴 법당에 모셔진 아라한들은 모두가 아라한과를 증득하고 아란나행을 행하는 진실 성현들이다. 행하고도 행한다는 생각이 없으므로 그 행은 무진한 생명력을 가지며 무한히 행해져도 늘 새로운 것이다.《금강경》에도 아라한의 경계에 대하여 설명되어 있다.

아라한 숭배사를 보면 고려 시대에 가장 왕성했던 것으로 보인다. 국가의 안녕을 비는 인왕반야법회仁王般若法會의 경우에는 백 위의 나한상을 모시고 백 사람의 고승을 청하여《인왕경》을 강독했는데 이 때에 스님들에게는 극진한 공양이 대접되었다. 스님들에게 공양을 베푸는 것은 곧 부처님께 공양을 올리는 것과 같은 공덕이라는 사상이 반승의 정신이었으므로 아라한들에게도 기도를 많이 했다.

보문사의 옛 기록

■ 중수기

조선 고종高宗 4년 불기 2411년 정묘년(1867)에 경산京山스님이 석굴 안 처마를 이어서 나한각을 신축하였다. 고종 30년 계사년(1893) 4월에 왕후 민비閔妃가 지극한 신심으로 요사와 객실을 중건하였다.

고종 광무원년光武元年 불기 2441년 정유년(1897)에 경산스님이 석굴암 나한 개금불사를 봉행하였다. 고종 광무 10년 병오년(1906)에 전 군수 홍희준이 선왕고(홍봉장)의 손때 묻은 공력을 흠모하여 사원의 서쪽 석벽에 현판을 썼다.

근년에 이르러, 서기 1971년 신해년에 보문사 조실 충성스님과 주지로 부임한 정정수鄭靜守스님이 보문사를 중창하고자 원력을 세우고 권선문을 작성하였다. 그런 어느 날 영부인 육영수 여사가 국태민안 기도차 보문사에 왔다. 육여사는 조실 충성스님으로부터 중창발원 취지를 듣고 즉석에서 3백만 원을 시주했다.

이것을 본 신도들도 다투어 중창불사에 동참했다. 육영수 여사는 또 보문사와 지방의 발전을 위하여 차로를 개선하였다.

선왕고는 휘호가 봉장鳳章이다. 오랜 기간 고생하면서 학문을 일러 초야의 대선비가 되어 은거하면서 의로운 일을 행하니 세상이 알지 못하였다.

상서 홍의호洪義浩 씨는 일대의 거장巨匠으로써 그가 이 고을에 머물러 있을 때 보문사는 오랜 세월이 흘러 훼손되어 있었다. 그 때 한 스님이 온갖 정성을 다하여 사원을 중수하고 부처님을 개금하기로 발원하여 부중을 두루 역방하던 중 선왕고의 이름을 듣고 찾아와 권선문을 부탁하니, 친히 글을 지었다. 이에 지극한 신심을 다하여 큰 두루마리에 가득히 쓴 장문은 가히 진주와 같아서 감탄하지 않을 수 없었으니 홍봉장이 아니면 어찌 능히 이에 이를 수 있었겠는가. 권선문 증서도 가장 멋진 걸작품이라 볼수록 더욱 멋지더라.

이 권선문을 가지고 각 처에 시주를 받아서 법당을 중창하고 신축하여 보문사를 복원했으니 선왕고의 문장 힘이다.

선왕고가 품고 있는 문장의 빛은 찬란하였다. 또한 거기에 홍상서가 글을 볼 줄 아는 눈이 있어 능히 선왕고의 글을 발탁하여 시첩을 후손에 전하여 삼으니 이것이 곧 일향의 예림에 미치게 되었다.

예림의 전통을 이어받은 도정都正 임승익, 남궁은 씨 같은 이가 일찍이 이런 글을 얻어 보지 못하였다고 감탄했다. 모든 명예를 위해서 함부로 짓고 쓰지 아니했으나 글과 글씨를 보면 문장의 앞뒤가 시원스러워, 보는 학자들마다 인간문학을 초월한 기묘한 문장신이라고 감탄한다.

이 절의 홍패의 운이 선왕고 문장에 관련이 있다고 보아도 될 만하다. 선왕고는 평일에 깊은 글을 지어서 놓았으나 대개 산실되어 보기가

어려워 선왕이 매우 한스럽게 여기셨는데, 보문사에 작품이 남아 있어
서 다행스럽도다. 더구나 이 권선문은 비유컨대 옛 빛의 날아가는 날개
와 같아 영광된 유물이 홀로 보존되니 어찌 가풍을 전하는데 완연하지
아니하겠는가. 어느 객손이 이 글을 보고 사방을 두루 돌아보면서 시송
을 암구하니 보화의 빛이 찬란하고 금그릇 악기의 소리며, 군자의 청음
이다. 그리하여 홍상서가 이 글을 보고 훌륭하다 감탄한 것도 그럴만
했던 것이다.

이 글은 보문사를 위해 지어 걸어 놓았으니 이 글에 힘입어서 단월이
시주하고 가피력을 얻어서 현판도 또한 유적으로 남아 있는 것이다. 또
한 사원의 흥패는 때가 있는 법, 앞으로는 흥왕할 것이니 이제는 폐허
가 되지 않을 것이다. 세월이 흐를수록 금은 보화가 땅에 가득하며 또
한 장차 이 글을 관찰하고 감동할 것이다.

그런 즉 현판의 글은 머물러 있으되 이것이 바로 선조의 남은 글만은
아니요, 곧 불문佛門 호법護法의 하나의 큰 방편인 것이다. 현판을 보거
든 누구나 공경심을 일으키라고 전해 놓는다.

(대한광무 10년 병오 7월, 불초손 전 군수 희준근서)

■ 보문사 법당 중건기

낙가산 대원스님이 서울로 나를 찾아와 대법전 중건기를 부탁하였
다. 삼가 살피건대 신라시대 회정선사께서 금강산 보덕굴로부터 이 산
으로 옮겨오시어 한 사원을 세우셨다. 그 산세가 서천 사자국의 보타낙
가산과 흡사하여 산 이름을 낙가산이라고 불렀다. 낙가산이라고 말하
는 것은 관세음보살님께서 출현하시는 곳이기 때문이며, 그 때문에 절
이름을 보문普門이라 하고 보문사를 처음 지으니 대법전과 누각과 요

사가 하늘에 나는 듯했다.

그 후로 천여 년을 이어 오면서 여러 차례 병화를 겪으니 절도 이에 따라 흥패하고 세파에 부딪치며 오늘에 이르렀다. 절의 법당은 이미 폐허로 돌아가고 두어 채 요사만 남아 겨우 바다와 산의 남은 경치만을 보전하고 있을 뿐이었다.

경신년(1920) 봄에 대원스님은 성지가 이미 오래도록 폐허가 되어 있으므로 서원을 세워 시주를 모연하여, 관음전을 지을 기둥 수십 개를 세웠는데 그 모습이 자못 웅장하였다. 그 해 여름을 지나 가을에 와서 큰 공사를 마쳤다. 세워진 법당은 그 장엄함이 엄중하고 화려하여 마치 서역에 솟은 듯하다.

아! 대법의 동침東沈이 오늘과 같음이 없었다. 생각컨대 우리 납자들이 불자의 큰 뜻은 생각지 아니하고 종일토록 배부르고 따뜻하기만을 도모하며 꽃피는 정원의 경치 뛰어난 것만 자랑하니 가탄스럽도다.

(석전 사문 한영선)

■ 마애관음좌상

마애관음상은 미암불상이라고도 부른다. 조성 인연과 불상의 재원은 다음과 같다.

조성연대 : 불기 2471(서기 1927)년 무진년 7월

불상높이 : 37척(약 11m 10cm)

폭 : 3m 64cm

(관세음보살상)

불상조각 : 화엄선사

조성자 : 보문사 주지 배선주 스님
화주 : 이화웅 스님
위치 : 낙가산 상봉 눈썹바위

불상은 천개옥天蓋屋으로 된 바위에 마치 건물 안에 모셔진 것처럼 눈비를 피하고 계신다. 불상이 조각되어 있는 암벽의 면은 마치 다듬은 것처럼 깎여 있어 신비스럽기만 하다.

통견通肩의 법의를 입은 관음좌상은 네모진 얼굴에 커다란 보관을 쓰고 두 손을 모아 정성스레 정병淨甁을 받쳐 든 채 연화대좌 위에 앉아 있다. 눈, 코, 입은 투박하지만 서민적이며 이마에 백호가 솟아있다. 경직된 어깨와 가슴에는 '만卍' 자가 새겨져 있다.

불상의 발 아래 오른쪽에 누워 있는 바위는 생김새가 배와 같으므로 이름을 반야용선般若龍船이라고 부른다.

악한 마음을 버리고 착한 마음으로 관세음보살의 명호를 지극히 부른 사람을 반야용선에 태워, 이 고해苦海세계로부터 영원한 안락세계인 극락국으로 인도해 주시는 것이다. 관세음보살님 앞에 반야용선이 있으니, 보문사는 천연적 관세음보살 도량인 것이다. 비록 관음상을 조각한 때는 멀지 않지만, 낙가산이 이루어질 때부터 관세음보살님이 형성되어 있었다고 봐야 옳다.

관세음보살님께 참배하고 반야용선에 오르면 앞 바다의 파도가 밀려와 용선에 부딪치고 배가 출렁거려 멀미가 나는 것 같은 느낌이 든다.

모두 대자대비하신 관세음보살님께 가피를 입어 복되고 안락하게 살아가기를 발원한다.

■ 천인대千人臺

천인대千人臺는 굴법당 좌측 위에 놓여 있는 큰 암반으로 길이 40m, 폭 5m에 달한다.

신라와 고려시대 때 수백 명이 이 바위 위에 올라앉아서 설법을 들었다고 한다. 이런 인연으로 해서 간인대석이라 부른다.

천인대석은 인공으로 조각한 것 같이 반석으로 되었으며 옆은 타원형으로, 벽은 깨놓은 듯 해서 옆에서 보면 배 모양과 같다고 하여 강설선석講說船石이라고도 불린다.

지금은 그 곳에다 국내 최고의 거불巨佛로 와불臥佛을 조성하므로, 천인대 강설선석도 이제는 옛 전설로 남아 있을 뿐이다.

보문사의 연기설화

관음보살을 찾아서

금강산은 기암과 절벽 하나하나가 부처님의 모습이 아니면 보살님의 얼굴을 닮았다. 부처님을 닮은 거대한 암벽 앞에 서 있으면 경건함에 머리를 숙이지 않을 수 없다. 아마 금강산의 위용에 더욱 환희심이 나고 신심이 난 것이리라.

회정스님은 속세를 등지고 큰 절에서 공부를 하면서 수도의 첫걸음을 시작했다. 금강산을 바라보며 주야로 정진했다.

중중무진법계로서 시간과 공간 속에 일어나는 티끌 하나하나까지 한 세계로 보고 한 생으로 보았다. 헝클어짐 없이 중중히 이어져 있는 산은 절대의 힘을 감추고 있는 불회불멸의 세계다. 일체가 깨어 있어 각 覺 아님이 없고 부처 아님이 없었다.

저 나는 까마귀떼들은 검은 그대로 진리고, 온갖 초목과 빨강 노랑꽃이 어우러져 더욱 아름다운 금강산은 이 땅의 표면은 물론 땅 속의 헤아릴 수 없는 세계가 모두 진리인 것이다. 흰 눈이 겨울내 있다가 눈이 녹으면서 봄을 재촉하는 무렵이 되어 겨울 동안 땅에 잠들어 있던 풀씨가 세상 밖에 나오는 그 모습이 바로 세상이 숨쉬는 모습이 아닌가.

금강산 골짜기마다 꽃이 피고 아름다운 향기가 넘치고 나뭇잎새는 찬란하게 빛나고 미풍에 나뭇잎이 흔들리는 은은한 선율이 공간을 가득 메운다. 부처님은 사자좌에 앉으셔서 과거, 현재, 미래의 진리가 평등하며 미묘한 깨달음의 진리는 온 세상과 중생의 마음 구석구석까지 메아리치고 있음을 설하고 계신다.

회정스님은 그러한 것을 알고 있었다. 1만2천 봉 가득해도 서로의 모습을 방해하지 않고 아름다운 모습을 볼 수 있다. 그 모습들은 고요하고 통일을 이루었으며 한편 자유롭다.

관세음보살은 조그마한 티끌 속에서도 최상의 진리를 말씀하시고 진리의 깊은 뜻을 살피고 중생의 근기에 따라 불멸의 가르침을 내리셨다. 오로지 중생을 위한 그것은 마치 어두운 밤하늘의 달과 같이 밝고 포근한 빛을 주는 것이다.

회정스님은 주야의 정진으로 금강산을 진동시키고 있었다. 수많은 천신과 보살들이 번갈아 찬탄해 하늘에서 연꽃잎이 송라암에 내렸다.

"관세음보살 관세음보살 관세음보살……."
정근을 끝내고 시식돌 위에 헌식밥을 쏟았다.

시식돌 위로 많은 새가 모여들었다. 산까치들은 회정의 표정만을 주시할 뿐 밥을 주워 먹으려 하지 않았다. 회정도 발을 옮기지 않고 산까치를 한 마리씩 살펴보며 입가에 가느다란 미소를 지어 보였다.

"너희들 간밤에 잘 잤니?"

"네, 잘 잤어요. 스님도 기도 도중 별 장애는 없으셨어요?"

"응, 그럼."

서로 바라보며 회정과 산까치는 무언으로 다정스레 대화를 나누고 있었다.

젊은 비구 회정스님이 이 산중에 온 지도 벌써 3년이 지났다. 그 동안 그는 천일관음기도千日觀音祈禱를 드리면서 매일같이 이 시식돌에

헌식하며 산까치들을 대해 왔고 그러는 동안에 서로가 친숙한 사이가
되었다.

오랫동안 산까치를 대하다 보니 그들이 재잘거리는 소리가 무슨 말
인지를 대강 짐작하기에 이르렀다. 또 그네들의 표정으로 그들의 마음
을 충분히 읽을 수 있게 되었던 것이다.

산까치들이 드디어 밥을 쪼아먹기 시작했다. 회정은 자애어린 눈으
로 가만히 살펴보며 방긋 미소를 짓고 있었다.

"발보리심發菩提心하라 발보리심하라……."

보리심을 내라는 말을 듣자 그들은 잠시 회정을 올려다보았다. 회정
은 시종 미소지으며 말했다.

"보리심이란 딴 게 아니야. 슬기로운 마음을 내는 것, 착한 마음을
내는 것이 곧 보리심이란다."

산까치들은 티없이 맑은 눈을 일제히 회정에게로 모았다.

"위험한 곳에 함부로 가지 않는 것도 일종의 슬기로움이요, 너희보
다 약한 자를 함부로 학대하지 않는 것이 착한 마음이지."

"그래 그래, 정말 착하고 슬기롭구나. 그래서 너희는 고운 옷을 입고
푸른 하늘을 맘껏 훨훨 날아다니지."

"그래. 어서 가려무나."

회정은 산까치들이 멀리 사라질 때까지 그 자리에 서 있었다.

드디어 천일기도의 회향을 눈앞에 둔 999일의 밤이 되었다. 여느 때
보다 더 오랜 시간을 법당에서 정근을 모신 회정스님은 자정이 가까워
서야 자기 방으로 돌아와 피곤한 몸을 쉬기 위해 자리에 누웠다. 몸은
물먹은 솜덩이처럼 무거웠지만 생각이 여러 가지로 얽혀 쉽게 잠을 청
할 수가 없었다.

'오로지 관세음보살님을 친견하는 것이 내 소원의 전부인데 벌써 천일에 이르렀건만 보살님께서 현신現身하시지 않으시니……. 아! 내 정성이 부족했던가.'

그는 한숨을 쉬면서 혼잣말로 장탄식을 하는 것이었다.

'지난 천일 동안 내가 무슨 죄를 지은 것도 없고 또 두드러지게 번뇌망상을 한 바도 없었다. 오직 한 가지 소원을 품고 천일을 하루같이 염불만을 되뇌었는데 어찌 감응이 없으시단 말인가……?

그는 문득 법화경의 〈보문품普門品〉 구절을 생각해 보았다.

신통력이 구족하고
지혜와 방편을 널리 닦으사,
시방의 여러 국토에
몸 나투지 않는 곳이 없으시니라.

관세음보살은 신통력을 구족하고 지혜와 방편 또한 널리 닦아 시방 세계 방방곡곡에 두루 몸을 나투어 중생을 교화하시는 어른이 아니신가? 그러기에 회정은 꼭 친견하고 싶은 것이었다.

관세음보살을 친견하여 법음法音 한 말씀을 들어 생사를 해탈하리란 것이 그의 발원의 전부였던 것이다. 그러나 천일이 다 되도록 이렇다 할 감응感應이 없었다.

'천겁 만겁 내려오며 세속의 윤회 인연만 지어온 업식이 깜깜한 범부 중생이기에 정녕 보살님께서 모른 척하시는 것일까? 아니면 내 정성이 아직 부족해서 보살님을 친견할 만큼 인연이 성숙되지 않은 것일까.'

정성이 부족했으니 내일 회향하고 또 천일기도에 입재하기로 결심하면서, 착잡한 마음을 가라앉히고 다시 관세음보살을 입 속으로 뇌이면서 잠이 들었다.

그는 어느 바닷가에 서 있었다.

멀리 수평선을 바라보며 초조한 마음을 달래면서 마냥 서 있었다.

"철썩 ~ 쏴 ~ !"

별로 바람도 불지 않건만 파도는 밀려들어 왔다가 다시 밀려나면서 웅장한 소리를 내고 없어지는 것이었다.

초조하게 누굴 기다리는 것도 아니었다. 어떻게 되어 이 곳까지 왔는지는 전혀 알 길이 없으나 아무튼 이 시각에 바닷가에 선 것은 틀림없는 사실이다.

그는 어찌된 영문인지 몰라 시간이 흐름에 따라 차츰 더 초조해지기 시작했다.

주저앉아서 하늘을 바라보니 희미한 구름이 몽실몽실 피어나는가 싶더니 차츰 크고 뚜렷하게 그의 시야에 들어왔다. 구름은 어느 사이 한 마리의 푸른 용으로 변하더니 온몸을 꿈틀거리며 무서운 발톱을 웅크린 채 차츰 그에게로 다가오는 것이었다. 온 하늘은 용으로 가득 찼다. 그러나 용의 머리는 보이지 않았다.

'용의 머리는 도대체 어디 있담?'

회정이 이렇게 생각하고 있을 때 갑자기 뇌성벽력이 천지를 진동했다.

'허! 용은 구름을 몰고 다닌다더니 비가 오려나 보다……'

그의 이런 생각을 읽기라도 한 듯 하늘은 먹구름으로 덮히더니 갑자기 소나기가 쏟아지기 시작했다. 인적이 드문 바닷가에서 사나운 비를 만나자 그는 몸을 일으켜 바다와 반대 방향으로 마구 뛰었다.

얼마를 달렸을까?

그는 움막 한 채를 발견하고 그 쪽으로 갔다. 문을 세 차례 두드리니 50이 됨직한 한 아주머니가 나왔다.

"갑자기 비를 만나게 되어……."

그가 말을 채 마치기도 전에 그 여인은 미소를 띠며 말했다.

"아유, 안됐군요. 어서 들어오세요. 비가 많이 쏟아져요."

체면차릴 겨를도 없이 방으로 들어서는데, 또 다시 하늘이 무너지듯 번갯불과 함께 천둥소리가 요란했다.

"어휴 관세음보살……."

그의 입에서는 연방 관세음보살이 튀어나왔다.

"어디 계시는 스님인데 이 호젓한 바닷가에 나오셨수?"

"네, 금강산 장안사 뒤의 송라암에 있는 회정이라는 중이올시다. 그저 지나는 길에……."

그는 뒷말을 얼버무리며 적당히 받아 넘기려는데 여인은 다그쳐 물었다.

"그저 지나는 길이 아닌 성 싶은데요?"

이쯤 되자 그도 숨길 수 없다는 듯 입을 뗐다.

"관세음보살님을 친견하려구요."

"뭐라구요? 관세음보살을……."

"네, 관세음보살님을 친견하려 합니다."

"관세음보살은 여기 안 계셔요."

뜻밖의 말에 회정은 정색을 하며 말했다.

"그럼 어디에 계시나요?"

"여기서 꽤 멀리 계시는데 찾아가실 의향이라도……."

"그러믄요. 천 리 길, 아니 만 리 길이라도 찾아가지요."

여인은 걱정어린 모습으로 회정을 위아래로 훑어보더니 다시 입을 열었다.

"남쪽으로 양구楊口 땅에 가서 몰골옹沒骨翁이라는 노인을 만나 해명방海溟幇 어른을 물으세요. 그러면 아마 관세음보살을 친견할 수 있을 거에요."

"양구 땅 어디 쯤에 사시는지요?"

"양구 땅에 가면 자연히 뵙게 될 거에요."

"해명방 어른께 부탁드리면 관세음보살을 뵈올 수 있단 말씀이지요?"

"그렇다니까요."

밖에는 더욱 사나운 비바람 소리가 들려오더니 이윽고 바로 움막집 밖에서 바닷물이 출렁이는 소리가 들려왔다.

"두 노인을 만나면 관세음보살을 친견하기는 쉬울 것이나 관세음보살의 법음을 듣기는 어려울 터인데……."

여인은 뒷말을 흐렸다.

"네에? 그게 무슨 말씀이십니까?"

"글쎄요. 스님의 근기根機로 온갖 시련을 이겨낼 수가 있을런지……."

"친견하기만 하면 어떠한 고통도 이겨내지요."

"그럼, 잘 해봐요."

"네, 그럼 물러가겠습니다."

그는 문을 나서려다 말고 몸을 돌려 여인을 바라보며 물었다.

"도대체 여기가 어디입니까"

그러자 여인은 갑자기 회정의 등을 밀치며 말했다.

"앗따! 여기가 어디긴 어디에요. 낙가산이지."

"앗! 앗!"

여인이 밀어내는 바람에 그는 거세게 파도치는 바닷물에 첨벙 넘어지며 소스라치게 놀라, 그만 벌떡 일어났다.

'아! 이게 어찌된 일인가. 꿈을 꾸었구나. 낙가산! 낙가산의 소복여인……'

회정은 소복여인을 떠올려 보았다. 낙가산은 관세음보살이 상주하여 계시는 도량이다. 그렇다면 흰옷을 입은 자태로 보아 근엄한 그 여인은 바로 관세음보살이 아닌가. 천 일을 두고 그리던 관세음보살을 꿈에서 뵈었던 것이다. 보살은 그를 양구 땅의 두 노인에게로 인도하셨으니…….

■ 노승老僧

낙가산洛迦山 소복여인素服女人의 지시에 따라 회정懷正은 관세음보살을 친견하기 위해 삼 년여를 지내 온 금강산 송라암松蘿庵을 떠나서 남쪽으로 발길을 옮겼다. 하지만 발길이 잘 떨어지지 않았다. 송라암 도량에 이미 깊은 정이 들었고 애착이 생겼던 것이다. 이 터를 처음 잡은 것도 그였고 삼간초암三間草庵을 꾸민 것도 그였다.

몇 평 안되는 뜨락이지만 몇 가지 화초를 심어 사시사철 꽃내음이 끊이지 않게 했다. 그러기에 그는 애착을 느끼며 몹시 서운해 하고 있는 것이다. 처음 암자를 완성하여 암자 이름을 고를 적에 불법의 의미를 담은 숱한 이름들을 마다하고 송라암松羅庵이란 이름을 지어 현판까지 마련하여 달았다.

이 터에서 청빈하고 고적하게 살면서 그저 송풍松風과 나월蘿月을 벗 삼았던 것이다.

'일념으로 염불하자. 관세음보살을 친견하여 마정수기摩頂授記를 받을 때까지 온갖 인연을 끊고 오로지 기도 정진을 하자.'

이런 마음가짐으로 송라암이라 이름하지 않았던가. 대자연 속에 묻혀 송풍라월이라는 자연에 동화되고 합쳐지는 날 분명히 관음대성을 친견할 것이라는 신념을 갖고 그는 이 터에 송라암을 지었던 것이다.

그럭저럭 3년. 오로지 기도 정진에 몰두하였다. 비바람이 휘몰아쳐도, 눈보라가 흩날려도 그는 아랑곳없이 관세음보살의 명호만을 천 번 만 번 아니 하루에도 수십만 번을 부르고 또 불렀던 것이다. 이렇게 손수 가꾼 도량이거늘 어찌 정이 들지 않았으랴.

관음대성을 친견하겠다는 크나큰 염원에 부합되는 몽중지시가 아니었던들 30년이 아니라 60년의 세월이 흘러도 이 암자를 떠날 턱이 없는 그가 오늘 암자를 떠나가는 것이다. 그러나 그는 아직 미망을 털어버릴 만큼 수행을 쌓지 못한 수행자였다. 뜨락에 내려서서 삼간초암을 되돌아보고 뜨락을 거의 지나자, 다시 발걸음을 멈춰 손수 심고 가꾼 화초에 눈길을 돌렸다.

망연히 서서 떠나는 아쉬움을 달래고 있을 때 문득 먼 하늘에서 소리가 나는가 싶더니 한 떼의 산까치가 쏜살같이 날아와서는 그를 에워싸는 것이었다.

그의 가슴팍에 날아 붙은 한 놈이 눈이 휘둥그레져서 다그쳤다.

"나 마을에 내려가서 탁발해 올게."

회정은 산까치의 등을 쓰다듬어 주고는 그의 손바닥 위에 올려 놓으며 빙그레 웃는다.

회정은 그의 어깨에 앉은 산까치들을 하나씩 어루만져 주었다.

"만일 안 오시면 오실 때까지 언제까지고 기다리고 있을 거예요."

"그래, 알았다. 내 이내 돌아오마."

산까치 떼는 그를 호위하듯 전후좌우로 날며 이 얘기 저 얘기를 나누다가 큰 절이 저만치 보이는 곳까지 와서는 하나씩 날아가 버렸다. 그 모습이 산모퉁이 너머로 사라지자, 회정도 발길을 서두르기 시작했다. 그 동안 정든 산까치들이 그의 시야에서 차츰 사라졌다.

'아마 인연이란 정들기에 달렸나 보다. 사람도 아닌 한낱 하잘것없는 날짐승에게 이토록 마음을 빼앗기다니……'

어느덧 회정은 큰절에 닿았다. 곧장 총섭스님을 찾아가서 인사를 드렸다.

"소승이 기거하던 암자를 떠나오니 토굴을 원하는 스님이 있으면 정진하도록 하십시오."

총섭은 알았다는 듯 고개만 끄덕일 뿐 입은 열지 않았다.

그가 금강산을 떠나 동해안을 따라 양구楊口 땅에 이른 것은 보름 후였다. 양구 땅은 의외로 지세가 험악했다.

'이렇게 험난한 산중에서 어떻게 두 스님을 만난단 말인가?'

양구 땅에 들어선지 닷새째 되는 날 그는 몽중지시에 대한 회의가 생기기 시작했다. 금강산을 떠나올 때는 양구 땅에만 가면 금방 두 노스님을 뵈올 수 있을 것으로 여겼는데 막상 양구 땅에 접어들어서는 계속 닷새를 두고 찾아 헤매었건만 두 노스님의 거처를 도저히 알 수 없었다.

'내가 헛꿈 꾼 것을 가지고 공연히 고생하는 게 아닐까. 주사야몽晝思夜夢이라는 말이 아마 거짓이 아닌 모양이지. 내가 너무 골똘히 관세음보살을 친견코자 하니 그게 꿈 속의 환상幻想으로 보인 것이나 아닐까? 아니야, 내가 지극 정성으로 천일기도를 드려 얻은 소중한 꿈인데 허망한 꿈이라니 말이나 될 법인가.'

회정은 다시금 용기를 돋우어 깊은 산 속으로 발길을 옮겼다. 오늘밤은 어느 나무 아래에서 지새우나 하고 생각하며 골짜기를 건너 조그만 산등성이를 돌아서니 문득 눈 앞에 수백 년 묵은 괴목 한 그루가 서 있고, 그 나무 아래에 조그만 움막이 한 채 보였다.

'옳지, 저기 집이 있구나.'

내심 반가워 움막에 다가간 그는 합장하고 허리를 굽혔다.

"소승 문안드립니다."

방 안에서는 아무런 인기척이 없었다. 그러나 잠시 후 방문이 열리며, 한 노인이 밖을 내다보는 것이었다.

"누굴 찾는 거요?"

노인은 짚신을 삼는 중이었다.

"지나는 길에 날이 저물어서 심려를 끼치게 되었습니다."

노인은 회정을 위아래로 살펴보더니 고개를 끄덕였다.

"음, 누추하지만 들어오시구려."

노인은 짚신 삼는 일손을 멈추지 않은 채 대답했다. 회정은 윗목에 서자 큰절을 올렸다. 그러는데도 노인은 여전히 손을 놀려 짚신을 삼을 뿐 거들떠보지도 않았다.

"이 깊은 산중에 웬일이시우?"

"네에, 실은 몰골옹沒骨翁 어른을 찾아뵈려고 나선 길이옵니다만……."

"응? 몰골옹을 찾는다고? 그 어른을 잘 알고 있소?"

"아니옵니다. 아직 한 번도 뵌 적이 없는 어른이십니다."

"그이는 찾아 뭘 하려우?"

노인이 몰골옹을 알고 묻는 듯하였으므로 회정은 내심 뛸듯이 반가웠다.

"혹시 어르신께서 몰골옹 어른을 아시는지요?"

"허어, 군말이 많군. 몰골옹을 찾아서 뭘 하겠다는 거야?"

"네, 실은……."

회정은 잠시 머뭇거리지 않을 수 없었다. 천일기도를 드려 얻은 소중한 꿈 얘기를 이 노인에게 들려주어도 되는가, 아니면 자기만이 알고 있어야 하는가를 결정짓지 못하였기 때문이다. 이러한 그의 심중을 꿰뚫어 본 듯 노인이 다그쳐 묻는다.

"어찌 사람이 이렇게 흐리멍텅한고. 솔직히 대답하지."

"네, 실은……."

"실은……이 다 뭐야? 내가 바로 몰골옹일세. 어서 나를 찾는 연유를 말해 보게나."

"아, 그러십니까?"

"이 산중에 숨어 사는 이 늙은이를 여지껏 찾아온 사람이라곤 없었는데, 오늘 스님이 이렇게 찾아왔으니 좀 기이한 이유가 있겠군. 그래, 어디 속시원히 말해 보게."

그제서야 회정은 나직이 여쭈었다.

"실은 소승이 관세음보살님을 친견하려고 천일기도를 드렸더니 얼마 전 꿈에 어느 소복여인이 이르시기를 '관세음보살을 친견하려거든 양구 땅에 가서 '몰골옹'을 찾아뵙고 '해명방' 어른을 물어 만나뵈면 소원대로 관세음보살을 친견하리라'고 하셨습니다. 그래서 이렇게 불원천리하고 찾아뵈러 왔습니다."

회정의 애기를 담담히 듣고 있던 노인은 말했다.

"오늘은 날이 저물었으니 여기서 쉬고 내일 해명방 노인을 찾도록 하지."

회정은 너무나 기뻤다. 그의 소원이 이루어질 날이 눈 앞에 보이는 것 같았다.

"네, 고맙습니다."

몰골옹은 짚신 삼던 것을 중단하고 부엌으로 가서 저녁을 짓기 시작했다. 회정은 노인에게 그냥 앉아서 얻어먹기가 황송스러워서 부엌으로 나가서 노인에게 말했다.

"소승이 공양 지어 올리겠습니다."

노인은 회정을 거들떠보지도 않고 말했다.

"먼 길을 오느라 피곤할 터이니 좀 쉬게나. 이 늙은이는 오랫동안 습관이 되어서 한 끼 밥은 금방 짓거든."

"아닙니다. 이토록 연로하셔서도 손수 조석을 끓이시니 고생이 많으시겠습니다. 오늘은 소승이 공양을 지어 올리겠습니다."

"그처럼 늙은이를 대우하며 말하니 고맙네. 그럼 내가 양보함세."

노인은 방으로 들어가서는 여전히 짚신을 삼았다. 저녁이라야 좁쌀밥에 된장국 한 가지뿐이어서 별로 힘 안 들이고 공양거리를 마련했다. 노인을 모시고 저녁을 마친 회정은 여러 날을 걸어온 피로가 겹친 탓으로 이내 졸음이 왔다.

언제 어떻게 잠이 들었는지 회정이 눈을 떴을 때는 아침 햇살이 창문에 비치고 있었다. 노인은 아침 공양을 다 지어 놓고 그가 깨어나기를 기다리고 있었다. 아침을 먹고 부엌 설거지를 말끔히 한 다음 그는 걸 망을 챙겼다.

"갑작스레 찾아와서 어르신께 폐를 끼쳐드렸습니다."

"해명방 노인은 저기 바라보이는 고개를 넘어서 동쪽으로 트인 오솔 길을 따라 5리쯤 가면 초가집이 한 채 있으니 그 집에서 물으면 될 걸 세."

"네, 가르쳐 주셔서 감사합니다."

"한데 그 노인은 성질이 퍽이나 괴팍스러워서 무던히 참아야 하느 니……."

"정성을 다해서 모시겠습니다."

회정은 몰골옹과 하직하고 앞에 보이는 고개를 향해 바삐 걷기 시작 했다.

'도대체 몰골옹이라는 노인은 평범한 늙은이에 불과한데 어찌하여 관세음보살께서는 그 노인을 찾아가라고 하셨을까?

사실 그는 몰골옹 집에서 하룻밤을 쉬면서 이런 의심을 수십 번을 되 풀이하며 노인의 행동거지를 유심히 살펴봤으나 유별난 점이 없는 아 주 평범한 촌로村老에 불과했던 것이다.

■ 보덕각시普德脚氏

회정이 몰골옹의 지시를 따라 고개를 넘어서니 과연 동쪽으로 오솔 길이 나왔다. 하늘도 잘 볼 수 없는 험한 산세였다. 울창한 숲길을 약 반 시간 가량 가니 개울물이 시원스레 흐르는 계곡이 나왔고 그 계곡 곁에 조그만 초가집 한 채가 자리잡고 있었다.

그는 해명방 노인을 만나뵙는다고 생각하니 가슴이 두근거렸다. 사립문 밖에 서서 집 안의 동정을 살펴보니 사람이 있는지 없는지 그저 적요하기만 했다. 인기척을 냈다.

"소승 문안드립니다."

집 안에서는 인기척이 없었다.

"소승 문안입니다."

수없이 되풀이하여 소리질러 봤으나 아무런 반응이 없었다.

'아마 일하러 나가신 모양이구나.'

그는 걸망을 진 채 사립문 밖에서 그대로 서 있었다. 관세음보살을 친견하러 왔으니 정성을 다해 기다려야 하지 않을까 하는 생각이 미치자 우뚝 선 채 나직히 관세음보살의 명호를 부르기 시작했다.

"관세음보살 관세음보살……."

수백 수천 번도 더 부르는 동안 어언 한낮이 지나 있었다.

이윽고 그의 등 뒤에서 인기척이 났다. 회정은 꿈에서 깨어난 듯 깜짝 놀라며 뒤를 돌아보고는 다시 한번 놀라지 않을 수 없었다. 18세쯤 되어 보이는 아리따운 아가씨가 등에 바구니를 메고 서 있지 않은가. 서로 눈이 마주치자, 회정이 먼저 고개를 돌렸다. 그녀는 회정의 곁으로 가까이 다가오더니 물었다.

"어디에 계시는 스님이신데 저의 집 앞에 서 계시나요?"

상냥한 목소리였다.

"네, 소승은 금강산에 있는 회정이라는 납승이온데……."

"아, 그러셔요? 그런데 여기는 어인 일로 오셨나요?"

"네, 실은 해명방 어른을 뵈오려고 왔습니다."

"해명방은 저의 아버님이십니다만?"

"아, 그러십니까? 이 산 너머의 몰골옹 어른을 만나뵙고 여기까지 오긴 왔습니다만, 정작 이 댁에 해명방 어른이 계시는지는 몰라 이렇게 주인이 오시기만을 기다리고 있는 중입니다."

회정의 말을 듣고 나서 그녀는 사립문을 밀치고 먼저 뜨락으로 들어섰다.

"아버님께서는 사냥을 나가셨으니 날이 저물어야만 돌아오실 겁니다. 누추하오나 들어오셔서 쉬고 계십시오."

회정은 오래 서 있어 뻣뻣해진 다리를 쉬고도 싶었지만 처녀 혼자 있는 집에 들어가자니 난처했다.

"고마운 말씀입니다만, 아가씨 혼자 계시는데 어찌 들어가겠습니까? 소승은 이 곳에 있겠습니다."

아가씨는 웃으면서 말했다.

"사대 육신이야 비록 같이 있다 한들 어떻겠어요. 마음의 번뇌를 털어버려야지요. 마음의 동요만 없으면 비록 만 겁을 두고 함께 기거하더라도 계를 파함이 아닐 줄로 아옵니다만……."

아가씨의 말 가운데 분명히 가시가 돋혀 있었다. 회정은 한 대 얻어맞은 듯 얼굴을 붉혔다.

"소승이 편할 대로 여기 서 있겠습니다."

"저의 아버님은 무사武士다운 성품이셔서 스님처럼 나약한 분은 상대도 안해 주십니다. 좀더 그릇이 커야만 몇 말씀이라도 들어주실 것입니다. 그러지 마시고 마음을 크게 잡숫고 들어와 쉬십시오."

아가씨의 말을 들으니 옳은 말인 듯했다. 하찮은 범부중생을 어느 성인이 거들떠보기나 하겠는가 말이다. 그는 성큼 뜰 안으로 걸어 들어갔다.

그녀는 시종 미소를 띠며 그를 마루에 앉게 하고는 부리나케 저녁을 지어 회정에게 권했다.

"워낙 깊은 산중인 데다가 가세가 넉넉지 못하여 공양이 조식소찬이옵니다. 천천히 드셔요."

"이렇게 폐를 끼쳐드려서 죄송합니다. 아가씨도 공양을⋯⋯."

"같이하시지요."

쌀알 하나 없는 좁쌀밥이었으나 찬은 여러 가지 산채가 놓여서 회정은 맛있게 먹었다. 그들은 십 년 지기나 되는 것처럼 머리를 맞대고 수저를 들면서 오순도순 얘기를 나눴다.

"스님은 어떤 연유로 저의 아버님을 만나시려는가요?"

"네, 사실은⋯⋯."

"솔직히 말씀하셔요. 제가 도움이 될는지 알아요?"

회정은 아가씨의 시원스런 인상이 맘에 들었다. 그래서 자신이 찾아오게 된 자초지종을 낱낱이 얘기해 주었다.

"아, 그러셔요. 그런데 저의 아버님은 성격이 매우 괴팍스러우셔서 스님께서 견딜 수 있으실지 염려스럽군요."

"관세음보살님을 친견할 수만 있다면 어떤 고통도 참고 견디어 나갈 자신이 있습니다."

"하오나 저의 아버님은 워낙 무서운 분이어서⋯⋯."

그녀가 말꼬리를 흐리는 것으로 보아 정말 말 못할 만큼 무서운 어른이라는 것을 짐작할 수 있었으나 회정의 결심도 대단한 것인 만큼 아가씨에게 자신있게 대답했다.

"염려 마십시오. 지장보살님은 지옥중생을 건지시려고 우정 18무간지옥을 이웃집 드나들 듯 했다지 않습니까? 관음대성을 친견하여 마정수기를 받아 견성코자 하는 이 몸인데 그까짓 시련을 감내하지 못하겠습니까?"

"저의 도움이 필요하시다면 어느 때고 도와드리겠사오니 상상 외로 많은 시련이 닥치더라도 꼭 이겨내셔야 해요."

"네, 격려해 주서서 감사합니다."

"저의 이름은 보덕이라 합니다. 앞으로 잘 부탁드립니다."

"원, 별말씀을…… 오히려 소승이 잘 부탁드립니다."

회정은 그에게 시종 친절을 베푸는 보덕에게 상당한 호감이 갔다. 그래서 단둘이 한자리에 있는거나 함께 한상에서 공양을 들었던 것이 쑥스럽기는커녕 오랫동안 사귀어 온 이웃집 친구인 것만 같았다. 그들이 상을 물리고 도란도란 얘기를 나누다 보니 어느덧 해가 저물었다.

보덕 아가씨는 부엌에서 그릇을 씻고 회정은 마루에 단정히 앉아 마음 속으로 관세음보살을 염하고 있는데 갑자기 골짜기를 울리는 산울림이 들려오는 것이었다.

"어이……."

그 소리를 들은 보덕 아가씨가 부엌에서 뛰어나오며 말했다.

"저의 아버님이 이제 곧 오실 겁니다. 재차 부탁드리지만 저의 아버님이 충격적인 험구로 질타하셔도 한 귀로 듣고 한 귀로 흘리시고 무슨 명령이든 순순히 복종하셔야 해요. 번뇌를 일으키면 스님이 천일기도 드리며 세우신 원력을 이루지 못할 거예요. 스님 명심하시겠어요?"

걱정스럽게 들려 주는 충고에 회정은 약간 미소를 띠며 말했다.

"네, 아가씨의 충고를 뼈에 새기겠습니다."

이 때 지축을 흔드는 발자국 소리가 나더니 7척 거구의 노옹이 커다란 멧돼지 한 마리를 어깨에 메고 사립문 안에 들어섰다. 멧돼지의 크기로 보아 아마 2백 근도 더 될 성싶은데 별로 힘들이지 않고 메고 오는 것으로 보면 이 노옹의 힘이 장사라는 것을 충분히 짐작할 만하였다.

"아버님, 이제 돌아오십니까?"

보덕이 부엌에서 달려나오며 반가이 맞았다. 그러나 노옹은 낯선 회정을 보자 큰 눈을 부라리며 금방이라도 호통이 떨어질 것만 같았다. 회정은 겁이 났다. 그러나 곧장 마루에서 마당으로 내려와서 합장하고 허리를 굽혔다.

"웬 중놈이 호젓한 남의 집에 침입하여 서성거리는고?"

벽력 같은 불호령이다. 회정이 인사드리고 고개를 들어 힐끗 쳐다보니 해명방의 부리부리한 두 눈에서 예리한 광채가 사람의 심장을 뚫을 듯이 발하였으므로 회정은 눈이 마주치는 순간 이내 고개를 떨구고야 말았다.

"네 이놈, 네놈이 아무리 간덩이가 크기로서니 처녀가 혼자 있는 집에 당돌하게 침범한단 말이냐?"

추상 같은 호령을 듣고 회정은 무슨 변명이라도 해야 할 것 같아 입을 열려고 하였으나 도무지 입술이 움직이지를 않았다.

이 때 해명방의 곁에 서 있던 보덕 아가씨가 회정을 위하여 말을 거들어 주려고 참견을 했다.

"아버님……."

그러나 해명방은 딸에게 참견할 기회를 주지 않고 계속 호통쳤다.

"이 뻔뻔스런 놈아. 입이 있거든 변명을 해보아라. 너는 남녀칠세 부동석이라는 말도 듣지 못하였느냐? 내 딸이 얼마나 소중한 딸인데 네 간 놈이 함부로 범한단 말이냐? 이 고약 놈아!"

"아버님, 그게 아니에요."

말 참견하는 딸을 한 번 힐끗 바라보더니 이번에는 딸에게 호통이었다.

"아니긴 뭐가 아니란 말이야? 네가 아무리 결백을 주장하더라도 저 놈의 기상을 보니 탐진치 삼독심이 가득 찬 놈이라 너를 보고 탐내지 않고는 배겨 내지 못하였을 게다."

"아버지, 그게 아니에요. 실은 저 스님은 제가 집 안으로 모셔온 거예요. 몰골옹 어른을 뵙고 아버님을 찾아뵈러 오신 스님인데 어찌 무례를 범하겠어요?"

"몰골옹을 만나고 왔다고……. 그게 정말이냐? 그래, 뭐하러 나를 찾아왔단 말이냐."

"예, 다름이 아니옵고……."

회정은 아직도 겁먹은 터라 혀가 굳어져 말이 잘 되지 않았다.

"아버님, 이 스님은 금강산에 계시는 스님인데 관세음보살을 친견코자 천일기도를 모셨대요."

"응, 그래서?"

자기를 위하여 대신 설명해 주는 보덕이 그지없이 고맙게 여겨진 회정은 보덕을 건너다 보았다. 그녀는 그에게 미소를 보내고 계속 이야기했다.

"천일을 거의 마칠 무렵 백의白衣 여인이 현몽하여 이르기를 '관세음보살을 친견코자 하거든 아버님을 몰골옹 어른에게 물어 찾아가거라' 하더랍니다."

"그래서……."

"불원천리하고 이렇게 찾아온 거지요."

"흥, 업식이 망망한 네깐 놈의 눈에 대성인이 보일 성싶으냐?"

이 말에 회정은 두어 걸음 나아가 합장배례하고 아뢰었다.

"이 몸 우매하여 육도를 헤매는 중생입니다만, 만일 어른께서 지시하여 주신다면 힘써 정진하여 대성을 친견코자 하나이다. 부디 어여삐 여기시어 이 몸 저버리지 마옵소서."

"네 뜻이 정히 그렇다면 억지로 내쫓지는 않겠다만 내 명령에 복종할 것을 먼저 서약해라."

"예, 분부 내리시면 봉행하오리다."

"그럼 첫째로 내 시하에서 대성을 친견할 시절인연이 익을 때까지 나를 시봉하여라."

"예."

"둘째, 내 딸애와 부부가 되어야 하느리라."

"아니? 그……그것만은……."

"그것만은 어떻다는 거냐?"

"이 몸은 계를 받은 비구의 몸이온데……."

"이놈아, 심청정心淸淨이 시불是佛이요, 심광명心光明이 시법是法이니, 청정과 광명에 걸림이 없는 자라야 승이니라. 한데 너는 일개 아녀자에 걸려 쩔쩔맨단 말이야? 아녀자를 어찌 목석과 다름없이 보지 못하는고?"

큰소리로 호통치는 바람에 또다시 그는 간담이 서늘해졌다. 그는 무어라고 대답해야 좋을지 몰라서 그저 어리둥절해 하며 그 자리에 서 있을 수밖에 없었다.

"하오나 저는……."

"하오나가 다 뭐냐? 이 초생인간아. 못하겠으면 못한다고 딱 잘라 말할 것이지."

회정은 슬며시 보덕을 쳐다봤다. 보덕은 웃는 얼굴을 하면서 눈짓으로 그에게 암시를 보냈다. 마치 '어서 승낙하세요' 하고 말하는 것 같았다.

"예, 분부대로……."

"이놈아, 똑똑히 대답해라."

"예, 분부에 따르겠습니다."

"음, 그럼 됐다."

"애야, 가서 냉수 한 동이 이고 오렴."

해명방은 회정에게는 쌀쌀한 말투로 호령을 했으나 자기 딸에게만은 아주 자상하고 부드럽게 대했다. 이를 본 회정은 혹시 보덕과 짝이 되면 자기에게도 좀 부드러이 대해 주지 않겠는가 하는 희망을 갖게 되었다.

해명방은 마당 한구석에 놓인 절구통을 번쩍 들어다가 회정의 앞에 거꾸로 놓았다. 보덕이 그릇에 냉수를 떠 와서 아버지에게 드렸다. 해명방은 물그릇을 받아 절구통 위에 놓고는 절구통을 사이에 두고 회정과 보덕을 마주 세웠다.

"자, 부부가 되려면 혼례를 올려야지. 너희는 함께 세 번 큰절을 해라. 어째서 세 번 절하는지 아느냐? 첫 절은 시방제불十方諸佛에게 드리는 절이니 증명해 줍소사 함이요, 둘째 절은 너희를 낳아 준 부모에게 하는 절이니 낳아 길러서 짝을 지어 준 은혜를 갚고자 함이요, 셋째 절은 너희가 서로에게 함이니 다겁의 인연이 모여 부부가 되니 함께 닦아 성불하자 함이니라. 자아, 어서 세 번씩 절을 하려무나."

아까는 그토록 성내던 해명방이 태도를 일변하여 부드럽게 타이르니 회정은 어리둥절했지만 그가 시키는 대로 보덕을 향하여 땅에 엎드려

세 번 절을 하였다. 보덕도 회정이 하는 대로 합장하고 공손히 맞절을
하는 것이었다.

그들은 그렇게 절구통 위에 정화수精華水 한 그릇을 떠놓고 혼례를
지냈다.

해명방은 회정과 보덕이 서로 절을 하는 모습을 그윽히 지켜보더니
그 나름대로 만족한 듯 입을 열었다.

"그만하면 됐다. 이제부터 너희는 부부가 되었으니 이 세상에서 가
장 가까운 사이로 미래제未來際가 다하도록 동고동락하며 부지런히 수
행을 쌓아 무상보리無上菩提를 증득해야 하느니라."

부부가 된 회정과 보덕은 아무 대답도 할 수 없었다. 그저 우두커니
서 있으려니 한 음정이 높은 해명방의 분부가 떨어졌다.

"어서 너희 방으로 가거라."

보덕은 회정의 옷소매를 살며시 잡아당긴다. 따라 오라는 신호였다.

"내가 꿈을 꾸고 있는 건 아닌지……. 도무지 갈피를 잡을 수 없군
요."

"기왕 큰 원력을 세우고 오신 바에야 아버님의 명을 어길 수는 없지
않아요?"

"판단이 서지 않네요. 부디 보덕 아가씨께서 선도해 주시오."

"제가 힘이 되어 드릴 수만 있다면 힘껏 도와 드리지요. 이제부터는
평생을 의지하고 살아야 할 낭군이신데 어찌 소홀히 여기겠어요? 다만
인내력이 약하실 것 같아서 걱정입니다."

"아니오. 아가씨만 힘이 되어 준다면 나는 얼마든지 참고 견디어 나
갈 수 있을 것 같소. 부디 도와주기 바라오."

세속적인 부부 인연을 맺는다는 게 자기 뜻이 아닌 만큼 내심 불만스

럽기 이를 데 없지만 상냥스럽고 총명해 보이는 보덕이 힘이 되어 준다면 혹 관음보살을 친견하는 소원을 이룰 수 있을 것이라는 일말의 희망을 가지고 회정은 일단 인연의 흐름에 자기 자신을 맡겨 보리라고 마음을 정했다.

보덕을 믿고 의지하려는 마음이 굳어지자 그녀가 한결 돋보였다. 바깥 세상을 모르고 심산유곡에서 자라난 탓인지 청초하고 순진한 데다 자연인다운 풍모가 더욱 마음을 끌었다.

밤이 이슥해지자 부부는 여러 가지 얘기를 나누다가 한 이불 속에 들어갔다. 서로의 몸이 닿자 회정은 따스한 체온을 의식했다. 그러나 보덕은 이성에 대한 감각이 없는 듯 아무렇지도 않은 모양이었다.

'이 아가씨는 세상의 애욕을 초월한 여인일까? 조금도 스스럽지 않은 태도인 걸 보니…….'

그는 한동안 망설이다가 그녀의 손을 더듬어 쥐었다. 부드럽고 따스했다. 손에 힘을 주어 꼬옥 쥐자 그녀도 힘을 주어 그의 손을 마주 꼬옥 잡았다.

'그러면 그렇지. 불보살이 아닌 바에야 어찌 반응이 없을라구?'

회정은 점점 정욕에 사로잡혀 갔다.

"여보……."

"네."

"날 불러봐요."

"낭군님."

"아니 더 가까운 말로……."

"당신……."

그는 으스러져라 하고 그녀를 껴안았다. 숨결은 더욱 거칠어만 갔다.

“여보.”

“네.“

“옷이 거추장스럽구려.”

“…….”

“이 옷 벗어요.”

“아이 몰라요.”

억센 팔에 휘감겼던 여체는 다소 풀려나면서 옷 벗기를 종용받았지만 어인 일인지 선뜻 벗으려 하지 않았다.

“어서 벗구려.”

“부끄럽게 어떻게 벗어요.”

행여 누가 들을세라 귓전에 소근대는 새 부부의 밀어는 점점 비후성이 짙어만 갔다.

“남자가 옷을 입은 채 여자더러 벗으라 하니 벗을 수 있을라구? 그럼 내가 먼저 벗으리다.”

먼저 옷을 벗은 신랑(?)은 다시 채근하듯 신부를 졸랐다.

“나도 다 벗었으니 어서 당신도 벗구려, 응? 부끄럽기는 마찬가지 아니오. 그럼 할 수 없군. 장인 어른께서 짝지어 주신 뜻을 생각해서라두 내가 벗겨 드려야겠군.”

혼잣말처럼 중얼거리고는 보덕의 저고리를 먼저 벗겼다.

마지 못해 내맡기는 보덕은 마냥 부끄럽다는 듯 자꾸 몸을 움추렸다. 그러는 그녀가 더욱 귀엽게만 여겨진 회정은 애정 어린 손길로 차근차근 옷을 벗겨 나가는 것이었다.

이윽고 탐스런 육체가 드러나고야 말았다.

‘적어도 이 순간만은 관세음보살을 친견하겠다는 소원은 멀리 수미

산 꼭대기에 걸어두자. 아니 향수해香水海 깊은 바다에 꼭꼭 묻어두자. 이 순간만은 오직 사랑이 있을 뿐이다. 토실토실한 육체를 어루만지는 사랑, 영육靈肉이 합일合—하는 순간의 짜릿한 사랑만이 법계에 충만하는 것이다. 누가 이 사랑을 고苦의 근원이라 하였던가. 누가 이 사랑을 속된 범부 중생의 유희라고 질타했던가. 아니다. 아니다. 내가 미처 몰랐을 뿐이다. 사랑은 정녕 싱그러운 것이다.'

회정은 몇 시간 전까지의 온갖 불안감을 완전히 잊고 오로지 사랑만으로 가슴을 메우고 욕정을 불태우는 중이었다. 동진 출가한 몸이라 여자에 대해 자세히 알 턱이 없다. 하지만 여자와 남자의 사이, 남자와 여자의 사이는 근본적으로 본능적인 작용을 일으키기 마련이다.

우연히 저희끼리 맞부딪쳤어도 서로가 한 덩어리로 되기 마련인데 하물며 순전히 일방적인 강요를 당하여 전격적으로 부부의 절차를 밟은 그로서 여체의 욕정을 느낀다는 게 어찌 허물이겠는가.

회정의 손길은 점점 보덕의 비밀스런 부분으로 옮겨져 갔다.

온몸을 내맡기고 있던 보덕이 이번에는 완강히 저지를 한다.

"낭군님, 거긴 안돼요."

이미 불덩어리가 된 회정의 욕정이 그녀의 저지로 쉽사리 사그러질 리는 없었다.

"여보, 그건 왜?"

"글쎄요, 설명하긴 곤란하지만 그것만은 안돼요."

"왜 안된다는 거요?"

고조될 대로 고조된 회정의 기분과는 달리 보덕은 처음 그대로의 침착을 잃지 않는 눈치였다.

"저는 여자 구실을 할 수 없는 몸이에요."

확인이라도 해야겠다는 충동이 강렬히 일어난 회정은 보덕의 저지를
완강히 뿌리치고 그 자리를 만져봤다.

'어? 어떻게 이런 일이……'

분명히 있어야 할 중요한 부분이 없는 것이었다.

"태어날 적부터 그렇게 된 거래요."

"뭐라고? 태어날 적부터?"

"네."

"아!"

갑자기 세상이 암흑으로 변하는 것 같았다.

"당신 노하셨군요. 용서하세요. 선천적으로 이렇게 타고난게 허물이
지요. 하지만 불구자인 저를 미워하시기 전에 당신의 동정童貞을 그대
로 간직할 수 있는 것을 다행으로 여기심이 어떨까요?"

그렇다. 파계한다는 게 두렵고 서러웠던 그가 아닌가.

보덕의 이 말에 그는 꿈에서 깨어난 듯 평온을 되찾았다.

그는 보덕의 손을 꼬옥 쥐었다.

"여보, 그렇구려. 당신을 나무라기에 앞서 당신께 감사해야겠소. 난
사실 관세음보살을 친견하여 견성하기가 소원이었지, 파계하여 속인
이 되고자 여기에 온 것은 아니었소."

"저의 불구를 다행으로 여기시고 도나 닦으며 살아갑시다."

회정은 언제까지고 그녀의 손을 꼬옥 움켜쥐며 불구자인 그녀를 도
리어 가련히 여기는 것이었다.

창 틈으로 기어드는 산새 소리. 그 산새 소리를 들었는가 싶었을 때
아내가 흔들어 깨웠다.

"당신 고단하시지요?"

아내의 목소리에 회정은 벌떡 일어났다. 기지개를 펴며 아내를 안았다.

"내가 늦잠을 잤구려."

"아녜요. 늦잠을 주무신 건 아니지만 오늘은 읍의 장날이라 일찍 깨워 드리는 거예요."

"아버님께서 또 핀잔이시겠는걸."

"오늘은 좀 부드러운 안색이셔요. 저보다도 더 일찍 일어나셔서 당신 지게에 숯을 짊어 놓으셨어요."

회정은 부리나케 밖으로 뛰어나갔다.

그럭저럭 지내다 보니 그가 이 곳에 온 지 보름이 넘었다. 명색이 결혼을 하여 꽃보다 더 예쁜 보덕을 아내로 맞았지만 말이 좋아 아내이지, 그녀는 생식기가 불구자라 회정은 동정을 잃지 않고 그저 함께 살고 있는 터였다.

그가 하는 일은 장인인 해명방을 따라 숯을 구워서 30리 양구읍에 내다가 팔아 양식이며 일용 필수품을 구입해 오는 일이었다.

하늘을 찌를 듯이 길게 뻗은 참나무를 베어서 숯을 굽는 일도 쉬운 일이 아니었으나 숯을 지고 30리 길을 가는 일은 여간 고된 작업이 아니었다.

그러나 그가 절대적으로 의지하고 있는 보덕의 따뜻한 보살핌이 있었으므로 그는 고생을 이겨 나가고 있었다. 언제나 따뜻이 맞아 주고 알뜰히 보살펴 주는 애정 어린 보덕을 마주하게 되면 하루의 피로가 봄눈 녹듯 사라지고 새로운 용기와 각오가 생기곤 하는 것이었다.

아침을 마치고 일어서는 회정에게 보덕은 소근대듯 말했다.

"오늘은 쌀을 사 오시도록 아버님께 여쭈어 볼까 하는데요. 당신이

화전민 생활에 익숙치 못하신데도 노상 좁쌀밥이나 강냉이밥만 드리자니 저의 마음이 아파요.”

“원 별말을 다하는구려. 늙으신 아버님도 잡수시고 아녀자인 당신도 먹는데 어찌 내가 마다하겠소? 나는 그런 것은 걱정이 안 되지만…….”

“그럼 무슨 다른 근심이라도 있으신지요?”

“내 본원이 이루어지지 않으니 편안하지 못하구려.”

“저야 어떻게 알겠습니까만, 아버님께서 언젠가 말씀하셨잖아요? 남들은 10년, 20년을 발원하고 기도해도 관음보살을 친견치 못하는데 겨우 3년 기도해서 관음대성을 친견하려 들다니 그게 될 말이냐구요. 좀 느긋하게 마음 먹고 줄곧 발원하셔야지요. 공부 시작하자마자 견성성불할 수 있다면 어느 국토에 중생이 남아 있겠어요? 물론 태어나면서 훤히 트여서 인천人天의 스승이 되신 분도 계셨지만 그런 분도 과거세에 무한히 닦으신 것이지요.”

“당신에게 좋은 법문을 들은 기념으로 시장에 가서 당신이 필요한 선물을 하나 사다 주리다. 어서 얘기해 보시오.”

“말씀만 들어도 저는 만족해요.”

“아니 그러지 말고 말해 봐요.”

보덕은 매우 기쁜듯 한동안 회정을 바라보다가 입을 연다.

“거울이 하나 있었으면 해요. 거울은 온 가족이 번갈아 가며 쓰는 물건이니까 아버님께 여쭙기도 수월하겠고…….”

회정은 숯을 한짐 잔뜩 지고 해명방의 뒤를 따르면서도 오직 보덕의 부탁을 들어줄 방법을 생각하느라 고심이었다.

‘아내가 처음으로 부탁한 것이니 어떻게 하든 꼭 들어줘야지. 그런데 장인 어른께 말씀드렸다가 혹 걱정이라도 들으면 어떻게 하나?

그는 숯짐이 무거운 것은 마음에 없고 오로지 보덕에게 사다 줄 거울에 대해서만 온 정성을 쏟는 것이었다.

회정은 숯짐을 거울이 있는 잡화점 쪽으로 지고 가고 싶었지만 무슨 구실을 붙일 만한 묘안이 떠오르지 않아서 내심 고민만을 거듭하고 있었다.

이윽고 읍내에 이르러 시장 입구에 들어서자 가까스로 입을 열었다.

"아버님, 저는 잡화점 쪽으로 가겠어요."

해명방 노인은 걸음을 멈추고 숯짐을 진 채 뒤돌아보았다.

"숯전은 저쪽 왼편 끝에 있는데 왜 오른편으로 가려느냐?"

성을 내지 않고 고분고분히 말하는 데 용기를 얻은 회정은 내친김에 심중의 고민거리를 털어놓았다.

"실은 거울을 하나 사 가려구요."

"거울? 거울은 어디에 쓰려느냐?"

"아내에게 사다 주려 합니다."

"흠, 그렇다면 할 수 없군. 좋도록 하여라."

순순히 허락하는 장인이 어찌나 고마운지 그는 숯짐을 진 그대로 허리를 굽혀 꾸벅 절을 하는 것이었다.

장인과 헤어진 회정은 거울이 있는 잡화전을 찾아갔다. 이집 저집 골고루 기웃거리며 거울을 찾았다. 그러나 거울은 눈에 띄지 않았다.

'눈에 띄는 곳에 놔두지 않는 걸 보니 꽤 값이 비싼 모양이지, 제까짓 게 비싸면 얼마나 비쌀라구?

하지만 우선 눈에 띄어야만 값을 물어 보겠는데 도무지 볼 수조차 없으니 이상한 일이었다.

'목이 마른 사람이 샘을 파듯 내가 아쉬우니 물어 볼 수밖에.'

"주인장, 말 좀 물읍시다."

"어서 오세요. 무얼 찾으세요?"

"댁의 가게에 거울이 있습니까?"

"거울이오? 그런 거 없습니다."

또 다른 가게로 가서 물었다.

"댁의 가게에 거울이 있습니까?"

"거울은 없소이다."

다섯 집, 여섯 집을 들렀지만 모두가 없다는 대답뿐이었다.

"댁에 거울이 있소?"

"없소."

"댁에 거울이 있소?"

"없소."

"거울 있소?"

"없소."

그 곳에 있는 잡화전을 거의 훑었으나 모두가 없다는 대답뿐이었다.

"그럼 어디에 가면 있는 거요?"

"김씨 점포에나 가야만 있을 겁니다."

"가르쳐 주셔서 감사합니다."

친절한 상점 주인의 설명을 듣고 난 회정은 새삼 놀라지 않을 수가 없었다. 도대체 거울이라는 물건이 그토록 비싸단 말인가. 큰거리에까지 숯짐을 지고 갈 수가 없어서 다시 숯전으로 길을 잡았다. 해명방 노인은 벌써 팔고 떠났는지 보이지 않았다. 회정은 아내에게 줄 선물을 사지 못해 아타까웠다. 마지막으로 한 가게에 들러서 또 거울이 있느냐고 물었다.

좀 뚱뚱한 주인은 회정을 위아래로 훑어보고 나서 대답했다.

"예, 거울이 있지요."

"얼마면 살 수 있습니까?"

"요즘에 새로 나온 동경銅鏡이라 한 개에 백 냥은 주셔야겠습니다."

"백 냥씩이나요?"

"이 양반, 지게를 져서 품삯으로 먹고 사는 모양인데 아무리 물정에 어둡기로서니 거울이 얼마나 귀하고 값진 물건인 줄도 모르고 함부로 수작을 건단 말이오? 돈이 있거든 흥정을 하고 돈이 없거든 두 번 다시 입을 열지 말고 썩 물러가시오!"

무안을 당한 회정은 부끄럽고 쓸쓸한 기분으로 점포를 나왔다. 그냥 빈 손으로 집에 가는 수밖에 없었다.

읍내를 벗어나서 산모퉁이를 돌아서자 길가 정자나무 아래에서 기다리고 있던 해명방 노인이 불을 뿜으며 쏘아보았다.

"무슨 거울을 샀기에 그토록 오랫동안 꾸물거리느냐?"

"워낙 비싸서 사지도 못하고 그냥 돌아왔습니다."

"비싸거든 진작 올 것이지 왜 이제 온단 말이냐? 거북이만도 못한 놈아!"

"제가 우둔하여 빙장 어른을 오래 기다리게 했습니다. 다시는 그런 일이 없도록 힘쓰겠사오니 용서해 주십시오."

솔직하고 정중히 사죄하는 사위를 더는 꾸짖을 수 없다는 듯 해명방 노인은 앞장서서 집으로 향했다.

귀가하는 30리 길은 여느 때보다도 괴롭고 지루한 길이었다. 얼마나 못난 위인이기에 아내가 모처럼 부탁한 청을 들어주지 못한단 말인가? 괴롭거나 울적하면 부르던 관세음보살도 이 날은 좀체 떠오르지 않았다. 거울을 보고 소녀처럼 기뻐할 모습과 실망하여 어두워질 아내의 얼굴이 번갈아 가며 그의 눈앞에 어른거렸다.

착잡한 심정으로 집에 이르니 아내가 반겨 맞았다.

"아버님, 이제 오세요."

"오냐, 아무 일 없었느냐?"

보덕은 아버지께 정중히 인사를 하고 회정에게는 상긋 눈인사를 보냈다.

'저토록 다정한 눈인사를 보내는 아내를 실망시켜서는 결코 안된다. 무슨 수가 없을까?'

개울에 가서 손발을 씻고 자기 방으로 들어가니 뒤따라 아내가 들어섰다.

"여보, 얼마나 고달프셨어요? 더 피로한 기색이서요. 죄송해요, 여보."

"아니오. 나는 아무렇지도 않소."

"그럼, 어찌 안색이 일그러지셨어요? 혹시 아버님께서 심한 꾸중이라도?"

"……."

"아버님은 워낙 별난 성품이시니 달리 듣지 마시고 곧 잊으셔야 한다고 말씀드렸지 않아요. 그만한 인욕행을 성취 못하고서 큰 소원을 어떻게 이뤄요?"

"오늘은 그런 것이 아니오."

"그럼 왜 우울하신 거예요?"

"당신에게 줄 거울을 못 사왔소."

고개를 떨구는 회정에게 매달리듯 안기며 보덕이 말했다.

"아, 거울 때문이었어요? 오늘 못 사셨으면 이 다음에 사면 되지요. 그게 그리 급한 건 아니잖아요."

"숯 한 짐은 닷 냥인데 거울 한 개는 백 냥이라니 우리 형편으로 는……."

"장에 다녀오실 적마다 한 냥씩만 저축하여 백 번 내왕하시면 살 수 있겠네요. 뭐든지 차분한 마음가짐으로 멀리 내다보고 꾸준히 노력하면 되는 거 아니겠어요?"

"당신이 그토록 먼 훗날까지 아무렇지도 않은 기분으로 기다려 줄 수 있겠소?"

"그러믄요, 기다리고 말고요. 단번에 사 주시는 것보다 오랫동안 꾸준히 노력하여서 구해 주시는 것이 훨씬 값지고 소중한 것이지요."

"그럼, 당신 말대로 매 번 한 냥씩 모으리다."

"여보, 저를 기쁘게 해 주시려는 당신의 마음만으로도 저는 만족해요."

그들은 서로 위로하며 한동안 포옹한 채 말을 잊었다.

이튿날, 회정은 해명방 노인 앞에 나아갔다.

"오늘부터 매일 제가 읍에 나가 숯을 팔아 오겠으니 아버님께서는 산에 계시면서 계속 숯을 구워 주십시오."

"그건 왜?"

"속히 돈을 모아 아내에게 거울을 사 주고 싶습니다."

"거울을 사려다 관세음보살을 잊어버릴려구."

"아닙니다. 30리 길을 오가면서 염불을 하겠습니다."

"그렇다면 한 번 해 보아라."

그 날부터 회정은 그가 스스로 택한 대로 매일 숯을 지고 읍에까지

삼십 리 길을 달려가서 숯을 파는데 장날이 아닌 날은 더 힘이 들었다. 대개의 경우 읍민들은 장날에 숯을 사들이기 때문이었다. 하지만 그는 왕복 60리 길을 오로지 관세음보살을 염송하며 숯을 팔러 다니는 것이었다. 그는 비가 오나 눈이 오나 한결같이 숯장수 노릇을 계속하였는데 그러한 그의 고행도 관세음보살을 친견하기에는 부족한 시련이었던지 한 달 남짓하여 해명방 노인이 몸져 눕게 되었다. 하는 수 없이 그는 숯 굽는 일까지 도맡아 하게 되었다. 그의 시련은 날로 그 도度를 더해 갔다. 장차 그는 이 운명을 어떻게 헤쳐나갈 것인가.

■ 고행苦行

날씨가 우중충했다. 하늘에 먹구름이 많은 것으로 보아 오늘은 비깨나 쏟아질 모양이었다. 사랑스러운 아내에게 사다 줄 거울은 고사하고 자리에 누워 앓은지 한 달이 넘은 해명방의 약값을 마련하기 위해서 오늘도 읍에 다녀와야 하는 회정이다. 호사다마好事多魔라더니, 보덕각시에게 그녀가 원하는 거울을 사주겠노라고 매일 30리 떨어진 읍에까지 다녀오는 회정에게는 해명방의 와병이야말로 불의不意에 닥친 궂은 마장이 아닐 수가 없었다.

그가 집을 떠나 10여 리 길이나 실히 왔을 때 짐작했던 대로 마침내 굵은 빗줄기가 쏟아지기 시작하였다.

'이거 야단났구나.'

회정은 숯짐을 진 채 주위를 두리번거렸다. 어디 비를 피할 만한 곳이 없나 해서였다. 여기서 5리 길을 더 가야만 몇 채의 움막같은 집이 있을 뿐인데 거기까지는 너무나 거리가 멀어서 일단 비를 피할 수 있는 곳을 찾아야겠다는 생각이 들었다.

‘옳지, 마침 큰 바위가 있군.’

오솔길의 오른쪽에 집채만한 큰 바위가 있었다. 바위는 윗부분이 불쑥 튀어나와서 비를 피하기에는 안성마춤이었다.

숯짐을 내려놓고 땀을 닦은 뒤 반반한 돌을 골라서 가부좌 자세를 하고 앉았다. 점점 거세게 쏟아지는 빗소리를 귓전으로 흘려 버리면서 관세음보살을 불렀다.

하늘은 무슨 일에 노했는지 뇌성벽력이 잦고 바람도 세차게 불었다.

‘이런 변이 있나? 점점 비바람이 매섭게 휘몰아치는데…….’

그의 입에서 탄식이 절로 흘러나왔다. 억수같이 퍼붓는 폭우를 뚫고 읍에까지 갈만한 용기를 일으키지 못할 바에야 마음을 염불로 집중하는 것이 상책이라고 여기면서 고성 염불로 관세음보살을 불렀다.

“관세음보살 관세음보살…….”

그는 마치 대자연과 내기를 하는 듯했다. 폭풍우 소리와 염불소리 중 과연 어느 소리가 높고 큰가를…….

이런 상태로 몇 시간이나 지났는지 그는 시장기를 느꼈다. 그는 고성 염불을 중단하고 하늘의 동정을 살폈다. 산골에 안개마저 끼어서 지척을 분간하기 어려운 지경이라 시간을 짐작할 재간이 없었다.

‘우선 허기부터 면하고 보자.’

아내가 싸준 도시락을 꺼냈다. 비록 잡곡밥이긴 하지만 산나물에 정성을 들여 마련해 준 점심이 아닌가. 도시락을 대하니 아내의 체취가 물씬 풍겨오고 그녀의 꽃보다 아리따운 모습이 눈 앞에 아른거렸다. 장인 어른은 무섭고 몰인정해도 아내만은 선녀와 견주어도 손색이 없을 만큼 아름답고 상냥하다. 회정은 아내인 보덕각시에게 모성애母性愛를 느꼈고 자기의 분신分身과도 같은 깊은 인간애와 정을 느끼고 있었다.

그는 한술 한술 밥을 먹으며 아내의 고마움을 가슴 속 깊이 되새겼다.

'내 만일 관세음보살을 친견하게 되면 아내의 공덕을 말씀드리고 아내에게도 마정수기摩頂授記를 주시도록 간청하리라.'

그리하여 그녀도 쉬이 성불하여 온누리의 광명이 되고 일체중생의 자모慈母가 되어 화장세계華藏世界에 함께 우유優遊하는 도반이 되게 하리라. 관세음보살께 아내의 공덕을 아뢴다면 필시 관세음보살께서도 기꺼이 응낙해 주실 것으로 회정은 확신했다.

이런 저런 상념에 사로잡혀 있던 그는 하루라도 빨리 관세음보살을 친견하고 싶어졌다.

'관세음보살을 친견하자면……?

그렇다. 관세음보살을 친견하는 길은 해명방 노인에게 그 열쇠가 있다. 해명방을 찾아가라는 꿈 속의 지시를 받고 여기에 오지 않았던가?

그런데 그 열쇠를 쥔 해명방은 지금 병석에 누워 있었다. 만일 병 간호를 소홀히 하다가 해명방 노인이 타계하는 날이면 지금까지의 노력이 허사가 되어버릴 것이다.

'그렇다면? 내가 지금 이러고 있을 때가 아니다. 비바람이 무서워서 이렇게 시간을 끌어서는 안 된다. 빗속을 뚫고 읍으로 가자. 가서 숯을 팔아 약을 지어 속히 집으로 돌아가자. 노인의 병세란 알 수 없는 것, 좀처럼 차도가 있다가도 금방 악화되기도 하고 평상시 처럼 아무렇지도 않다가 갑자기 운명하는 경우도 있다.'

그런 생각이 들자 그는 숯짐을 지고 빗속을 뚫고 읍으로 향해 달음질 쳤다.

산모퉁이 하나를 지나기 전에 숯짐은 더욱 무거워졌다. 숯이 빗물을 빨아들였기 때문이었다. 그뿐이 아니었다. 짐에서 흐르는 숯물은 회정

의 머리며 등에 떨어져 회정의 몸뚱이는 깜둥이로 변하고 말았다. 그러
나 회정은 이에 아랑곳 않고 무거운 숯짐을 지고 읍을 향하여 부지런히
달음박질하였다. 빗물에 젖는 숯이 무거워 자주 쉬긴 하였지만 약을 지
어 속히 집으로 돌아가야 한다고 생각하니 읍에까지 가는 길도 그다지
멀지 않았다.

약을 지어 해명곡解明谷에 돌아오는 길에는 차츰 날씨가 개어 비는
오지 않았으나 여전히 먹구름이 하늘을 뒤덮고 있어서 밤이 되니 칠흑
같이 어두워졌다.

아직도 산골길에 익숙치 못한 회정은 몇 차례나 넘어지고 나자빠지
기를 반복한 끝에 한밤중이 되어서야 집에 이르렀다.

먼 발치의 집에서 새어나오는 불빛을 바라보자 안도의 숨을 몰아쉬
면서 이마에 흐르는 땀을 닦는데 문득 인기척이 났다.

"당신 이제 오셔요?"

상냥한 아내의 목소리였다.

"당신이 어인 일이오?"

서로 손을 마주잡고 어둠 속에서 서로의 얼굴을 응시했다. 만면에 미
소를 머금은 아내의 얼굴이 회정의 눈에 역력히 보였다.

"밤이 깊었는데 자지 않구……."

"당신이 돌아오시지 않았는데 제가 먼저 자다니요?"

"고맙소."

"정말 감사해야 할 사람은 저예요. 아버님 약 때문에 오늘처럼 비오
는 날에도 읍에 가서야 했으니……."

두 사람은 손에 힘을 주면서 꼬옥 잡았다. 아내는 남편의 손에서 약
을 받아들었다. 회정은 하루의 피로를 잊고 마냥 흐뭇한 기분이었고 이

대로 영원히 있고 싶을 뿐이었다.

"아버님은 좀 어떠시오."

한동안 말을 잊고 서 있던 회정이 먼저 침묵을 깨뜨렸다.

"낮에는 열이 대단하시더니 밤이 되면서 차츰 열이 내리면서 미음도 드셨어요."

"어서 들어갑시다. 가서 뵈어야지."

"지금은 잠이 드셨어요. 내일 아침에 뵙도록 하시지요."

잠든 것을 보고 나왔노라는 아내의 설명을 듣고 다소 안심이 된 회정은 아내와 함께 자기 방으로 들어갔다.

이 때 큰방에서 해명방의 기침 소리가 났다.

"네 남편은 아직도 안 왔느냐?"

"방금 돌아왔어요."

아내는 남편에게 눈짓을 했다. 어서 가서 문안을 드리라는 표정이었다.

해명방의 머리맡에 꿇어 앉은 회정은 해명방의 눈치를 살피며 말했다.

"아버님, 다녀왔습니다."

순간 해명방은 고개를 들어 회정을 쏘아보았다. 아픈 노인의 눈빛답지 않게 여전히 예리하다. 회정은 순간 가슴이 섬뜩해졌다.

"이 녀석아. 아픈 사람을 놔두고 읍에 간 놈이 진종일 뭘 하고서 밤중이 되어서야 돌아온단 말이냐?"

"비가 와서 좀 늦어졌습니다."

"비가 무서워 늑장을 부렸단 말이냐? 네 눈에는 앓고 있는 이 늙은이 따위는 보이지도 않더냐? 이놈아."

“제가 잘못했습니다.”

“이 고얀 놈아, 사람을 죽여 놓고 잘못했다고 하면 될 성싶으냐? 너같이 불효한 놈이 예뻐서 관세음보살이 현신하시겠구나, 엉?”

종일 비를 맞으며 갖은 고생을 다하였건만 위로의 말은 고사하고 이렇게 호통을 쳐 꾸짖으니 회정은 몹시 섭섭하고 야속한 생각이 들었다.

하나 다시 생각해 보면 해명방 노인의 말이 사리에 맞는 말이라고 여겨졌다. 생명을 아끼지 않을 자 누가 있을 것인가! 예상보다 훨씬 늦게 돌아오는 것을 보고 화나지 않을 병자가 어디 있으랴 하는 생각이 들었다.

더욱이 불효한 자에게 관음보살이 현신하겠느냐는 호통에는 가슴이 철렁 내려앉는 것이었다.

‘정말 내가 죽을 죄를 지었구나…….’

“아버님 한번만 용서해 주십시오. 다시는 이런 일이 없도록 명심하겠습니다.”

“이 놈, 소를 잡아먹고서도 빌기만 하면 되는 줄 아느냐?”

어른의 꾸중이 빨리 끝나지 않을 것을 짐작했음인지 보덕이 들어와서 말참견을 했다.

“아버님, 고정하셔요. 자꾸 성을 내시면 병환이 더욱 깊어집니다. 이렇게 잘못을 뉘우치고 빌지 않아요. 한 번만 용서해 주시지요.”

“아니다. 중생의 습성이란 ‘한 번만’ 하는 순간에 자꾸 업을 되풀이하는 것이니 아주 그 뿌리를 뽑아 줘야겠다.”

“제 남편이라고 두둔하는 것은 아닙니다만, 이만큼 타이르시면 알아들을 만하니 이제 진정하시고 용서해 주세요.”

“네가 보기에 정히 그렇다면 이번에는 용서하련다.”

해명방은 말을 마치자 두 눈을 감아버렸다. 보덕은 회정의 옷을 잡아당겼다. 어서 물러가자는 뜻이다.

회정과 보덕은 방으로 돌아와 자리에 나란히 누웠다. 보덕이 회정의 손을 더듬었다.

"여보, 화나셨지요?"

"아니오."

대답은 그렇게 하지만 마음은 아직도 덜 풀어진 눈치였다.

"아버님의 성격이 원래 괴팍스러우신 데다 병환으로 오래 누워 계시니 신경이 더욱 날카로워지신 거예요. 당신이 이해하셔요."

"아니오. 오늘은 내가 잘못하였소."

회정은 자기를 위해 두둔해서 변명해 준 아내가 그지없이 고마웠다. 아내의 손을 통하여 따뜻한 체온이 온몸에 스며들었다.

"여보, 아버님은 노상 나를 보고 꾸짖기만 하시는데 당신은 늘 나를 감싸주니 도대체 나란 놈은 아버님이 보시는 바와 같이 관세음보살을 친견하기에는 아직 아득한 거리에서 서 있는 놈이오, 아니면 당신이 늘 칭찬해 주고 감싸주듯 관세음보살을 친견할 만한 선근종자善根種子가 있는 놈이오?"

"글쎄요……."

"바른 대로 판단해 봐요. 나는 나를 모르겠단 말이오."

"당신은 참으로 착한 분이에요. 다만 아직은 중생심을 버리지 못해서 걱정이에요."

"어떻게 하면 중생심을 버릴 수 있단 말이오?"

"당신 요즘에 일사분란하게 관세음보살을 찾고 계셔요?"

"관세음보살이야 오직 일념으로 찾고 있지요. 관세음보살을 찾고 있는 생각을 버린다면 내가 천일기도한 것이나 지금 여기서 장인 어른 시봉하는 것이 무슨 의의가 있겠소?"

"그 생각이 바로 장벽이에요. 그 장벽 때문에 당신은 관음보살을 친견하지 못하는 거에요. 관음보살을 찾되 무념無念 무상無想의 경지에서 찾아야 하고, 나아가서 찾는다는 생각까지 버려야만 관음진신觀音眞身을 친견할 수 있는 거에요."

그들은 서로가 힘주어 껴안았다. 그리고 다시 침묵이 흘렀다.

저녁 바람이 한결 세차게 불어오고 있었다. 회정은 보덕을 안은 채 아까 말한 아내의 설명을 되새겨 보았다.

'관세음보살을 찾되 무념무상의 경지에 이르러야 하고 또 그 지경에서 찾는다는 생각마저 잊어야 한다……'

'찾되 찾는다는 생각까지 버려야 한다. 그 생각이 바로 관음보살과의 장벽이라……'

깊은 수심에 잠겨 고뇌하는 동안 밤은 점점 깊어만 갔다.

■ 환사還寺

숯장수의 생활은 길었다. 3년. 공교롭게도 그가 송라암에서 관세음보살 친견을 발원기도하였던 그 햇수와 같은 3년을 숯장수 생활로 보냈던 것이다.

승려의 몸으로 뜻하지 않는 혼사를 치렀는가 하면 여자 구실을 못하는 보덕각시와 3년을 동고동락하였다. 그가 그토록 갖은 시련을 감수한 것은 오로지 관세음보살을 친견하기 위한 것이었지 결코 해명방 노인이 좋아서 섬긴 것도 아니요, 세속심이 동해서 보덕각시를 아내로 맞은 것도 아니었다.

그런데 3년이 지난 오늘에 이르기까지 해명방 노인은 자기에게 관음보살이 어디에 계신다는 말을 해 준 적도 없으려니와 언제 만나게 해 준다거나 또는 어느 때 만날 수 있다는 등의 언질을 단 한 번도 해 준 적이 없었다.

언젠가 아내에게 푸념삼아 관세음보살의 친견은 고사하고 언제 친견할 수 있는 기약도 없으니 무척 마음이 답답하다고 하소연을 한 적이 있었다.

그 때 아내는 말했었다.

"여보, 아버님도 말씀하셨잖아요? 다른 사람은 3년은 고사하고 10년, 아니 20년을 기도 드려도 친견하지 못하는데 겨우 3년을 기도하고 성현을 만나 보겠다는 거냐구요. 아무튼 관세음보살을 친견하시려면 조급한 마음을 먹지 말고 꾸준히 발원하면서 기도를 하셔야 합니다.

저의 아버님은 성질이 불같이 급하고 괴팍하시지만 거짓말은 안 하시는 분이시니 아버님 말씀대로 노력하면서 기도하시면 꼭 성취하실 거예요."

회정은 아내의 이 말을 곧이 곧대로 믿어 왔다.

'오냐, 3년이 아니라 30년이 걸리더라도 꼭 친견하고야 말 터이다. 어떠한 역경과 고난이 오더라도 꾹 참고 이겨내야지. 더욱이 지혜롭고 상냥하고 아리따운 반려자 보덕각시가 있어 나를 도와주니 이 얼마나 다행스런 일인가……'

그는 이런 결심으로 지금까지 별다른 불평 없이 숯장수를 천직天職으로 알고 살아 왔던 것이다.

그가 지나간 3년 동안 자기 나름대로의 보람을 느끼는 것은 3년을 거의 걸려서 얼마 전에 아내에게 거울을 사다 준 일이었다.

　처음 거울을 사려 할 때의 계획으로는 두세 달만 노력하면 능히 살 수 있을 것으로 여겼으나 해명방 노인이 자리에 눕게 되자 그의 계획은 빗나가고 말았다.

　손수 나무를 베어 숯을 구어야 했고 숯을 짊어지고 나가서 팔아 양식이며 생활 필수품을 구입해야 했는데 사실 그의 혼자 힘으로는 벅찼던 것이다.

　그런데다 해명방 노인의 약까지 지어야 했으니, 거울을 산다는 것은 한가한 생각에 불과한 것이었다. 그런데도 회정은 자신에게 주어진 임무를 충실히 이행하면서 한 닢 두 닢 엽전을 모아 3년이 다 되어가서야 그가 맘먹었던 대로 동경 하나를 아내에게 사다 줄 수 있었던 것이다.

　아내는 거울을 받자 마치 어린애처럼 깡충깡충 뛰면서 기뻐하였다. 기뻐하는 아내를 바라보면서 그는 지금까지의 온갖 고생과 시련을 말끔히 잊어버릴 수 있었다.

　거울을 사다준 지 두어 달이 지난 요즘 차츰 아내의 기쁨도 만성화되어 가고 그의 가슴에 일던 감격스러움도 이제는 시들해져가기 시작하자, 이미 흘러가버린 3년이라는 세월이 아쉽게만 여겨졌다.

　관세음보살을 친견하겠다는 당초의 비원이 서서히 그의 현재 생활에 의문을 일으키게 하고 조급한 마음을 불러 일으키는 것이었다.

　숯을 구우면서도 그랬고, 읍으로 팔러 가면서도 그랬다.

　'내가 숯이나 굽고 팔면서 내 일생을 보낸대서야 되겠는가? 인생난득人生難得이요, 불법난봉佛法難逢이라 하였는데 세속인들이 흔히 하는 짓으로 취생몽사醉生夢死하다니……. 아무래도 무슨 대책을 세워야지 무작정 세월만 보내서야 되겠는가?

　회정의 머리는 온통 이런 생각으로 가득 찼다.

그날 밤 회정은 보덕에게 넌지시 말을 건네어 보았다.

"여보, 나는……."

차마 말이 입에서 떨어지질 않았다.

"여보, 무슨 말씀을 하시려는 거예요?"

"글쎄, 뭐라고 표현해야 좋을까"

"당신은 참 이상하셔요. 3년을 함께 살았으면서도 아직도 저에게 말 못할 것이 남아 있나요?"

"그저 오해는 하지 마시오."

"그럼, 어서 얘기해 주셔요."

"실은 내가 여기 오게 된 것은 관세음보살님을 친견하자는 오직 한 생각 때문이 아니었소?"

"그걸 어찌 제가 모르겠어요. 저를 안고 주무시면서도 제 생각은 한 번도 안 해 주시고 꿈을 꾸시면서도 관세음보살을 부르시지 않았던가요."

"설마 그랬을라구……."

"아니에요. 당신의 의중에는 관세음보살 밖에는 없으셔요. 여자 구실 못하는 저나 아버님에 대한 생각은 조금도 없으신 줄로 알고 있어요."

회정은 그의 마음 속을 훤히 들여다보고 있는 보덕에게 놀라지 않을 수 없었다.

'하여간 이 여자는 나의 마음 속까지 훤히 들여다보는 것일까? 무섭고 지독하리만큼 똑똑한 여자야.'

"미안하오. 당신이나 아버님이 마음에 없는 것은 아니지만 출가한 중이 한번 결심한 일을 잊고 평범한 세속 생활로 금싸라기 같은 광음을 그럭저럭 보낸대서야 말이 되오?"

"저 같은 여자가 무얼 알겠어요. 하지만 견성하는 것도, 불보살을 친견하는 일도 경계에 의한 것이 아니라 자기 자신에게 있다고 봐요. 다시 말씀드리자면 자기 마음에 달린 것이지요. 자기 몸이 처해 있는 환경이 수승해야만 자기 맘이 수승해진다는 따위는 아주 근기가 약한 사람이어요. 그런 근기로는 백 년이 아니라, 이백 년을 발원하고 기도한다 해도 관음보살의 진신眞身을 친견할 수 없을 거예요."

"그럼 출가 수도한다는 게 모두 우스운 짓이겠군요."

"어찌 일향에 그렇기야 하겠어요. 적어도 성인을 친견하겠다는 염원을 가진 사람이라면 경계에 구애되거나, 이끌려서는 안 된다는 거예요. 생각해 보셔요. 관음보살이 어찌 정처靜處에만 계시고 요처에는 안 계시겠어요. 일체시一切時 일체처一切處에 안 계신 곳이 없으시지요. 다만 범부 중생들이 보지 못하는 것이지 어찌 보살님이 중생계를 떠나서 고고孤高한 적정처寂靜處에 숨어 계시겠어요. 보타낙가산普陀洛伽山은 멀리 있는 것이 아니라 바로 중생이 딛고 선 그 자리이지요."

"그렇다면 나는 왜 친견치 못하는 것이오?"

"어찌 당신이라고 예외겠어요. 당신은 관세음보살과 항상 함께 살고 계시면서도 그것을 모르고 자꾸 음성이나, 형상 등 밖을 향하여 구하려 하시니……. 관세음보살의 진신을 어째서 외적外的인 경계로만 추구하려 하셔요. 관음보살이 흙이나 물 따위의 사대四大로만 된 줄 아시나요. 법신본무적法身本無迹 응물현어영應物顯於影이지요.

《금강경》에 이런 게송이 있지요.

'만일 모습으로 나를 보려거나, 음성으로 나를 구하면 이 사람은 삿된 길을 행함이라. 능히 여래를 못보리라(若以色見我 以音聲求我 是人行邪

道 不能見如來).'

　여래를 어찌 모습이나, 음성으로 보고 듣고자 하겠어요. 이렇게 고구정녕히 일러 주었는데도 중생들은 딴 길로만 파고들려 하거든요. 《법화경》〈보문품普門品〉에도 일심一心으로 이름을 부르라 했잖아요.

　일심이란 무엇일까요? 생멸生滅을 여읜 마음이 아니겠어요. 적어도 관음 진신을 친견하겠다는 원력을 세운 사람이라면 이만한 이치쯤은 알고 정진해야 합니다. 자칫하면 가신假身도 못보고 물러나기 알맞지요."

　"바른 길로 정진해야지요. 형상이나 음성으로 보시려 말고 일심으로 이름을 부르셔야지요."

　"숯도 구어야 하고 팔아야 하는데 어떻게 일심이 됩니까?"

　"바로 그 가운데에서 경계에 이끌리지 말고 일심으로 부르셔야 합니다. '처렴상정處染常淨'이라 하잖아요. 그게 바로 당신에게 어울리는 법문이지요."

　"당신은 일심一心이란게 됩니까?"

　"왜 안되어요?"

　아내는 티없이 맑고 잔잔하게 웃으면서 대답했다.

　"일심이 되자면 일체 경계에 마음을 쏟지 않아야 하는건데 그럼 당신은 나도 생각지 않는단 말이오?"

　"당신의 무엇을 생각하라는 것입니까? 사대육신을 가리킴인가요? 사대육신을 생각하는 것은 한노축괴韓盧逐塊지요."

　"그럼 나를 생각 않는다는 거요?"

　"어찌 생각하지 않겠어요. 항상 함께 자고, 함께 일어나고, 함께 밥 먹고 일하는데요. 이런 시詩를 들어 보셨나요?

‘떨어지는 안개는 따오기와 더불어 가지런히 날고 가을 물은 장천과 함께 일색이니라(落霞 與鴻鵠 濟飛 秋水 共長天 一色).’

이 시의 뜻을 터득하면 제가 당신을 어느만큼 생각하는가를 알 수 있을 거예요.”

회정은 아내의 말이 멀어져만 가고 망상에 잠기고 말았다. 산사山寺로 돌아가는 것만 생각할 뿐이다.

‘여기서 이러고 있을 게 아니라 산사로 돌아가 법당의 관음보살님과 마주앉아 기도나 드리자.’

‘아내가 일러 준 말은 얼핏 듣기에는 무량의 묘미가 함축된듯 하지만 아마도 나를 붙잡아 놓고 줄곧 나를 부려 먹자는 계책으로 꾸며낸 말일 거야. 언제는 나를 생각 않는다고 했다가 또 왜 생각 않겠느냐구 말했거든? 이랬다 저랬다 하면서 슬슬 내 비위나 맞춰서 부려 먹으려고 하는 것 같단 말이야. 옛날부터 천 년 묵은 여우나 요정妖精들이 어여쁜 여자로 변신한다더니 보덕이란 존재도 어쩌면 그런 요괴가 변신한 여자인지도 모른다.’

한번 들뜬 마음은 불신不信에 불신을 낳고, 삿된 생각은 꼬리에 꼬리를 물고 일어나기 마련이듯 회정은 그토록 아끼고 의지했던 아내마저도 어떤 요정이 아닌가 하는 의심을 하는 것이었다.

이쯤되면 도리가 없는 것이다. 제 업보, 제 소견대로 산사로 돌아가서 가신假身이라도 친견하는 기도를 드리는 수밖에…….

그 이튿날 해명방 노인 앞에 정중히 자기의 뜻을 아뢰었다. 그러자 해명방 노인은 선뜻 허락하는 것이었다.

“네 뜻이 정히 그렇다면 가거라.”

너무나 담담한 대답이었다.

그는 아내에게도 이별을 고했다. 그러나 회정은 차마 절로 가겠다는 말은 못하고 고향이 그리워 잠시 다녀오겠노라 했더니, 보덕각시 역시 아무 표정없이 낯선 사람 대하듯 자못 매정스럽게 배웅해 주었다. 회정은 내심 보덕각시가 그렇게 매정해 보일 수가 없었다.

회정은 산을 내려오면서 몰골옹 노인에게 들렀다.

"그래 해명방의 가르침을 받아 관음보살을 친견하였느냐?"

"아닙니다. 죽도록 일만 하다가 오는 길입니다."

"에잇, 어리석고 못난 놈아! 3년 간이나 대성인을 모셔 놓고서도 몰라보다니."

"제가 언제 성인을 모셨습니까?"

"해명방 노인은 문수대성文殊大聖이요, 보덕각시는 관음보살이시다."

"그럼, 어르신께서는?"

"나야 문수의 도반인 보현普賢이지."

회정은 믿지 못하여 다시 살던 집으로 뛰어가 보았다. 그러나 그 동안 살았던 집도, 해명방 노인과 보덕각시의 모습도 전혀 찾아볼 수가 없었다.

그는 하루 종일 허탈 상태에 빠져 있다가 저녁 노을이 붉게 물들 때 산을 내려오면서 몰골옹 노인이 살았던 곳으로 가보니 그 곳마저도 아무런 흔적없이 사라지고 없었다.

그 때서야 회정은 깊이 뉘우치고 장탄식을 거듭하였다.

"아! 내가 이렇게도 어리석단 말인가? 문수, 보현, 관음 세 보살님을 친견하고서도 몰라보다니……."

회정은 아무리 생각해 봐도 꿈을 꾸고 있는 것만 같았다.

그리고 자신의 경거망동이 한없이 후회스러웠지만 이제는 어떻게 할 수가 없는 일이고, 다시 금강산으로 되돌아가는 길은 멀고도 험하기만 한 일이었다.

양구 땅을 찾아 나섰던 3년 전의 그 길을 다시 되밟아 돌아가건만 회정은 그렇게 즐거운 마음이 아니었다.

관음보살과 그 동안 한 방, 한 이불 속에서 함께 기거하였건만 보살을 알아보지 못하고 문수, 보현의 두 성인을 만나고도 전혀 눈치를 채지 못한 자기 자신이 한없이 저주스럽고 가증스럽기만 할 뿐이다.

'내가 아무리 우둔하기로서니, 그래도 동진출가하여 10여 년을 수행하였고 일념으로 천일기도를 드렸건만, 이렇게도 지혜가 열리지 못하였단 말인가? 성인을 눈 앞에 대하고 함께 생활하기를 3년 간이나 하면서 단 하루, 아니 단 한 순간만이라도 성인을 알아 보았어야 옳지 않느냔 말이다.

아! 송라암으로 돌아간들 무슨 기적이 있으랴! 차라리 발원이나 굳게 하고 이 우둔한 몸을 버리는 것이 떳떳한 수행의 자세가 아닐까?

회정이 한 발 한 발 내딛을 때마다 후회와 회한悔恨만이 가슴을 방망이질할 따름이었다.

그러나 문수, 관음은 고사하고 성인들과 더불어 살았던 집마저 흔적이 없고 오직 잡초만이 우거져 있는 이 심심산골에 우두커니 서 있을 수만은 없기에 다시 금강산으로 돌아가지만 가슴을 후비는 회한은 양구 땅이 멀어질수록 더해만 가는 것이었다.

달포도 더 걸어서 송라암에 이른 회정은 그가 떠난 뒤 줄곧 이 암자에서 정진하고 있는 낯선 노장님과 인사를 나누었다.

"여기를 떠나서 어느 회상에 참례하였던고?"

"네, 관음보살님을 친견코자 방황하다가 돌아오는 길입니다."

"그럼 보살님을 친견하였는가?"

"친견하지 못하였습니다."

"아, 저런. 3년이나 헤매면서도 친견하지 못하다니……."

"아니, 그럼 노스님께서는 관음대성을 친견하셨습니까?"

"친견하였느냐가 다 뭔가 항상 함께 계시는 걸."

"함께 계시다니요?"

"한 생각을 밝혀 자비심慈悲心을 내어보게. 바로 그게 관음일세."

"자비심이 관음이란 말씀입니까?"

"두 번 말하면 사족蛇足이지."

노승은 더는 말이 없이 홀쭉한 입을 굳게 다물고는 두 눈을 지긋이 감으며 명상에 잠기는 것이었다.

며칠이 지난 어느 날.

자꾸만 지난 3년 간의 추억이 가슴을 울리는지라, 마음이 산란해진 회정은 바람이나 쏘일겸 암자를 나서서 만폭동으로 향했다. 상봉에 올라선 것은 다름이 아니라 호연지기浩然之氣에 젖음으로써 한스러운 자기 마음을 달래고 또한 뒤숭숭해진 생각들을 정리하기 위해서였다.

만폭동萬瀑洞 계곡을 한눈에 굽어볼 수 있는 곳에 다다른 회정은 잠시 숨을 가다듬고자 발길을 멈추었다.

■ 관음보살을 만나서

천하제일경天下第一景이라 자랑하는 금강산, 그 중에서도 가장 빼어난 절승絶勝을 꼽으라면 누구나 다 서슴없이 이 곳 만폭동 계곡을 꼽을 것이다. 비경秘境인 만폭동인지라, 이를 한눈에 바라보자 회정의 가슴에는 온갖 망상이 말끔히 가시고 새로운 싱그러움이 충만하기 시작하였다. 이윽고 반주삼매般舟三昧에 들어 무한한 희열을 만끽하고 있었다.

그는 바위에 걸터 앉아 물아物我를 모두 잊고 돈연히 선사禪師들이 갖는 대적삼매大寂三昧를 체험하고 나아가서 제불세존諸佛世尊이 드는 해인삼매海印三昧까지도 정수正受하는 것이었다.

얼마의 시간이 흐른 뒤 마치 꿈에서 깨어난 사람처럼 현실로 돌아와 자신이 지금 만폭동 어귀의 중턱에 앉아 있음을 의식한 회정은 생각했다.

'세상이란 티끌을 모아둔 조그만 언덕에 불과한 것이며 인간의 부귀영화며 희노애락도 저 대해중大海中에서 일었다가 사라지는 물거품에 불과한 것이다'

사유하고 관조하며 한동안 앉았던 회정은 조용히 일어나 발 아래 계곡을 무심히 바라보다 소스라치게 놀라고 말았다.

보덕이 맑게 흐르는 계곡에 앉아 있는 것이 아닌가? 그녀가 즐겨 입던 흰 옷차림의 그 아리따운 모습을 그대로 간직한 보덕! 자신이 3년 동안 기도하고 고행하면서 찾고 찾았던 관음보살이 바로 저기 발 아래 계곡에 있는 게 아닌가?

회정은 비탈길을 내려가면서 마음이 조급했다. 빨리 만나고 싶은 마음 간절하나 마음뿐, 새처럼 날 수만 있다면…….

회정이 계곡에 다다랐을 때 보덕은 머리를 다 감고 빗으로 곱게 빗는 중이었다. 회정은 보덕의 손을 붙잡고 실컷 울었으면 가슴이 후련하겠다는 생각이 들었지만 그녀의 앞에서 걸음을 멈추고 눈물만 글썽거릴 뿐이었다.

회정의 태도와는 달리 보덕은 윤기 흐르는 긴 머리를 빗으면서 회정을 외면하는 것이었다. 회정은 보덕의 태도에 조금 서운해서 그녀가 바라보는 방향으로 눈을 돌리다 말고 다시금 놀라지 않을 수 없었다.

개울 건너에 네모진 모양으로 우뚝 선 바위산이 있는데 어떻게 된 일인지 그 바위산은 암석이 아니라 보덕과 자신의 얼굴을 나란히 비추고 있는 하나의 커다란 거울이 아닌가.

명경 속의 보덕은 여전히 밝은 미소를 띠며 회정을 바라보고 있었다.

"서방님, 서방님이 근 3년 간을 고생하시며 사 주신 거울이 움막에서처럼 우리들의 얼굴을 저렇게 환히 비춰 주고 있어요."

"내가 사 준 거울은 내 손바닥의 두 배밖에 되지 않았는데……."

독백하듯 혼자 중얼거리던 회정은 지난 날들을 다시금 더듬었다.

"서방님의 고마우신 정성이 하늘을 감동시켜서 여기 거울이 된 거예요. 이 후로는 저 명경이 금강산을 찾는 뭇중생의 업보를 비추어서 악을 버리고 선을 행하도록 미래제未來際가 다할 때까지 저기에 놓아 두겠어요."

"그럼 당신은 거울이 없잖소?"

"제 것이 어디 따로 있나요. 제 것이 곧 일체중생 것이고, 일체중생 것이 곧 제 것인 걸요."

"그러면 중생의 눈에도 저 것이 명경으로 보이오?"

"눈이 열리면 보이지요. 바로 눈 앞에 있는 눈썹도 못 보는 육안肉眼으로 보면 한갓 바윗덩이에 불과하니, 그저 명경대明鏡臺라는 이름으로 전하여 부를 터이지요. 그러나 마음눈〔心眼〕이 열린 이는 저 명경에 심상心像이 밝게 나타날 것이니 마음의 청탁淸濁을 따라서 심상도 밝고 어둡게 나타날 거예요."

"그럼 내 모습은 어떻게 나타나는 거요?"

"본래 모습대로 환하게 나타나지 않아요. 움막에 계셨을 때는 관음보살을 친견하여야겠거니 하는 짙은 그림자가 드리워졌었는데 아까 저 바위에 앉아 사흘 동안을 사유思惟 관조觀照하시더니 저렇게 심상이 밝게 나타나게 되었던 거예요. 보셔요, 마음을 텅 비우고 사유·관조하면 곧 실상實相을 보게 되는 거예요. 앞으로 더욱 부지런히 정진하시면 관음보살 친견뿐 아니라 서방님의 본래 부처인 자성自性도 훤히 볼 수 있을 거예요. 자기 자성을 똑바로 볼 때 비로소 불보살의 진신眞身도 친견하는 것이고, 자기 자성을 보지 못하고 마음을 모아 기도 정근하여 불보살을 친견하려면 불보살의 가신假身밖에 보지 못하는 거예요."

"나는 아까 산 위에서 한두 시간밖에 앉아 있지 않았는데 어째서 사흘 간을 앉아 있었다고 하는 거요?"

"유심有心으로 헤이면 여기 남염부제 시간으로 하루가 12시十二時이지만 무심無心에서 비추어 보면 때로는 10년이 하루가 되기도 하고 때로는 열흘이 단 몇 시간이 되기도 하는 거예요. 서방님은 저 산 위에서 잠시 무심을 익혔기 때문에 범부 중생들의 시간으로 사흘이 고작 두세 시간밖에 되지 않은 거예요."

"아, 그랬었군."

"서방님은 마음 바탕이 천진하고 관음보살을 친견하겠다는 굳은 신념과 정진력이 있으시니, 제가 3년이나 서방님을 모시고 살았었고 또 오늘도 여기에서 다시 해후하게 된 거예요. 그러니 그 신심과 정진력을 늦추지 마시고 더욱 발심하셔서 닦으시기 바래요."

"지난 3년 간 당신과 함께 생활해 오면서 자꾸 약해지고 나태해지려던 내가 당신의 좋은 얘기를 여러 차례 듣고 새로이 용기를 내어 발심하곤 하였었소. 그런데 사실 나는 우매해서 당신의 법문을 받아들여 소화하지 못하고 귓가에 흘려버리곤 하였소. 이제 생각하니 당신의 한마디 한마디 법문이야말로 선지식의 어록에서도 보기 드문 심지법문心地法門인 것을 희미하게나마 느끼게 되는구려. 혹 당신이 몰골옹 어른의 말씀과 같이 관음보살이라면 지난 3년 간 무례하게 굴었던 것을 용서받은 다음 꼭 청할 것도 있으니 바른대로 가르쳐 주기 바라오.”

보덕은 회정을 바라보며 미소만 지을 뿐 좀처럼 대답을 하려하지 않았다. 보덕과 회정은 직접 대면하여 얘기하는 것이 아니라, 개울 건너의 커다란 명경을 통하여 서로 바라보기도 하고 또 몸짓이나 동작을 통하여 얘기를 주고받는 것이었다.

“내가 알기로 관세음보살님은 청정한 법신의 소유자이시니, 이 세상 중생들에게 나투실 적에는 신비스러운 몸매로 보이실 거라고 여겨 왔었소. 하지만 다시 생각해 보니 중생을 건질 적에는 여러 몸을 나투실 거라 여겨지오. 《법화경》〈보문품〉에 전하는 것과 같이 말이오. 이 생각이 3년 전에 들었다면 혹시 ‘이 사람이 관음보살이신가?’ 하고 생각해 보았을 터인데 그 때에는 전혀 그 생각을 못했었소. 이제 바른대로 일러주오. 당신의 본신本身이 궁금하오.”

“나는 이미 서방님과 가약佳約을 맺은 몸, 본신이야 누구이든 간에 여필종부女必從夫라 했으니 서방님의 분신分身이지요. 분신이란 말이 부족한 표현이라면 서방님의 그림자이지요.”

보덕은 웃으며 대답하는 것이었다. 회정은 그런 보덕을 빙그레 웃으며 마주 바라보면서도 그의 마음 속에는 의심과 경이뿐이었다.

‘정말 이 여인이 관음보살일까? 그리고 이 보덕각시가 나의 분신이요, 그림자란 말인가?

한편으로는 환희심이 일기도 하고 또 한편으로는 허탈감에 빠지기도

하였다.

회정은 어찌할 줄을 몰랐다.

3년이란 긴 세월을 두고 한몸같이 살아온 보덕을 만났건만 마음은 더욱 조바심이 나고 두려움은 구름처럼 짙어지기만 하였다.

'마음에 걱정이 없으면 그것이 바로 관음진신이요, 한마음 트이면 영원을 그와 더불어 산다는 말이 대체 무엇을 의미하는 것일까? 그리고 나의 두터웠던 무명은 과연 제거될 것인가. 관음진신을 친견하겠다는 마음부터 떨쳐버려야 한다고 했다. 그 마음도 집착이던가. 그러면 보덕각시도 관음보살이란 생각을 버려야 하지 않을까?

이렇게 사심에 잠겨 있다가 정신을 차리고 그녀를 바라보자 여전히 부드러운 미소로 회정을 바라보고 있는 것이었다.

"분신이란 말은 무슨 말이며, 그림자란 말은 무슨 뜻이오?"

"서방님은 어찌 그리 답답하세요. 예로부터 부부동체夫婦同體라 하였으니, 나는 서방님의 아내인 만큼 서방님의 분신이요, 그림자가 아니겠어요."

"글쎄 그런 뜻이야 난들 모르겠소. 나는 당신의 본신本身을 알고자 하는 거요."

"내가 서방님의 분신이고 그림자이니 당신의 본신이 나의 본신이 아니겠어요. 더 이상 어떻게 설명해 드려야만 속이 후련하시겠어요."

"그럼 당신의 본신이 나의 본신이오?"

"그래요."

그런 회정을 바라보고 있는 보덕의 웃음 띤 표정 속에는 연민의 정이 역력하였다.

회정이 굽이쳐 흐르는 개울물에 눈을 던지며 보덕이 자신에게 한 말들을 되새기고 있는 동안 보덕은 회정의 얼굴을 뚫어져라 쳐다보고 있었다.

'마음 바탕은 더럽거나 어지럽진 않은데 지혜의 눈이 열리지 못하여 저리도 답답하기만 하구나!'

보덕은 회정의 됨됨이를 이렇게 간파하고 한없는 자비심으로 그를 대하고 있는 것이었다.

"여보, 어째서 나의 본신이 당신의 본신이란 말이오? 그러면 내가 죽으면 당신도 죽고 내가 태어나면 당신도 나겠구려."

"중생이 나고 죽고 하는 것이지 부처는 나지도 죽지도 않는 거예요. 색신色身은 그림자이고 자성自性은 본신이 아니겠어요? 본신은 비단 서방님과 나만이 같은게 아니고 시방삼세제불十方三世諸佛과 일체 중생이 모두 같은 거예요.

그러나 미혹하여 그림자를 좇는 중생은 자타自他의 상相이 있어 증애취사憎愛取捨의 분별을 내지만 본신, 즉 자성을 깨친 이는 자타의 상이 없으므로 증애취사 등의 분별도 내지 않아요. 요컨대 관음대성을 친견하려면 온갖 분별심을 버리고 오로지 맑고 맑은 마음을 가져야 해요. 관음보살의 본신, 즉 자성이 청정무구淸淨無垢한 만큼 관음보살을 친견하려는 서방님도 청정무구한 본심, 즉 자성을 깨쳐야 해요. 이 말씀은 제가 몇 번이고 되풀이한 것이지요. 그런데도 서방님은 제 말을 믿지 않으니 그저 답답할 뿐입니다."

회정은 고개를 끄덕이며 명경대로 시선을 돌려 보덕의 모습을 넌지시 바라보며 생각했다.

'그렇다. 청정한 자성을 깨치지 않고는 관음보살의 본신을 친견하기 어려울 것이다. 나를 위해 가장 깊은 법문을 일러 준 고마운 아내, 거룩한 반려자!

"왜 그런 눈으로 절 보서요?"

"고맙고 거룩한 당신이질 않소. 나는 평생토록, 아니 성불할 때까지 당신과 함께 있고 싶소."

보덕은 입가에 미소를 머금으며 말했다.

"저는 미래제未來際가 다하도록 서방님과 항상 함께 있을 거예요. 지나온 과거 무량겁無量劫에도 우리는 항상 함께 지냈으니까요."

"오! 정말 고맙구려. 나 자신이 우매하여 당신이 좀 답답할 터이지만, 잘 인도해 주기 바라오."

"이제 저는 가 봐야겠어요."

"어딜 간다는 거요?"

"자식이 병들면 부모도 병들 듯, 중생이 병들어 있으니 저의 일손도 바쁩니다. 서방님도 빨리 깨우쳐서 보살행을 닦으서요. 광활한 사바세계를 두루 돌아보면 불쌍한 중생이 너무도 많습니다. 보살은 저들의 근기에 따라 갖가지 방편方便을 베풀어서 모두 깨침을 얻도록 교화해야 하거든요."

"그럼 당신도 나를 구제하시려고 방편으로 나툰 거요?"

대답 대신 웃기만 하는 보덕을 보고 회정은 의아한 표정이었다.

"다시 부탁이니, 부디 정진 잘하셔서 속히 깨치시고 중생을 건지소서. 얼마 전에 서방님이 선정에 드셨던 장소에서 조금만 더 올라가면 서방님이 전생에 공부하시던 굴이 있어요. 거기에 가서서 전생에 사용하셨던 유물들을 하나하나 살펴보시면 자연히 알게 될 거예요."

"전생에 내가 공부하던 곳이라고?"

"그래요. 지금으로부터 약 5백 년 전에 저 위 바위굴에서 수도하셨어요. 그 후 여러 생을 내려오며 또한 수도인이 되셔서 정업淨業을 쌓으신 인연으로 금생에는 큰 깨침을 얻으실 거예요. 그 때나 그 이전이나 또 그 후에도 나는 항상 이 도량에 머물고 있는 이른바 터줏대감이지요."

"그럼 앞으로도 계속 이 도량에 머물고 있겠소?"

"항상 머물면서 서방님을 외호하여 드리지요. 이 후로 염불과 선을 겸수하세요. 그렇게 해서 견성見性하시고 중생들을 제도하세요."

"진정 고맙소. 내 비록 우둔하지만 당신의 가르침을 깊이 새기고 정진하여 꼭 성불하고야 말겠소."

"그럼, 어서 바위굴을 찾아가 보셔요."

회정은 보덕의 손을 꼭 잡고 한동안 말을 잊고 보덕의 얼굴만 바라보다가 살며시 손을 놓고 돌아서서 서서히 산을 오르기 시작했다.

회정은 무슨 큰 보물을 두고 떠나는 기분이었다.

백여 보 산을 오르다 문득 계곡을 바라본 그는 금방 헤어진 보덕의 모습이 없어진 것을 보고 명경대를 바라보았다.

조금 전까지 환하게 비춰 주던 그 밝고 큰 거울이 어떻게 된 일인지 하나의 바위로 변해 있었다.

머리 위로 산까치들이 날아갔다. 그런데 그것들은 회정보다 10여 보 쯤 위의 나뭇가지에 내려앉아서 재잘거리다가는 회정이 가까이 올라오면 또 10여 보 위로 날아서 기다리고 있다가 또 다시 날고 하는 폼이 마치 회정에게 길을 안내하는 것 같았다.

산까치떼들의 재잘거리는 소리도 일정하여 듣기에 따라서는 "어서 오셔요. 저희만 따라오시면 바위굴에 닿으실 거예요." 하고 지껄이는 것 같았다.

회정이 산까치떼를 따라 오르다 보니 산 중턱에 큰 동굴이 보였다.

그가 동굴 안에 들어섰을 때 처음에는 안이 온통 캄캄하였으나 조금 지나고 나니 구석구석까지 다 볼 수 있을 정도로 환해졌다.

입구는 본래 목재로 만든 문이 있었으나 오랜 시일을 지나는 동안 썩어서 없어진 모양이었다. 또한 바닥에는 옛날 그대로 구들이 놓여져 있어서 사람이 살았던 흔적이 역력하였다.

그는 차츰 환해지는 굴 안을 샅샅이 살펴보기 시작했다.

저 쪽 깊숙한 곳에 향로와 촛대가 놓여져 있고, 그 앞 바위에는 희미하게 조각된 보살상이 어렴풋이 보였다.

회정은 밖으로 나와 소나무에 달린 관솔을 따 불을 붙인 다음 보살상을 자세히 들여다보았다. 보살상의 이마에 부처님이 새겨진 것을 보고 회정은 그것이 관음보살상임을 확인한 뒤 땅에 엎드려 수십 번이고 참배를 하는 것이었다.

"대자대비하신 관세음보살님, 이 몸을 어여삐 여기시어 이렇게 이끌어 주셨나이다. 바라옵건대 보살님이시여, 이 굴에 머물며 견성성불하도록 가호를 내려주소서."

그는 촛대와 향로를 만져보았다. 모두 돌로 깎은 것으로 꽤 무거웠다. 회정이 향로를 들고 굴 입구로 나와 자세히 들여다보니 향로에는 여러 줄의 글자가 뚜렷하게 음각되어 있었다.

'新羅國 眞平王四十九年 普德敬造(신라국 진평왕 49년에 보덕이 공경해 만들었다)'

"지금이 고려국 예종 10년이니 진평왕 때라면……."

정확히는 알 수 없지만 한 5백년쯤 된 것 같았다.

회정은 향로를 제자리에 다시 올려 놓고 관음보살상 앞에 꿇어 앉아 두 손을 모으고 우두커니 보살상을 바라보며 5백 년 전의 자신을 상상해 보았다. 그러다가 문득 향로와 촛대를 놓은 탁자에 눈을 돌려보니 돌을 깎아 다듬어 만든 장방형의 탁자에도 글이 새겨져 있었다.

그 글은 대략 다음과 같은 내용이었다.

'회정은 이 굴에 관세음보살상을 조각하고 일심으로 발원하노니, 오는 세상에 다시 이 굴에 돌아와 관음대성을 친견하여 마정수기摩頂授記를 받고, 보리菩提를 증득하여 인간과 천상의 사표師表가 되어지이다.'

회정은 이 발원문을 읽고 나자 가슴이 시원함을 느꼈다.

"내가 전생에 관음대성을 친견코자 발원하였던 인연으로 금생에 중이 된 이후로 줄곧 관음기도만을 드렸던 게로구나."

회정은 다시 한번 고개를 들어 바위에 새겨진 관음상을 바라보았다.

"아니! 저 관음대성의 모습이 어쩌면 저렇게도 보덕각시를 닮았을까?"

회정은 보덕이 생식기를 갖지 않았던 것과 3년을 한 이불 속에서 자면서도 그녀 자신이 이성異性에 대한 욕정을 일으킨 적이 없었으며 또 세속에 대한 얘기를 단 한번도 말한 적이 없고 항상 들려주는 얘기는 불법에 관한 무진장 법문이었던 것을 생각했다.

보덕은 회정의 마음이 약해지면 많은 법문을 들려주고 격려를 해 주었다. 조금 전 계곡에서 만났을 때도 밝은 거울이었던 것이 헤어진 뒤 다시 바라보았을 때는 우뚝 선 바위로 변해 있었다.

더욱 여기 굴 안에 새겨진 관음보살상觀音菩薩像과 보덕각시의 얼굴이 똑같지 않은가? 관음상은 보덕각시처럼 미소를 지으며 무슨 말씀을 해 주실 것만 같았다.

'아! 당신께서는 이 몸을 이끌어 주시기 위하여 짐짓 저의 아내가 되셨군요.'

회정은 크게 깨우쳐 참배를 드리고 자신이 전생에 관음상을 새기던 연장을 찾아내어 굴 입구에 큼지막하게 글자를 새겼다.

'상주진신 관자재보덕굴常住眞身 觀自在普德屈'

관음진신이 상주하시는 도량이라 새기고 회정은 시간의 흐름을 잊고 용맹정진을 하여 마침내 원통삼매圓通三昧를 성취했다.

회정대사의 삼생인연

중국 당唐나라 때 도읍인 장안長安에서 멀지 않은 섬서성陝西城에서 일어난 일인데 이 곳은 불교의 감화가 골고루 퍼져서 불교를 믿는 이가 많았다. 그래서 집집마다 십재일을 지키며 불상생佛殺生 불투도佛偸盜 등의 5계五戒를 지키는 이가 많고 특히 관세음보살을 믿는 이가 많았다.

어느 날 어떤 할머니 한 분이 어여쁜 딸 하나를 데리고 보타낙가산에서 왔다고 하며 돌연히 이 지방으로 이사를 와서 살게 되었다. 그 딸은 보덕이라 하는데 어찌나 아리땁고 기품이 있는지 이 지방의 남자들은 노소를 막론하고 이 보덕의 집에 찾아와 종일토록 앉아서 구경하고 놀다가는 것이었다.

보덕은 참으로 어여쁜 처녀였다. 요조숙녀 같은 자태라든지 반달 같은 눈썹, 앵두 같은 입술에 복스러운 코라든지 어느 것 하나 빠지지 않는, 세상의 그 어떤 말로써도 형용할 수 없는 미인이었다. 더욱이 보덕 각시는 얼굴만 예쁜 것이 아니라 바느질이라든지 부모에 효도하고 동네 어른을 대하는 예의도 발랐다. 또 글씨와 문장도 뛰어나 당시에 둘도 없는 규수라는 평판이 자자했다.

보덕의 이름이 널리 퍼짐에 따라 그녀와 결혼하기를 바라는 청년이 수없이 많아지게 되었다. 심지어 보기만이라도 소원하는 이들도 있었다. 보덕 때문에 병이 나서 인사불성이 된 사람들도 많아서 그들의 부모들은 보덕을 며느리로 데려가겠다고 사방에서 매파를 통해 청혼을 했다. 어떤 이들은 금전으로 달래기도 했고 어떤 이는 지위로써, 문벌로써 제각기 보덕을 데려가려고 안달이었다. 만일 보덕이 어느 한편에 치우쳐서 한 집으로 가게 된다면 그들은 싸움을 일으킬 것 같은 기세였다.

일이 이렇게 되자 정작 당사자인 보덕은 가만 있는데 그녀의 어머니는 걱정이 태산 같았다.

"얘야, 이 일을 어찌한단 말이냐. 신부 하나에 신랑이 수백 명이니 이게 될 말이냐?"

그러나 보덕은 대수롭지 않은 듯 말했다.

"어머니는 별걱정을 다하십니다. 수백 명이 아니라 수천 명이면 어때요. 그게 무슨 상관이에요."

"그게 무슨 말이냐? 너 때문에 잘못하면 큰 싸움이 일어나게 되었으니 큰 일이 아니냐! 그런 소리 말고 조심을 좀 해라. 아무리 생각해 보아도 또 어디론가 도망을 가야 하겠다. 사람이 마음은 놓고 살아야 하지 않겠느냐?"

"어머니는 염려 마세요. 제가 다 알아서 할 테니까요."

그러나 어머니의 근심은 점점 늘어만 갔다. 매파들이 하루에도 수십 명씩 드나들기를 그치지 않았다. 그들은 보덕에게 승낙하고 결말을 지어 달라고 문턱이 닳다시피 드나들었지만 그녀는 아무 말도 하지 않았다.

그러던 어느 날 보덕은 여러 매파들을 한꺼번에 모이게 했다. 수백 명의 매파들은 제각기 희망을 안고 모여들었다. 그들이 다 모였을 때 보덕각시는 천천히 입을 열었다.

"규중처녀로서 이런 말을 하는 것은 부끄럽고도 외람된 말입니다만 여러분이 다 알다시피 시집갈 색시는 한 사람뿐인데 신랑이 되겠다는 사람은 수백 명이나 됩니다. 그 가운데는 나 때문에 죽게 되었다는 사람과 병이 났다는 사람, 지금도 곧 병이 날 것이라는 사람이 많다고 하며 매파를 보내는 사람과 편지를 보내는 사람이 하루에도 몇십 명씩이나 된다고 합니다. 심지어는 어느 집이든지 가기만 하면 그 집을 망쳐 놓겠다는 사람까지 있으니 참으로 불안하여 살 수가 없습니다. 그런즉 여러 말할 것 없이 제가 신랑될 사람을 가리되, 시험을 보아서 선택하겠으니 다음달 보름 오전에 신랑이 되고자 하는 사람은 한 명도 빠짐없이 모두 마을 앞 장터의 큰 마당으로 와 달라고 일러 주십시오."

이 소문은 여러 매파들을 통해서 흘러나갔다. 수백 명의 청년들은 제각기 가슴을 울렁거리며 약정한 날 새벽부터 장터에 모여 기다렸다. 마침내 보덕은 마당 가운데에 높게 대臺를 만들고 그 위에 올라서서 많은 군중을 향하여 산더미같이 쌓아놓은 〈보문품普門品〉이라는 불경을 건네 주면서 말했다.

"여러분이 이처럼 변변치 못한 사람을 위하여 와주시니 송구스럽기 그지없습니다. 여러분이 보시다시피 나 한 사람이 여러분의 소원을 모두 이루어 드릴 수는 없지 않겠습니까? 그래서 공평하게 여러분께 이 책을 나누어 드리겠으니 누구든지 이것을 오늘 한나절에 읽어서 외우는 이가 있으면 나는 그 분에게 백 년을 의탁할까 합니다."

청년들은 보덕의 그 아리따운 자태와 낭랑한 음성에 취해 그녀가 원하는 일이라면 무엇이라도 하리라 다짐하는 것이었다. 그래서 수백 명의 젊은이들이 보문품을 읽기 시작하는데 그 읽는 소리가 마치 수백 명의 승려僧侶가 일시에 독경을 하는 듯 깊은 정성 속에서 우러나왔다. 참으로 불국 세계가 이루어진 것 같았다. 이윽고 한나절이 지났다.

보덕은 징을 치고 나서 한 사람씩 불러 강을 받는데 그 수백 명 가운데 보문품을 모두 외운 사람이 50명이나 되었다. 보덕은 다시 대에 올라서서 말했다.

"여러분이 미천한 저를 위하여 이렇게도 경을 외워 주시니 고맙기 그지없습니다. 그러나 이 경을 다 외우지 못하신 분에게는 섭섭한 말씀을 드려야겠습니다. 너그러이 생각하셔서 돌아가 주시기 바랍니다. "

수백 명의 낙제생들은 비관하고 물러설 수밖에 없었다. 그러나 보덕을 한번 정면으로 보고 그녀의 음성을 친히 들은 것만으로도 영광으로 여기고 물러났다. 보덕은 경을 모두 외운 50명을 모아 놓고 다시 이야기했다.

"여러분은 모두 〈보문품〉을 다 외우셨습니다. 하지만 이렇게 50분이나 되니 내 한 몸을 나누기 전에는 어찌할 도리가 없지 않습니까? 그러니 한번 더 수고를 해 주셔야 되겠어요."

보덕은 다시 《금강반야바라밀경金剛般若波羅蜜經》을 내주면서 말했다.

"오늘 저녁 하룻밤에 이 경을 모두 외우는 분이 계시면 그 사람을 남편으로 삼고 일생을 의탁하겠습니다."

이것은 꽤나 어려운 일이었다. 《금강반야바라밀경》은 〈보문품〉의 배나 되는 양으로 이것을 하룻밤에 외우기란 거의 불가능한 일이었다. 그러나 목숨을 내어 놓고 보덕을 얻으려고 하는 그들인지라 밤을 새워 가면서 《금강반야바라밀경》을 외웠다.

이튿날 보덕 앞에서 시험을 보니 《금강반야바라밀경》을 모두 외우는 이가 열 명이나 되었다.

그래서 보덕은 다시 말했다.

"또 미안한 말씀입니다만 나 한 사람이 열 분을 섬기기는 역시 어려운 일이 아니겠습니까? 그러하니 어떻게 하면 좋을까요? 무슨 좋은 방법이 없겠습니까?"

열 명의 청년들은 모두 묵묵부답이었다. 서로 얼굴만 쳐다보고 눈만 깜빡거릴 뿐이었다. 이렇게 되자 보덕은 다시 여러 가지로 궁리한 끝에 그들 중 한 명을 가리기 위해서는 여러 권으로 된 경을 외우게 하지 않으면 안 되리라 생각했다.

"그러면 이렇게 하기로 하지요. 조금은 어려운 일이지만 이번에는 일곱 권으로 된 《법화경法華經》 한 질을 드리겠으니 이것을 사흘 동안에 외우는 이가 있으면 그 사람과 백년가약을 맺을까 합니다. 여러분의 뜻은 어떠한지요?"

"우리는 최후까지 당신을 위해서 희생코자 하는 생각을 가지고 있으니 무엇이든지 순응하겠습니다. 그러니 어서 책을 주십시오."

어떤 청년 하나가 이렇게 말하니 그 외에 아홉 청년들도 이구동성으로 찬성했다. 보덕은 그들에게 《법화경》을 나누어 주고는 사흘을 기다렸다.

사흘 만에 온 사람은 마랑馬郞이라는 청년이었다. 다른 이들은 《법화경》을 다 외울 자신이 없어서 스스로 물러나고 말았다. 마랑이 보덕 앞에서 법화경을 외우는데 마치 병 속에 있는 물을 쏟아내듯 하였다. 결국 마랑이 보덕각시의 신랑으로 뽑히게 되었다.

이런 소문이 근경은 물론 원경에까지 퍼지자 여러 사람들은 마랑이야말로 천하에서 가장 운이 좋은 사람이라고 여겼다. 하지만 마랑의 재주를 들은 이들은 그의 재주를 칭찬하고 마랑과 보덕을 전생 차생의 배필이라 하며 그들을 위하여 진정으로 축복을 해 주었다. 마씨 가문에서도 큰 영광이라 하여 대소가大小家들이 모두 한데 모여서 잔치 준비를 하며 성대한 화촉을 밝히기로 하였다.

그들의 결혼식 날, 원근 마을에서 연회를 보러오는 사람이 인산인해를 이루어 수천 명이 넘었다. 시간이 가까워짐에 따라 신랑과 신부가 예복을 갖추고 식장으로 들어가려고 했다. 그 때 신부가 갑자기 푹 거꾸러지는 것이었다.

"아이고, 배야!"

놀란 시녀侍女들이 보덕을 별실로 데려다가 편히 눕혔다. 신부는 안색이 시시각각으로 푸르러지더니 창백하게 질리는 표정이었다. 신부는 옆에 있는 사람들을 모두 물리친 후 혼자 가만히 누워 있었다.

마씨 집에서는 낭패가 아닐 수 없었다. 신부를 저대로 두었다가는 큰일을 치를 것 같았다. 그들은 의원을 데려와서 신부가 있는 방문을 열고자 했으나 방문이 굳게 닫혀서 열리지 않았다.

그런데 방 안에서 난데없이 풍악소리가 요란하며 염불, 노랫소리가 높게 들려오는 것이었다.

"사람이 죽게 된 마당에 풍류가 무엇이며 노래가 다 무엇이냐."

마랑의 아버지는 노기등등하여 고함을 치며 문을 박차고 안으로 들어갔다. 방 안에는 신부가 누워 있을 뿐 아무도 없었다. 그런데 방 안에는 향내가 그윽하며 천상의 풍악소리가 은은히 들려오고 있는 것이었다. 신부는 얼굴에 미소를 머금고 눈을 감은 채 조용히 누워 있었다. 가까이 가서 숨소리를 들어보니 숨소리가 없었다. 의원을 즉시 불러들여서 얼굴과 손을 만져보니 싸늘하게 식어 있을 따름이었다.

마씨는 깜짝 놀라서 아들을 불러 보이니 신부의 얼굴이 시시각각으로 썩어 들어가 그 아름다운 용모가 변하고 있는 것이었다. 마랑은 이 광경을 보고 너무도 원통해서 그 자리에 쓰러지며 말했다.

"아! 어쩌면 이렇게도 허망하게 가 버린단 말이오. 이게 도대체 꿈이요, 생시요?"

마랑은 이렇게 대성통곡하며 우는 것이었다. 이 결혼식에 참석한 사람들도 신부의 변사를 보고 눈물을 흘리지 않는 이가 없었다. 마씨 가문의 행복을 축하하려던 기쁜 장소가 졸지에 장례식장으로 변해 울음바다가 되고 말았다.

"미인박명이라더니 그렇게 선녀같이 아름다워서야 요사하지 않을 수가 있나?"

사람들은 서로가 이런 말을 하며 눈물을 씻는 것이었다.

그러나 사실 보덕은 여러 사람에게 〈보문품〉과 《금강경》과 《법화경》을 외우게 하여 불법을 믿지 않으면 안 될 무상관無常觀과 부정관不淨觀을 여실히 자기 몸으로 보여 주려 한 것이었다. 즉 혼인에 쓰려던 음식은 장례식에 쓰게 되고 혼례에 입었던 예복은 상복으로 염습을 하게 되니, 이는 세상의 무상함을 그 행동으로 보여 준 것이었다.

이를 알게 된 많은 조객이 그녀를 기려 가까운 동산에 매장을 하고 조그맣게 무덤을 만들었다. 청년들 가운데는 보덕각시의 무덤 앞에 와서 울며 탄식하고 보덕각시의 옛 모습을 말하며 잔디를 입혀 주는 자도 많았다. 그리고 이 분묘가 길가에 있어 지나가는 행인들까지 들여다보지 않는 이가 없었다.

며칠 후 선풍도골仙風道骨의 학체鶴體와 같은 늙은 스님 한 분이 석장錫杖을 끌고 마씨 집을 찾아왔다.

"여보시오. 실례가 될지 모르겠습니다만, 이 댁에서 보덕각시라는 미인 한 분이 세상을 등진 일이 있지 않습니까?"

주인이 놀라 어떻게 아시냐고 물으니 스님이 말했다.

"나는 여기서 멀지 않은 절에 사는 스님인데 그 미인을 위하여 불경이라도 읽어 주려고 왔으니 그 산소로 안내하여 주실 수 있겠습니까?"

주인은 고맙게 여기고 산소로 인도하였다. 노승은 석장을 짚고 염불을 하고 나서 한 쪽을 가만히 쳐다보는 것이었다.

"저기 한 줄기 광명을 보십시오."

사람들이 일제히 그쪽을 바라보니 분묘의 한가운데에서 서기 광명이 무지개같이 뻗쳐나오는 것이었다. 노승은 이것을 보고 절을 하더니 주인에게 괭이를 가져와서 파 보라고 한다. 주인도 이상하게 여기고 괭이를 가져와서 파 보니 그 곳에는 보덕의 모습은 간 곳 없고 보살의 금신상金身像 하나가 광명을 발하고 있는 것이었다. 모여든 군중들이 놀라 그 금신보살상에 합장 예배했다. 노승은 여러 군중을 향하여 말했다.

"여러분, 잘 들어 보시오. 이 금불상은 그 보덕각시의 해골입니다. 대성자모관세음보살大聖慈母觀世音菩薩이 여러분의 업장業障이 심중深重함을 불쌍히 여기시어 미인으로 화현化現하셔서 여러분께 불경을 주어 읽게 하여 수승殊勝한 인연因緣을 맺게 한 것이오. 그러한 인연으로 여러분은 관음성모觀音聖母를 친견하게 되었으니 더욱 분발하고 노력하여 대작불사大作佛事하기를 바라는 바입니다."

이 말을 들은 군중들은 모두가 너나 할 것 없이 합장으로 나무관세음보살을 부르며 북받쳐 오르는 신심을 이길 수가 없었다. 노승은 다시 말했다.

"보덕각시는 관세음보살이요, 보덕각시의 모친은 문수보살文殊菩薩이요, 나는 보현보살普賢菩薩인데 이 섬서 일대의 사람들이 다른 곳보다 불심이 돈독해 이렇게 우리 3성三聖이 왔다가 가는 것이오. 우리는 다시 만나지 못하겠지만 마랑馬郎만은 해동 신라국에서 또 만나볼 날이 있을 지도 모르오.”

말을 마친 노승이 석장을 던지니 그 지팡이가 사자로 변하는 것이었다. 노승은 사자를 타고 공중으로 솟아 어디론지 가버리고 말았다.

그 때 천주泉州라는 곳에 찬화상粲和尙은 이 말을 듣고 노래하였다.

아리땁고 고운 태도 그 누가 따르리
여러 낭보 흘려서 법화를 알게 했네.
황금상을 남겨두고 돌아간 그 뒤에
알지 못해라, 밝은 달은 뉘 집에 떨어졌는가.

그 후 마랑은 보덕각시의 변사變死를 보고 무상을 느껴 출가를 결심했다. 마침 그 노승을 인연하여 금상의 보살상을 파내게 된 후부터는 신심이 더욱 두터워져서 자기 집을 절로 고친 뒤 머리를 깎고 불가에 들게 되었다. 그는 염불과 참선으로써 여생을 보내기로 작정하고 관음 불상을 모시고 천하강산에 유람을 나섰다.

이윽고 신라 땅 금강산에 있는 석굴에서 자리를 잡고 염불과 참선으로써 여생을 마쳤다. 그는 그 공덕으로 고려 시대에 다시 사람의 몸을 받아 태어났는데 그가 바로 회정스님이다.

나한의 명호

보문사에는 유난히 나한의 이야기가 많다. 그것은 이 곳이 관세음보살의 보처이기도 하지만 이 세상에서 머물며 정법을 호지하는 성현들이시며 아라한 모두가 생명 육통을 얻고 해탈을 체득해 신통력과 서원으로 중생의 복전이 되며 그러한 영험이 있어 불자들의 기도 대상이 되는 것이다.

《보문사사기》에는 이런 기록이 있다.

시기는 확실치 않으나 석굴에서 여러 사람이 기도를 할 때 일어난 일이다. 여러 사람들이 나한을 부르는데 어떤 사람은 '18성중' 이라고 하고 또 어떤 사람은 '18나한님' 이라고 하는가 하면, 또 다른 사람은 '석가모니불 양대보살 18나한님 독성님' 이라 하는 등 멋대로 부르는 소리가 굴법당 안을 시끄럽게 했다. 스님들도 사람에 따라 주장이 다르고 신도들도 갈피를 못 잡아 제각각이었던 것이다.

그러던 어느 날 한참 어지럽게 나한을 불러대고 있는데 부처님을 모신 탁자 쪽에서 큰소리가 들렸다.

"대중들아, '제대성중諸大聖衆' 이라고 합창하여라!"

그 때 이래로 석굴에서는 '제대성중' 이라고 칭명한다.

나한님에 관한 연기는 여러 곳에서 발견되고 있는데 '깨어진 옥등' 이야기도 그 중 하나다.

보문사에는 고려 왕실에서 왕후가 헌정한 옥등이 있었다. 이 옥등은 그 때 이래로 석굴 법당의 인등용으로 사용되어 왔다.

어느 날 석굴 법당을 청소하던 어린 사미가 이 옥등을 깨끗이 닦다가 석굴 법당 바닥에 떨어뜨려 깨져 버렸다. 옥등은 마치 칼로 자른 것처럼 두 조각으로 갈라져 버렸고 기름은 흘러내려 바닥을 흥건히 적셨다.

옥등은 사중에서 귀히 여기는 것이었으므로, 사미는 자기 잘못이 얼마나 큰 것인지 알고도 남았다. 어린 사미는 울면서 주지스님에게로 뛰어가 옥등을 깬 일을 보고했다.

주지스님도 크게 놀랐다.

"저런! 그 옥등은 사중의 보물이 아니냐. 이 일을 어쩐담! 깨져버린 건 할 수 없지만……."

주지스님은 사미를 앞세우고 황급히 석굴법당 안으로 들어섰다. 그런데 이상하게도 석굴 안이 훤했다. 옥등이 깨졌으니 굴 안이 어두워야 했건만 불이 켜져 있는 것이었다. 주지스님의 머리에 번개같이 지나가는 생각이 있었다. 급히 달려가 불 켜진 등을 만져봤다. 바로 옥등이었다.

주지스님은 사미를 돌아보고, 사미는 주지스님을 쳐다봤다. 주지스님은 입에서 감탄사가 튀어나왔다.

"나한성중!"

주지스님은 옥등을 만지고 또 만져 보았다. 그러나 그 옥등은 깨진 것이 아니었고 기름도 흘러나오지 않았다. 두 조각으로 깨져 버린 옥등이 이렇게 완전히 다시 붙여지다니!

굴 안은 아무 일도 없었던 것처럼 고요하기만 했고, 불단에 모셔진 나한상들도 움직인 흔적이 없었다. 주지스님은 석굴 바닥에 흘러 있을 기름을 찾아보았다. 그러나 사미가 가리킨 곳에는 아무런 흔적도 없었다. 옥돌 잔의 불은 전보다 더 밝고, 기름도 가득 차 있는 것이 아닌가?

주지스님과 사미는 나한 앞에 정례를 올리고, '제대아라한 무량자비 성중'을 염송했다.

이 옥등은 10여 년 전까지 보문사의 보물을 보존되어 있었음을 필자도 확인했다. 그런 옥등이 10·27 법난을 겪는 동안에 어디론지 행방을 감추어 버렸다. 그 때 함께 보관되어 있었던 작은 또 하나의 옥등은 지금도 사중에 보관되어 있다.

나한, 불씨를 얻어 오다

갑오년(1892) 동짓날에 있었던 일이다. 공양주스님이 새벽에 일어나 팥죽을 쑤려고 부엌으로 갔다.

아궁이에 불을 피우려고 불씨를 헤쳐 보니, 불씨가 죽어서 싸늘한 재만 남아 있었다. 공양주스님은 당황했다. 팥죽을 쑤어 부처님께 공양을 올려야 할텐데 불씨가 꺼져 버렸으니 낭패가 아닐 수 없었다. 공양주 스님은 장등불을 켜 놓은 곳으로 가 보았으나 장등마저도 꺼져 있었다. 인등을 하는 곳에도 가 보고 불이 있을 만한 곳은 다 가봤으나 절 안에 불씨라고는 전혀 찾아볼 수 없었다.

공양주스님은 하는 수 없이 방으로 들어와 부처님께 송구스런 마음으로 자책하고 있었다. 날이 밝아야 어떻게 해볼 수 있는 일이었다.

공양주스님이 편히 앉지도 못하고 쪼그리고 앉아 있는데 부엌에서 탁탁 장작불 타는 소리가 들려왔다. 공양주스님은 깜짝 놀라 귀를 기울여 보았다. 분명 그것은 장작불 타는 소리였다. 스님이 후다닥 뛰어나가 보니 아궁이에서 장작불이 활활 타고 있었다.

공양주스님은 자신도 모르게 '나한성중' 하고 외치며 감격했다. 공양주스님은 부지런히 팥죽을 쒀서 시간에 맞게 각 단에 공양을 올렸다.

아침 공양를 마치고 스님은 아랫마을에 사는 휘씨댁에 볼일이 있어 들렀다. 그런데 휘씨댁 노인이 스님을 보자 다짜고짜로 스님을 책망했다.

"스님들이 남의 집 자식을 맡았으면 자비스런 마음으로 아끼고 가르쳐야지, 이 춥고 어두운 새벽에 불씨를 얻어 오라고 그 어린아이를 보낸단 말이오?"

공양주스님은 영문을 몰라 말했다.

"노인 어른, 절에 어린아이는 없습니다. 무슨 말씀이신지 잘 모르겠습니다. 그리고 누구에게도 불씨를 얻어 오게 한 일이 없습니다."

"스님들이 거짓말도 하시오? 불씨를 얻으러 온 아이가 하도 추워 하길래, 팥죽 한 그릇 주었더니 다 먹던데요. 아이는 절에 불씨가 꺼져서, 부처님께 팥죽 공양을 못 올리게 되어 불씨를 얻으러 왔다고 합디다. 절에 불씨가 안꺼졌단 말입니까? 보문사가 또 있다는 말씀이오? 그 동자는 굴법당에 계시는 나한님들이 저처럼 팥죽을 좋아하시니까 나한님들한테도 팥죽을 올린다고 말합디다. 그래도 아니란 말이오?"

노인은 공양주스님을 몹시 책망했다. 공양주스님은 깨달은 바가 있어서 노인에게 새벽에 있었던 일을 설명하고 급히 절로 돌아와 석굴에 가 보았다. 여러 나한상을 자세히 살펴보니 그 중 한 분의 입에 팥죽이 묻어 있었다. 입술에 팥죽을 묻혀 두신 것은 사람들의 신심을 돋구기 위한 방편이었다.

마을 사람들은 그 일이 있은 후로 동지만 되면 집집이 팥을 거둬서 절로 가지고 와 팥죽을 쑤어 단에 올리고 기도를 했다. 이 일은 관행이 되어 백 년이 다 되는 지금까지 계속되고 있다.

진묵스님과 나한

■ 나한, 진묵스님을 옹호하다

나한의 영험담을 이야기할 때 진묵스님의 일화를 빼놓을 수 없다.

진묵震默스님은 전라북도 김제군 만경면 불거촌에서 조선 명종 17년 (1562)에 태어났다. 어릴 적에 아버지를 여의고 편모 슬하에서 자랐는데 어머니가 조의調意씨라고 전하고 있다.

진묵스님은 일곱 살에 봉서사로 출가하여 스무 살에 구족계를 받았다. 법휘를 일옥一玉이라고 했는데 나중에 호를 진묵이라고 했다. 스님은 인조 11년(1633)에 입적하셨는데 세수는 72세, 법랍은 52세였다.

스님은 어릴 적부터 총명하여 하나를 들으면 그 다음 관련된 것은 보지 않고도 다 알았다. 사람들은 그 총명함을 일컬어 '하나를 들으면 열을 아는 신동' 이라고 했다.

봉서사로 출가한 지 얼마되지 않았을 때의 일이다.

절에 신중 불공이 들어와서 부전스님이 불공을 하려는데 법당의 탁자들을 보수하느라고 신중단 앞의 탁자를 뜯어내고 없어서 향로다기를 놓을 곳이 없었다. 부전스님은 생각다 못해 총명하게 생긴 어린 행자(진묵)를 불러다가 불공하는 동안 향로를 받들고 신중단 앞에 서 있게 했다. 불공을 무사히 마치고 신도는 집으로 돌아갔다.

그런데 그날 밤 주지스님 꿈에 금강신장이 나타나 노기 띤 얼굴로 주지에게 항의하는 것이었다.

"영산회상 당시부터 우리가 그 어른을 받들어 모시기를 서약하고 있는데 그 어른에게 향로를 받들게 하면 우리가 황공해서 어떻게 불공을 받습니까? 다시는 그런 짓 못하게 하시오."

주지스님은 깜짝 놀라서 잠에서 깨었다. 생각해 보니 마음에 짚이는 사람은 어린 행자밖에 없었다. 아침예불을 마치고 돌아서면서 주지스님은 부전스님을 불러 행여 그런 일이 있었는지 물었다. 사실을 확인한 주지는 그 후 어린 행자를 대할 때 경의를 다했다고 한다.

■ 목부암木鳧庵의 등불

완주군 청량산淸凉山에는 대원사大圓寺와 목부암木鳧庵이 있는데, 목부암은 산 중턱에 자리잡고 있다. 신라 말엽에 보조普照선사가 창건한 가람으로 예로부터 나한도량羅漢道場으로 알려져 있다.

보조선사는 처음 여기 청량산의 산세를 보고 절을 세우기로 마음 먹었다. 그는 절을 잡으려고 나무를 깎아 오리를 만들어서 공중에 던져 날려보내며 말했다.

"이 나무 오리가 내려앉는 곳에 절을 지으리라."

이윽고 공중을 날던 나무 오리가 청량산 중턱에 내려앉는지라 선사는 곧 그 자리에 암자를 세워 '목부암' 이라 하였다.

여름의 찌는 듯한 무더위에 무거운 바랑까지 짊어진 한 젊은 스님이 땀을 흘리며 '목부암' 을 향하여 가고 있었다. 그의 법명은 진묵이었다. 가볍고 시원한 베옷을 입고 빈 손으로 걷는다 해도 지칠만한 더위에 누더기를 걸치고 걸망을 메었으니 그의 행색이 오죽했으랴?

그러나 힘겨운 기색도 없이 땀을 닦으면서 청량산 계곡에 접어들었다. 목부암으로 오르는 길목에 이르자, 걸망을 내려놓고 쉬고 있었다. 그는 쉬는 동안 줄곧 계곡에 시선을 보내고 있었다.

'저 물 속에 뛰어들까보다……'

일단 생각이 이에 미치자 걸치고 있던 옷이 거추장스러워졌다. 무심코 계곡물에 발을 담갔다. 그리 많지 않은 계곡물이지만 빽빽이 들어선 잡목으로 에워싸인 계곡인지라 매우 시원했다. 그는 주저하지 않고 옷을 훌훌 벗어 던졌다.

"어, 시원하다!"

혼자 되뇌이며 웅덩이 속에 몸을 담그고 있노라니, 천하에 이보다 더한 행복의 순간이 없을 것만 같았다.

"세속의 부귀 영화 따위야 말해 무엇하랴. 어, 시원하다."

혼자서 흥얼거리며 몸을 식히고 있는데 어디선가 뻐꾸기의 울음소리가 들려왔다.

그는 문득 갈증을 느꼈다. 그냥 그 자리에서 개울물을 꿀꺽꿀꺽 들이마셨다. 몸의 때를 밀고 또 물 속에 잠기곤 하면서 한동안 첨벙거리다가 올라와서 몸의 물기를 말리기 위해 알몸으로 반석 위에 누웠다. 시끄러우리만큼 계곡은 물소리로 가득 차 왔다. 그의 숨결이 가라앉자 물소리는 더욱 높아만 갔다.

숲 사이로 내리비치는 햇살은 그래도 뜨겁기만 했다. 그는 감았던 눈을 뜨고 하늘을 바라보았다. 하늘에는 솜뭉치보다도 더 희고 부드러운 구름떼가 서서히 남동으로 흐르고 있었다.

청한한 심경에 살며시 졸음이 밀려왔다. 그는 그대로 잠에 떨어졌다.

얼마를 지났을까. 한산 모시로 몸을 감싼 한 아낙네가 쌀 보따리를 이고 '목부암' 으로 오르는 길목에서 진묵스님이 내려놓은 걸망을 발견하고는 눈을 계곡 쪽으로 돌렸다.

아무리 시원한 모시 적삼과 치마를 입었다지만 보살의 얼굴은 벌겋게 상기되었고 구슬땀이 맺혀 있었다.

계곡을 두리번거리던 그녀는 한 곳에 이르러 두 눈이 휘둥그레지며 깜짝 놀라고 말았다. 걷던 걸음은 갑자기 멎었다.

알몸으로 반석 위에서 낮잠을 즐기고 있는 진묵스님을 본 것이다.

'앗, 저런?······'

보살은 이내 오르막길로 접어들어 무거움도 잊은 듯 단숨에 올랐다.

그녀는 분명 보아서는 안 될 것을 본 것이다.

'어떤 스님이 저렇게도 대담할까? 아무리 인적이 드문 산골이지만 그래도 대낮인데 벌거벗고 낮잠을 잔단 말인가?'

그러나 보살은 아무런 스스럼없이 대자연에 감싸여 낮잠을 즐길 수 있는 그 스님이 부럽기도 하였다.

목부암에 이른 아낙은 공양주보살의 안내를 받아 목욕을 끝내고 주지스님을 기다리고 있었다. 주지스님은 어제 전주에 나가셨단다. 해가 질 무렵에 이르렀지만 주지스님이 돌아오지 않는지라 기도 드리러 온 신도는 차츰 초조해지기 시작했다.

사십 나이에 아이가 없는 그녀는 득남을 위해 불공을 드리려고 온 것이었다. 수십 리 길을 걸어왔는데 주지스님이 안 계시다니, 낙심이 이만저만이 아니었다.

"동자스님, 어디 갔수? 동자스님……."

"땔나무를 한 짐 날라 오더니 아마 채마밭에 간 모양이오."

공양주보살의 대답이다.

잠시 후 대바구니에 물외를 한아름 따 가지고 행자가 보살 앞에 이르렀다.

"동자스님, 아까 오다 보니까, 이 아래 계곡에 스님 한 분이 쉬고 계시더군요. 혹시 주지스님이실지 모르니 좀 내려가 보도록 해요."

"보살님 오신 지가 3시간은 되었는데, 여지껏 쉬고 계실 스님이 어디 있어요."

"아니오. 분명 스님 한 분이 걸망을 내려놓고 쉬고 계셨어요."

"우리 주지스님은 길을 걸으시면서 그토록 오래 쉬시는 예가 없습니다."

"주지스님이 아니더라도 분명히 여기로 오시는 스님일 테니 내려가 보아요."

그제야 행자는 산 아래로 내려갔다. 계곡에 이르자 과연 키가 6척이 나 되는 건장한 스님이 누더기를 입고 행건을 메고 있었다.

행자는 스님에게 허리 굽혀 인사를 드린다.

"너 어디 사느냐."

"네. 이 위 목부암에 있습니다."

"그렇느냐. 마침 잘 됐구나. 나도 목부암엘 찾아가는 길이다."

행자는 바랑을 메고, 앞서가는 진묵의 뒤를 따랐다.

"절에 스님이 계시냐?"

"어제 전주에 가서서 아직 안 오셨습니다. 스님께서는 어디서 오시 는 길입니까."

"나 말이냐? 간밤에는 전주에서 묶었고 지난 하안거는 월명암에서 났단다."

절에 이른 진묵스님은 행자를 비롯하여 공양주보살과 기도하러 온 신도에게서 큰 절을 받았다. 보살도 객승인 진묵스님에게 자기의 신분 을 밝혔다. 그리고는 애원했다.

"스님을 처음 뵙기는 하지만, 주지스님 대신 저의 기도를 맡아 해 주 십시오."

"원이시라면 그렇게 하지요. 하지만 한가지 조건이 있소."

"……?"

"내 목이 컬컬하니 곡차를 준비하시오."

"곡차라니요?"

"곡차를 모르시오? 곡식으로 빚은 차 말이오."

"그럼 술 말입니까?"

"아니요, 곡차 말입니다."

"곡식으로 빚은 거라면 그게 바로 술이 아니고 무엇입니까?"

신도는 웃음이 나왔다. 술을 말하면서도 술이 아니고 곡차라고만 우기니 말이다.

"네, 알았습니다. 제가 곡차는 마련할 것이오니, 기도는 꼭 맡아 해주셔야 하옵니다."

"곡차만 가져온다면 암, 맡고 말고. 그런데 기도하는 소원이 무엇이오?"

"저희 집에 아들이 없습니다."

"음, 알았소. 그거야 문제 없지요, 어서 곡차나 마련해 오시오."

저녁을 끝내고 나니 밖이 어두웠다. 진묵스님은 예불을 올리기 위해 장삼을 입고 나한전으로 향했다. 행자는 촛불을 켜고 있었다.

진묵은 법당 중앙의 석가모니불께 3배를 드리고 난 뒤, 16나한을 차례로 훑어보았다.

"음, 매우 영특하게 생겼군. 됐다 됐어. 이만하면 손색이 없는 나한들이다."

행자와 신도는 진묵의 말뜻을 알아들을 수가 없었다.

예불을 마친 뒤 보살과 행자는 곡차를 구하러 마을로 내려갔고 진묵스님은 장삼을 입은 채 뜨락을 거닐며 별들의 대화에 귀를 기울이고 있었다.

나한전 앞에 켜진 인등引燈을 보면서 그는 무엇인가 머리에 스치는 것이 있었다.

"아뿔싸, 하마터면 깜박 잊을 뻔했군."

그는 월명암에서 동으로 보이는 곳에서 불빛이 반짝이던 생각이 떠올랐다.

'그렇다. 이 곳 청량산 중턱에서 밤마다 비추던 불빛, 그 불빛이 바로 저 인등 불빛이었구나! 그렇다면 어떻게 저 가느다란 불빛이 백 리 길이나 되는 월명암까지 비출 수 있었을까?

바람에 흔들거리는 풍경소리가 적막한 뜨락에 번진다.

순간 진묵은 생각했다.

'음, 바로 그거다. 16나한의 신통력이었다. 내게 불빛을 보낸 건 여기 나한들의 계시였다. 그렇다면 무엇 때문에 나를 이곳으로 이끌었을까? 절이 가난하여 나한들이 배고팠던 것일까? 허허, 그랬었구나. 주지승이 너무도 고지식하여 나한들이 배를 곯았군. 그래서 나를 불러들인 게로구나. 저 나한의 작희作戲에 내가 걸려든게야. 허허'

혼자 중얼거리며 웃고 있을 때 두 시간 남짓 걸려서 돌아오는 행자와 신도가 등불과 둥근 통을 각기 들고 땀을 닦으며 가쁜 숨을 몰아쉬는 것이었다.

요사채 뜰에 이르러 진묵스님과 마주친 행자는 허리를 굽힌다.

"스님, 다녀왔습니다."

"오, 이제 오느냐? 땀을 많이 흘렸겠다. 어서 씻으려무나."

■ 불공佛供

석가여래를 모시는 나한들은 소승성과小乘聖果를 증득하여 신통력도 대단하다. 다만 누진통漏盡通에 있어 소승을 깨달은 결과로 아라한위阿羅漢位에 머물러 있어서, 대승보살과를 믿지도 않고 깨닫지도 못한 허물이 있긴 하나, 분명 성과를 증득한 성인임에는 틀림없다. 그러기에 대승에서는 차라리 대심범부大心凡夫가 될지언정 소승성과小乘聖果에 머물지 않겠노라고 외친다. 소승성과에 머물면 부처될 분이 없기 때문이다.

어쨌든 밤새껏 곡차를 들이키고 깊은 잠에 녹아 떨어졌던 진묵스님은 첫 새벽에 행자가 도량석하는 목탁소리를 듣고 비로소 깨어났다.

'그까짓 곡차에 취하여 인사불성이 되다니……'

우물에 가서 찬물로 세수를 하였다. 그러고나니 다소 정신이 맑아졌다.

'허! 고것 참 이상하거든. 곡차면 제가 곡차였지, 사람을 녹일 건 뭐람.'

그토록 취해버린 자신이 아직도 미흡한 인간이라고 여겨졌다.

'분명 아직도 덜 익은 인간이다. 덜 익었고 말고.'

그는 혼자 뇌까리며 연신 이마에 찬물을 끼얹었다. 마치 곡차에 취했던 덜 익은 자신을 나무라는 것처럼……

행자는 도량석을 끝내고 법당에 올라가 작은 범종을 올리기 시작했다.

"원컨대 이 종소리 법계에 퍼져 철위산 깊은 암흑 모두 열리고, 삼악도 고통 벗고 칼산 파하며, 일체 중생 모두가 정각 이루어지이다."

"허! 고놈 성대도 좋구나."

행자의 염불 소리가 어지간히 맘에 드는 모양이었다. 예불을 마치고 방으로 들어오자 그는 행자를 불러 앉혔다.

"너 금년에 몇 살이랬느냐?"

"열네 살입니다."

"네 염불소리를 들으니 환희심이 절로 나더구나. 잘만 하면 중노릇 잘하겠다만, 네 결심은 어떠냐?"

  "중노릇 잘하고 싶지만 가르쳐주실 스승님이 없어서 어떻게 하는 것
이 참 중노릇인지도 모릅니다."

  "하기야 그렇게다. 이제부터는 내가 중노릇을 가르쳐 줄 터이니 잘
해 보아라. 중노릇만 잘하면 자기 자신이 해탈하니 물론 좋은 일이요,
세 가지 큰 은혜를 모두 갚게 되니 이보다 다행한 일이 또 어디 있겠느
냐."

  "……."

  "세 가지 큰 은혜란 무언지 아느냐? 부모의 은혜며, 스승의 은혜요,
중생의 은혜이니라. 중노릇 잘하면 이 은혜를 모두 갚게 되는거고, 중
노릇 못하면 이 큰 은혜에 오히려 빚만 더 지게 되는 것이니 자칫하다
가는 지옥에 떨어지는 거란다."

  "스님, 그러면 오늘부터 스님께서 제 스승님이 되어 주십시오."

  "너의 스승이야 이 절 주지스님이 되셔야지. 허나 중노릇은 내가 가
르쳐 주마."

  "주지스님은 저의 백부님이신데 이제는 늙으셔서 눈이 잘 보이지 않
아 책의 잔 글씨는 못 보십니다. 그래서 벌써부터 고명하신 스님에게
보내 주시겠다고 하셨지만, 제가 떠나면 백부님을 모실 사람이 없기에
제가 못 떠나고 있습니다."

  "음, 기특하구나. 스승은 어찌되었건 우선은 공부를 부지런히 해야
하느니라."

  사흘 뒤 신도의 삼일 기도가 끝나는 날 아침에, 행자는 자기 백부인
주지스님이 지켜보는 가운데 진묵스님에게 사미계를 받고, 진묵의 첫
상좌가 되었으니 법명은 청안淸安이라 하였다.

기도 회향날, 보살이 진묵스님에게 여쭈었다.

"스님, 곡차를 마련해 오면 아들을 점지해 주신다고 하시고서 기도에 한번도 참예를 않으셨으니, 오늘 회향은 스님께서 친히 올려 주십시오."

보살에게 분명히 다짐을 준 그였으니 신도가 보는 앞에서 단 한 차례라도 불공을 드려주는 것이 당연한 도리다.

"그럼 그렇게 하지요."

연 사흘을 곡차와 더불어 씨름하다시피 하며 제 흥에 겨워 한 곡을 읊거나 아니면, 큰 대大 자로 벌렁 누워 코를 고는 게 고작이었던 진묵스님인데도 너무도 순순히 대답해 주는 것이 고마운 생각마저 들어서 신도는 그에게 큰절을 하고 물러나와 공양주보살과 함께 백설기, 시루떡을 올리고 마지를 지어 나한전에 올리고는 진묵스님에게로 갔다.

"스님, 공양을 모두 올렸습니다."

마침 한 되 가량 남았던 곡차를 마저 들이키고 포단에 앉아 선정에 들어 있던 진묵스님은 뒤도 안 돌아보고 말했다.

"공양을 다 올렸거든 어서 가서 부지런히 절하시오. 천배일고千拜一顧라 했으니, 천 배를 드려야 한번 돌아보실 것인즉, 절을 많이 해야 합니다. 나도 곧 가리다."

보살은 스님이 시키는대로 했다. 당에 올라가서 수없이 절을 하였다. 그러나 그 동안에도 진묵스님은 나타나지 않는 것이었다. 다시 요사채로 내려갔다. 진묵스님은 여전히 포단 위에 단정히 앉은 채 두 눈을 지그시 감고 있었다.

"스님, 마지 올린지 오래되었는데요."

"그래요?"

진묵스님은 일어나서 장삼을 입는다. 보살은 이제는 틀림없이 큰스님이 오나보다 하고 먼저 올라가서 또 정성껏 절을 하였다.

모시적삼이 땀으로 젖어서 등허리에 찰싹 붙었고 얼굴이며 전신이 땀투성이었다.

이윽고 나한전 법당에 나타난 진묵스님은 석가모니부처님께 향을 올리고 3번 절한 뒤, 이어 16나한을 차례로 둘러보았다. 그러더니 나한님에게 성큼성큼 다가가서 나한의 귀를 잡아 틀며 소근거렸다.

"야, 인석아, 이 신도에게 아들 하나를 주려무나."

또 다음 나한에게로 가서는 나한의 뺨을 찰싹 때리면서 말했다.

"인석아, 어서 이 신도에게 아들을 점지해 주란 말야."

또 다음 나한에게도 여전히 뺨을 몇 차례 갈기고는 명령하듯 말했다.

"이 우둔한 소승 종자야, 냉큼 이 신도에게 아들을 주란 말이다."

이렇게 열여섯 분 나한을 차례로 귀를 잡아당기거나 뺨을 때려 주고는 '속히 아들을 주어라' 하고 명령하는 것이었다.

절하던 보살은 실로 아연실색하였다.

부처님께 공경과 정성을 다하여도 아들을 얻을까 말까 할 터인데 무례하게 귀를 비틀고 뺨을 두들겨 패다니…….

'저 스님은 도대체 얼마나 도력이 높으시기에 나한님에게 저토록 함부로 호령을 하실까? 저러고서도 정말 아들을 점지받을 수 있을까?

그녀로서는 도저히 이해가 가지 않았다. 절을 하다 말고 우두커니 겁나는 표정으로 서 있는 신도에게 진묵스님이 말했다.

"이만하면 나한들도 정신이 번쩍 들었을 것인즉, 이번에 틀림없이 생남하도록 영험을 내릴 거요. 그러니 아들 얻거들랑 답례를 톡톡히 해야 해요."

"네에? 네에……. 뭘로 보답을……."

"그야 물론 곡차 한 말이지요. 허허."

그로부터 열 달이 지난 뒤, 나이 사십의 중년이 되도록 아이를 못 낳아 숱한 고뇌에 시달려 온 그 보살은 옥동자를 얻었다. 그 집은 물론, 온 마을이 경사가 났다고 야단이었다.

"우리에게 아들을 점지해 주신 나한님에게 무엇으로 감사를 드려야 할지……."

"그야 물론 이후로도 항상 은혜를 잊지 말고 불공을 드리러 가야 하지만, 도력이 높으신 진묵스님에게도 자주 곡차를 올리도록 해야지요."

부부간에 나누는 말이었다. 득남 소문은 꼬리에 꼬리를 물고 삽시간에 널리 퍼져서, 진묵스님의 이름은 신통神通이라는 날개를 달고 원근에 드날리게 되었다.

이로부터 진묵스님이 가는 곳마다 곡차가 따르기 마련이었다.

한번 소문이 난 목부암의 나한은 자주 생남불공을 받게 되어 나한전에 향화가 끊이지 않으니 분명 좋은 일이었으나, 곡차에 취한 진묵스님에게 호되게 뺨의 세례를 받는 것이 안타까운 일이 아닐 수 없었다.

진묵스님이 목부암에 주석한 지 3년이 되던 해 어느 날, 예외 없이 생남불공을 드리러 멀리 전주에서 찾아온 한 보살이 밤에 이상한 꿈을 꾸었다.

가사를 단정히 수한 열여섯 분의 스님이 신도 앞에 나타나더니 간곡히 부탁하는 것이었다.

"우리는 이 절에 머물고 있는 16나한인데, 여러분이 생남불공 드리러 오는 덕분에 굶지 않게 된 것은 지극히 다행한 일이나, 진묵 큰스님에게 자주 뺨을 맞아야 하니 큰 고역이 아닐 수 없는즉, 불공을 드리러거든 가만히 법당에 찾아와서 우리에게 헌공예배獻供禮拜하라. 그러면무슨 소원이든 이뤄주리라."

꿈에서 깬 신도는 너무도 이상스러워서 진묵스님에게 이 얘기를 털어놓았다. 진묵은 그저 한바탕 크게 웃고는 말했다.

"허허. 내가 나한들한테 너무 지나쳤나 보군. 이제는 순순히 부탁해야겠는걸."

이런 얘기가 오고간 뒤, 진스님묵은 행자를 불렀다.

"내가 여기에 온 지도 벌써 3년째로구나. 이제는 이 절도 살 만하게되었으니 거처를 옮겨야겠다. 어서 떠날 채비를 하여라."

"어디로 가시려구요?"

"허! 미리 갈 곳을 정하여 가는 것은 중이 아니다. 가다가 머물만한곳을 만나면 걸망을 벗어놓는 게지."

진묵은 나한이 현몽하였단 얘기를 듣고 떠나야 할 때가 온 것을 직감하였던 것이다.

그래서 주지를 비롯하여 온 대중이 간곡히 만류하였지만 끝내 그는자리에서 일어섰다.

"주지스님께 폐가 많았습니다. 이후로는 절 이름도 원등암遠燈庵으로 고쳐 부르겠다니, 나를 여기까지 이끌어준 나한님을 더욱 잊지 못하겠군요. 부디 나한전에 정성들여 예배공양을 하십시오. "

"큰스님의 말씀 명심하겠습니다. 다른 절로 가시더라도 잊지 마시고종종 왕림하시기 바랍니다."

■ 낙수천樂水川의 사미沙彌

무릇 사원寺院이라 하는 곳은 스님이 거처하는 곳이다. 그러나 수행 납자들은 어느 사원이고 분별함이 없이 오래 머물지 않는다.

옛말에 '새는 하룻밤 깃들 나무를 가린다' 고 하지 않았는가.

천하에 무애도인無碍道人이라 일컫는 진묵스님. 도대체 그가 남기고 간 발자취는 어느 고장, 어느 산천이었던가?

그는 시종 일관하여 수행승이었다.

평생을 주지직住持職에 머문 적이 없고, 명리名利를 탐하여 몸을 움직인 적이 한번도 없었다.

주지 노릇을 안 했으니 호화스런 생활을 누려보지도 못했고, 명리를 좇아 평생을 시시비비에 빠진 적도 없었다.

그는 하나에서 열까지 '수도승' 그것이었다. 그래서 그가 머문 곳은 대개 한적한 산중 암자였으며, 큰절에 드나들기는 그의 삭발 본사인 봉서사鳳棲寺와 김제 금산사金山寺가 고작이었다.

또 산중 암자에 머문 자취를 살펴보면 거의 인적이 드문 심산유곡의 초라한 암자, 제비집 같은 암자가 대부분이었다. 낡은 기왓장 사이로 빗물이 스며 대들보가 내려앉을 위기에 봉착한 곳이 대부분이었다.

그래서 그가 머물기 전에는 당장 의식주 문제도 해결 못하여, 매양 탁발 신세를 져야만 하였다. 그는 대중과 함께 피나는 울력으로 암자의 면모를 일신하는 한편, 밤잠을 잊고 정진에 힘썼다.

각 사암이 퇴락하게 된 동기를 따지자면 여러 이유가 있겠지만, 그 중에도 위정자들과 유생들의 횡포로 말미암은 것이 대부분이었다.

유생들과 다투었다는 기록이 없음을 보면, 그는 어지간히 세상과는 담을 쌓고 지냈다고 여겨진다. 수행에 전념하였던 물외도인物外道人이었다.

그가 머물렀던 사암의 기록에는 거의가 ‘ㅇㅇ암 중창주 진묵당 운운’ 의 대공덕상大功德相을 남긴 것을 보아도 그가 얼마나 가람 수호에 힘을 기울였던가를 족히 짐작할 수 있다.

나한들이 배가 고파 그를 불렀던 목부암도 원등암遠燈庵으로 개명하면서 면모를 일신하였고, 또 그 다음으로 찾은 일출암日出庵도 두 도반과 함께 근 한 달 동안 애쓴 보람으로 여름 장마에 비가 새지 않을 정도로 쇄신 되었으니 이만하면 한시름 놓을 만했다.

“어이, 진여眞如, 나 밖에 좀 다녀오겠네.”

“자네, 어딜 가려구?”

“내 사사로운 볼일이 있어서.”

“그래서?”

“그래서 밖엘 나갔다 오겠다는 거지. 사람 가죽을 둘러썼는데 어찌 볼 일이 없겠는가?”

“다른 사람이면 몰라도 자네야 무슨 걸림이 있어야지.”

“아냐, 실은 말일세, 고향에 어머니 한 분이 계시거든, 어린 누이 하나를 데리고 외롭게 사셔.”

“그래서 뵈러 가겠단 거야?”

“응.”

진묵스님의 진지한 표정에서 그의 효심孝心을 읽은 진여스님은 한동안 말이 없이 무엇을 생각하는 눈치더니 입을 뗐다.

“진묵, 출가 사문이 속가의 권속을 가까이 하는 것은 좀 우스운 일이겠지만 자네처럼 아우나 형이 없는 처지에 생각해야 할 일이야.”

“그래서 매양 맘에 걸리는구먼.”

"진묵, 좋은 수가 있네."

"어떤?"

"어머님을 여기로 모셔오게."

"응?"

"어때? 우리 셋이서 아들 노릇 해드리면 되잖나?"

"성의는 고맙네만……."

"난 부모님을 일찍 여의어서 철이 든 이후 어머니란 말을 못해본게 한일세. 모시고 와서 우리 셋이서 아들 노릇하세."

"고마우이. 진여."

진묵의 나이 다섯 살 때 그는 아버지를 잃었다. 그의 가족은 어머니와 누이동생 등 세 식구였다. 그 때 어머니는 이미 40을 넘은 나이였다.

진묵이 일곱 살 때 출가하자 어머니는 어린 누이를 키우며 아들이 큰 스님이 되길 불보살전에 발원하는 것을 생활의 전부로 삼았다.

그러던 중 세월이 흘러 진묵스님의 나이 30을 바라보게 된 지금, 어머니가 회갑에 이른 것이다.

비록 오랫동안 고향을 잊은듯 수행에 골몰해 왔지만 어머니의 회갑이 다가오고 있음을 정확히 알고 있었다.

금년이면 회갑인 어머니.

남편도 여의고 아들마저 부처님께 바쳐버린 외로운 여인은, 그리움과 바람으로 늙고 지쳐서 벌써 흰머리가 반을 넘어서고 있었다. 꿈에도 잊지 못하는 어머니. 그 어머니가 벌써 머리가 희끗희끗한 할머니가 되어가고 있는 것이다.

진묵스님은 마냥 40여 세의 어머니 모습만을 상상하면서, 제발 20년 전의 어머니 모습이기를 바라며 만경현 불거촌을 향해 가고 있었다.

전주를 벗어나, 허허벌판을 바라보면서 서쪽으로 서쪽으로 걷는 진묵스님…….

그 언제인가 진여, 혜성 등과 헤어진 적이 있는 낙수천이 그의 시야에 들어왔다.

낙수천樂水川은 전주에서 김제로 가는 도중에 있었다. 그리 깊지는 않으나 비가 많이 내리는 계절인 만큼 건너갈 수 있을는지 염려스러웠다.

그가 한창 낙수천 건널 궁리를 하면서 조그만 산모퉁이를 돌아서자 바로 자기 상좌만한 사미승이 앞서가고 있었다.

금방 삭도로 밀어젖힌듯한 머리는 뜨거운 태양에 비춰 반짝이고 있었다.

"허, 저 어린 사미가 어디를 갈까?"

그는 걸음을 빨리 하여 사미승의 뒤를 바싹 따랐다.

등 뒤에서 인기척이 나자 뒤돌아보는 사미승. 그는 합장하고 정중히 인사한다. 진묵스님도 합장으로 답례하고 물었다.

"너 어디 가는 길이냐?"

"네, 소승은 변산으로 가는 길이옵니다."

"응, 그래? 마침 잘 되었구나. 심심하던 차에 동행을 만났다."

"큰스님께서는 어디로 가시옵니까?"

"나 말이야? 똑바로 간다."

"똑바로 가시면 어디에 이릅니까?"

진묵의 대답도 여간이 아니지만 사미승의 추궁도 자못 준열하다.

"똑바로 가면 못 갈 곳이 없지."

"그런가요? 그럼 지옥도 이 길인가요?"

"암, 이 길이지."

"극락도 이 길이구요?"

"그렇다마다."

"성불도 이 길이구요?"

"허, 말이 많구나. 성불을 말로써 하는 건 줄 아느냐?"

"아, 아니옵니다……."

"직심直心이 시도是道이니라."

"그렇지만 이 길은 곧지 않고 꾸불꾸불한 걸요."

"마음이 곧으면 길도 곧다."

"스님께서는 통 알아들을 수 없는 말씀만 하시네요."

"너 같은 어린애가 그럼 뭘 알겠느냐."

"하옵지만 어리다고 너무 얕보지 마십시오."

"허, 고놈 꽤 맹랑한지고."

고분고분 지껄여대는 사미승과 말을 주고받다 보니 어느덧 낙수천에 이르렀다.

"요즘, 연일 비가 쏟아지더니 물이 매우 많이 불었구나."

진묵이 행전을 끄르고 바지를 걷어올리며 하는 말이었다.

먼저 바지를 걷어 올린 사미승이 말했다.

"스님, 가만히 계세요. 제가 먼저 건너면서 깊고 얕은 걸 시험해 볼게요."

"응, 그래라."

사미는 물 속으로 들어서자 이내 성큼성큼 걸어가는데, 겨우 무릎 밑에까지 물에 잠기는 것이었다.

개울을 중간쯤 건너가던 사미승이 뒤를 돌아보며 큰소리로 말했다.

"스님, 얼마 깊지 않네요. 어서 건너 오시지요."

열댓 살 난 사미승이 손쉽게 건너는 것을 본 진묵스님은 마음을 턱
놓고 물 속으로 뛰어들었다.

그런데 이게 어인 일인가? 사미승은 무릎에도 채 닿지 않던 물이 안
으로 들어갈수록 더욱 깊어만 갔다.

진묵스님이 개울의 중간 지점에 이르렀을 때는 사미승은 저 건너 언
덕에 올라 있었다.

그런데 물은 그의 가슴에 닿는 것이었다.

"어? 이게 어인 일이냐? 이봐라. 애야, 날 좀 구해다오."

깊은 물 속에서 허우적거리며 외치는 소리에 깜짝 놀란 듯 다시 물 속
으로 뛰어든 사미승은 여전히 무릎을 적실 정도로 성큼성큼 다가와서
는 진묵스님을 덥석 업어서 가벼운 걸음으로 건너편 언덕에 이르렀다.

"네가 아니었더라면 큰일날 뻔했구나."

"보세요, 큰스님. 아까 저를 얕보셨지만 큰스님을 구해드릴 만한 기
량이 있잖아요?"

"글쎄 말이다. 나잇살이나 먹은 내가 도리어 네 신세를 지다니……."

사미승은 먼저 행전을 메고 일어서며 말했다.

"그렇게 미안해하실 것 없습니다. 다만 지난 날의 묵은 빚을 갚았을
뿐인 걸요."

"뭐? 묵은 빚이라니?"

"아, 아니옵니다. 큰스님 안녕히 가십시오."

사미승은 아리송한 말을 남기고 무엇에 쫓기듯 총총히 어디론가로
사라지고야 말았다.

"묵은 빚이라…… 묵은 빚?"

사미의 말이 얼핏 스치면서 그의 머리를 때린다.

묵은 빚, 묵은 빚…….

"고놈이 어떻게 깊은 물을 쉽사리 건널 수 있었을까? 묵은 빚을 갚았노라고? 아 앗? 허허허…….''

진묵은 박장대소하며 말했다.

"오라, 내가 당했구나, 내가 속았어."

그가 원등암에서 나한들의 뺨을 갈기고 귀를 잡아당기며 아들 하나를 점지해 달라고 달달 볶았던 그 나한이 오늘은 멋지게 자기를 구해낸 것을 뒤늦게 깨달은 것이다.

"하핫……. 과연 신통은 나한이 앞선단 말야. 하핫…….''

그가 한참 웃어젖히며, 나한의 희롱에 넘어간 것을 자책하고 자탄하면서 문득 엄숙한 표정이 되어 사미승이 사라진 방향을 응시하다가는 목청을 돋우어 꾸짖는 것이었다.

"얘, 소승 종자야, 비록 네가 신통을 부려 나를 희롱하였지만, 그 신통이라는 것이 전부가 아니라는 걸 명심하여라. 신통은 내가 너에 미치지 못한다손 치더라도 너희가 여래지如來地에 들기 위해 대도大道를 닦을 적에는 응당 나에게 물을지니라. 내 그대들을 위해 일게一偈를 줄 것이니 자세히 듣거라

영산의 십육나한 너에 부친다.
낙촌의 재반을랑 언제 쉬느뇨.
신통묘용은 그대에 못 미치지만
대도는 노비구에 응당 들으라.

이렇게 게송을 일러주고 나니 다소간 그의 마음은 평온해졌다. 마치 아까는 나한에게 호되게 당하였지만 이번에는 이쪽에서 일격을 가하여 전세를 다시 만회한 그런 기분이었다.

그는 다시 불거촌을 향해 길을 걸으면서 몇 번이고 되뇌인다.

"암, 대도는 마땅히 내게 들어야지, 암 들어야 하고 말고……."

■ 어머님이 돌아가시다

일출암日出庵의 나날은 마냥 조용하기만 하였다.

한적閑寂을 마음껏 누리며 정진으로 세월을 잊던 어느 날 시봉인 청안스님이 그를 찾았다.

"스님, 할머님에게서 전갈이 왔습니다."

척추를 버티고 마음을 비우고 있던 그는 물었다.

"누가 왔단 말이냐?"

"네, 동리에서 아이가 올라왔습니다."

진묵스님은 밖으로 나와서 마루 아래 뜰에 선 아이를 찾았다.

"스님, 안녕하세요?"

"아니? 너 응삼이가 아니냐?"

"할머니께서 위중하시다나 봐요."

"언제부터?"

"간밤에 변소엘 다녀오시다가 마당에서 쓰러지셨대요."

"오냐, 알았다. 그럼 가보자."

큰방에서 함께 정진하고 있던 두 도반도 응삼이의 설명을 들었는지라, 이들 셋은 애기를 따라 마을로 내려갔다.

"이제 예순 둘이신데, 아마도 타계他界하시려나 본데……."

진묵스님의 말에 모두들 조용히 있었다.

"정옥이를 출가시키고 가서야지 안심하고 눈을 감으시지."

그들이 여러 얘기를 나누는 동안 어느덧 마을에 이르렀다. 정옥의 시중을 받으며 조용히 누워 있는 어머니 곁에 셋은 꿇어 앉았다.

"정옥아, 어찌된 일이냐?"

"밤새 앓으시다가 이제 방금 잠드셨어요."

한참을 바라보다가 셋은 살며시 밖으로 나왔다.

"진묵, 나는 의원을 불러 오겠네."

진여와 혜성 스님이 떠나자 진묵스님은 다시 어머니 곁으로 갔다.

두어 시간 잠들었던 어머니가 깨어나며 눈을 떴다. 진묵스님은 어머니의 손을 지그시 쥐고 있었다.

"음, 스님이 내려오셨네요. 혼자서 오셨습니까?"

"아니요, 모두 함께 왔다가 의원을 모시러 갔습니다."

"무엇하러 의원은 부르러 간답니까? 이대로 가는게 옳은 걸……. 진묵스님."

"네에?"

"임종시에는 어떻게 용심用心하는 게 옳습니까?"

"옛 조사께서 말씀하시기를, '흡흡용심시洽洽用心時에 흡흡무심용洽洽無心用하라' 하셨습니다. 마음을 쓸 때에 무심히 쓰라는 말입니다. 평상시에나 임종시에나 언제고 간에 무심으로 용심하면 이보다 족한 게 없습니다."

어머니는 고개를 끄덕인다.

"스님을 절로 보낸 뒤, 줄곧 정토淨土 발원發願하며 아미타불을 불러 왔습니다마는 참으로 극락정토에 왕생할런지 모르겠습니다. 정토는 여기서 얼마의 거리에 있으며, 어떻게 하면 왕생할런지, 속시원히 일러 주십시오."

"유심有心으로 용심하면 여기서 서쪽으로 십만억국토十萬億國土를 지나야만 극락이 있지만, 무심無心으로 용심하면 이 자리가 곧 정토입니다. 그러니 정토는 무심으로 용심하는 자는 손가락 한번 튕길 적에 문득 정토에 이르지만, 유심으로 용심하면 무량겁을 두고 허우적거려도 끝내 이르지 못합니다. 그러므로 극락에 가고자 하면 무심의 경지에서 아미타불을 불러야만 아미타불의 인도하심을 받아 구품연화대九品蓮華臺에 왕생하실 것입니다."

"무심이면 어떻게 아미타불을 염念하며, 또 어떻게 정토를 알아볼까요?"

"아미타불은 곧 크게 깨치신 어른이고 정토는 깨치신 어른이 안주安住하는 땅입니다. 깨침의 경지에 들려면 온갖 유심有心을 넘어서서, 무심의 경지에 이르는 것이 우선되어야 합니다.

다시 말씀드리면, 무심의 문은 깨침의 문에 드는 첫 관문입니다. 이 무심의 문에 들지 않고는 깨침의 땅에 이를 수 없습니다. 그러므로 유심의 문에 들면 예토穢土, 즉 중생계에 들고 무심의 문에 들면 정토, 즉 불세계에 들게 되는 것입니다.

무심이라 하니 텅 비고 아무 것도 없는 경지로 알아서는 안 됩니다. 무심이기에 온갖 수승한 경계까지도 모두 헤아릴 수 있는 것입니다. 마치 거울에 온갖 티끌이 말끔히 씻겨서 텅 비어 있기에 삼라만상이 죄다 비추이는 것과 같습니다."

"아아, 그러면 어떻게 닦아야만 무심의 경지에 이를 수 있습니까?"

"모든 분별심을 여의십시오. 그리하면 곧 마음이 맑아져서 필경에는 무심의 경지에 이릅니다."

"분별심을 여의자면?"

"온갖 법이 공空한 줄로 믿고 알아서 마음을 허공과 같이 비우십시오. 그리하여 온갖 경계에 착着함이 없으면 곧 분별심이 사라집니다."

"오! 아주 시원스런 법문입니다."

어머니는 아들 진묵의 설법에 감격하며 눈을 지그시 내리감고 깊이 사색에 잠겼다.

다시 며칠이 흘렀다.

그 동안 의원은 매일 한 차례씩 다녀갔고, 진묵, 진여, 혜운스님 등은 번갈아가며 어머니 곁에 앉아서 시봉을 들었다.

그러다가 진묵이 곁에 앉아 있던 어느 날 오후였다.

"진묵스님."

"네."

"정옥이를 보살펴 주세요. 스님께 오직 하나뿐인 누이이니 내 부탁이 아니어도 잘할 줄 압니다만, 시집을 보내지 못하고 가려니 가슴 아픕니다. 부디 어미를 불쌍히 여겨서 악도에 떨어지지 않도록 법력의 가호를 바랍니다."

어머니의 마지막 유언이었다. 진묵은 목이 꽉 메여와서 대답조차 나오지 않았다. 자기도 모르게 굵은 눈물이 뚝뚝 떨어졌다. 정옥이도 곁에서 눈물을 쏟다가 어머니의 가슴에 엎드려 나직이 흐느낀다.

어머니는 한 손으로는 아들의 손을 잡고 다른 한 손으로는 정옥의 등을 쓸어주며 말했다.

"정옥아, 이 어미는 먼저 간다만, 네게는 훌륭한 오빠가 있지 않느냐? 세속락에 취한 중생인 오빠가 열 있으면 뭘 하느냐? 하나뿐이어도 네 오빠처럼 도인이어야지. 사람은 태어나면 으레 죽기 마련이고, 사는 동안에도 부귀영화를 누리는 것만이 인생사의 전부는 아니란다. 너도 부디 오빠의 지도를 받아서 훌륭한 보살이 되어라.”

정옥은 울음을 그치고 마음을 진정하여 어머니의 마지막 말씀을 귀 담아 듣는다. 아니 어쩌면 이들 남매는 어머니의 유언을 뼈에 새기고 있으리라.

그날 밤 자정이 가까워오자, 정옥을 불러 찬물을 두어 모금 마신 뒤, 진묵과 진여, 혜운스님에게 정옥을 부탁하고는 조용히 눈을 감았다.

일찍이 남편을 사별하고, 아들은 절로 보내어 부처님 제자가 되게 하였고, 자신은 보살이 되어 아미타불을 부르다가 마지막 임종에 이르러 도인이 된 아들에게 상승법문上乘法門을 들어 ‘무심’의 공부를 익히다 가 입적한 진묵스님의 어머니.

진묵스님은 향화를 받들 후사가 없는 어머니를 위하여 그 전에 ‘무 자손 천년향화지지無子孫千年香火之地’를 고향땅에 잡아 두었었다.

그는 도반과 의논하여 어머니를 모시고 고향으로 내려갔다.

허허벌판 만경萬頃 땅. 서해 바다를 바라보는 야산의 한 자리에 어머 니를 장사 지냈다. 그리고는 목수를 시켜 현판을 만들어서 스스로 붓을 들어 써 내려갔다.

‘여기 이 묘는 만경현 불거촌에서 나서 출가 사문이 된 진묵 일옥震 默 一玉의 어머니를 모셨는 바, 누구든지 풍년을 바라거나 질병 낫기를 바라거든 이 묘를 잘 받들지니라. 만일 정성껏 받든 이가 영험을 못 받 았거든 이 진묵이 대신 결초보은하리라’

그로부터 먼 훗날의 얘기이지만, 원근 주민들이 진묵스님의 어머니 묘에 향화를 받들고 소원을 이루지 못한 이가 없었다고 전한다.

진묵스님은 자손이 없어도 천 년간 향화가 단절되지 않을 곳을 물색하여 어머니를 모셨다.

어머니 장사를 끝내고 혼백을 일출암에 모신 그는, 매일 아침 저녁으로 반야심경을 외우고 이고득락하기를 빌었다.

그리하여 마침내 49일이 이르자 사암寺庵에 통지하여 수백명의 스님들을 청했다. 진묵, 진여, 혜운스님은 목련존자의 오백승재를 본받아, 어머니를 위해 최후의 효성을 드리고자 함이었다.

일단 오백승재를 지내려고 마음 먹자 일출암이 비좁은 생각이 들어 봉서사에서 봉행키로 하였다.

일곱 살 때 동자 일옥을 이 절 문 앞까지 데려다 주고 돌아선 모정을 아는 이는 아무도 없다. 벌써 이십 년 전의 일이지만 어머니의 위패를 모시고 봉서사로 가면서 진묵스님은 어머니를 따라 처음 이 길을 밟았던 기억을 선명하게 되새겼다.

어머니는 봉서사 입구에 닿을 때까지 몇 번이고 다짐했다.

"일옥아, 너 엄마 보고 싶다고 하지 않겠지."

"네, 안 해야지요."

"공부 많이 해서 훌륭한 도인이 되어 고향을 찾아야 한다. 엄마 보고 싶다고 우는 아이는 장차 큰 인물이 못 돼요."

"어머니 염려 마세요. 꼭 훌륭한 도인이 되어서 어머님 뵈오러 갈게요."

이렇게 하여 진묵스님은 봉서사로 들어갔고 어머니는 갓난아기인 정옥이를 업고 어스름 석양길을 되돌아서 마을로 내려갔던 것이다.

진묵은 지금 위패를 모시고 가면서 20년 전을 회상하면서 어머니를 불러본다.

“어머니······.”

일곱 살 때 이별하면서 미처 부르지 못했던 어머니를 그는 몇 번이고 나직이 부르는 것이었다.

'나를 떼어 놓고 돌아서실 적에 그 마음 어떠하셨을까?'

49재 날은 진묵을 아끼는 노스님과 진묵을 존경하는 많은 젊은 스님들 수백 명이 참례하여서 근래에 드문 큰 재를 올렸다. 오전 오후는 전경轉經을 하고, 밤에는 봉서사 주지스님의 설법이 있었으며 설법 다음에는 바라춤과 승무僧舞, 그리고 연을 돌리고 마지막으로 시식施食이 있었다. 진묵스님은 친히 제문祭文을 지어 비통하고 엄숙한 소리로 낭독하였다.

태중에 열 달을 품으신 은혜 어떻게 갚으오리까.
슬하에 삼 년을 기르심도 잊을 길 없나이다.
만세 위에 다시 만세를 더할지라도
아들의 마음은 오히려 부족한 마음이 앞서는데
백 년 안에서 백 년도 채 못 되시니
어머님의 수명이 어찌 이다지도 짧으시나이까.

표주박 하나로 걸식하며 사는 이 중은
이미 말할 것 없사오니
규중에 혼자 남은 어린 누이로서는 어찌 슬프지 않으리까.
이제 벌써 상단을 마치고 하단의 법요도 마쳐서
스님들은 각기 제 처소로 돌아가옵니다.
앞산은 첩첩하고 뒷산 또한 겹겹이 쌓인 이 산중에서

혼은 어디로 돌아가시렵니까.

아,

슬프고 슬프오이다.

수백 명 스님들이 각 방으로 돌아가고, 크고 넓은 법당 안에는 진묵스님과 누이 정옥만이 남아 언제까지고 꿇어앉아 있었다.

■ 진묵스님과 칠성

진묵스님은 지극한 효자였는데 그의 하나뿐인 동생 정옥에 대한 애정도 이에 못지 않았다. 한번은 누이 동생의 외아들이 하도 가난해 그들에게 복을 주고자 7월 칠석날 조카 내외를 찾아가 일렀다.

"오늘 밤 자정까지 일곱 개의 밥상을 차리도록 해라. 내 특별히 칠성님들을 모셔다가 복을 지을 수 있도록 해주마."

진묵스님이 신통을 지닌 분임을 아는 조카는 이에 열심히 손님 맞을 준비를 했다. 집안 청소도 하고 맛있는 음식도 푸짐하게 장만했다. 그리고 시킨 대로 일곱 개의 상도 마련해 마당에 자리를 펴고 차려 놓았다.

그런데 자정이 되어도 아무도 오지 않는 것이었다. 지나가던 걸인들만 기웃거릴 뿐이었다. 그런데 그 뒤를 진묵스님이 아무 말 없이 들어오고 있었다. 조카들은 못마땅하게 생각하여 진심을 내면서 투덜대니 걸인들은 한 숟갈도 뜨지 않고 있었다. 얼마 후 걸인들은 하나 둘 차례로 일어나 떠나기 시작했다. 마침내 마지막 귀머거리 걸인이 일어서려 하는데 진묵스님이 다짜고짜 붙잡고 사정을 했다.

"철없고 박복한 조카이니 나를 봐서 국 한 숟갈이라도 들고 가시지요."

　마지막 걸인은 진묵스님의 애걸하는 모습이 하도 애처로워 밥 한 술, 국 한 술, 반찬 한 젓가락을 뜨고 떠났다.

　진묵은 조카 내외를 불러 호통을 쳤다.

　"이 시원치 못한 놈. 어찌 너는 하는 짓마다 그 모양이냐? 내가 너희를 위해 칠성님들을 청하였는데 손님들 앞에서 그런 패악을 부려 그냥 가시도록 만들어? 도무지 복 지을 인연조차 없는 놈이구나."

　그리고는 한 마디 덧붙였다.

　"그 곰배, 째보, 절름발이, 장님, 귀머거리, 벙어리, 곰보가 바로 칠성님이시다. 그래도 마지막 칠성님이 세 숟갈을 잡수셨으니 앞으로 3년은 잘 살 수 있을 것이다."

　이튿날 조카는 장에 나가 돼지 한 마리를 사 왔는데 이 돼지가 몇 달 되지 않아 집안 가득히 불어났다. 이를 팔아 암소를 샀는데 이도 금방 불어 정말 몇 년 간 풍족하게 살았다. 그러나 3년째 되는 날 외양간에 불이 나더니 돼지우리 가지에 불이 번져 그 많던 가축이며 세간살이가 모두 한 줌의 재가 되고 말았다. 조카의 박복이 다시 시작된 것이다.

　이것은 유루보시나 무루보시는 평등하고 차별심 없는 보시여야 보람과 참된 공덕이 된다는 것임을 새삼 일깨워 준 이야기가 아닌가 싶다.

■ 열반

　일흔이 넘은 나이답지 않게 기운이 정정한 노승은 지팡이를 끌며 천천히 걸으면서 개울물을 건너는 다리에 이르렀다. 노승은 문득 발길을 멈추었다. 맑은 시냇물이 어른 키의 반 만큼이나 고여서 투명함을 한껏 드러내고 있었다.

노승은 물 속에 비추이는 자기 모습을 굽어보다가 시자한테 이른다.

"저기 물 속의 모습이 보이느냐?"

"네, 보입니다."

"저 모습이 누군 줄 알겠느냐?"

"네에……?"

"바로 석가불釋迦佛이니라."

"아닙니다. 큰스님 모습이십니다."

"너는 나의 거짓 모습만 볼 줄 알고 석가의 참모습은 모르는구나."

"어떤 것이 석가의 참모습입니까?"

노승은 부동의 자세로 시자를 바라보며 손으로 물 속의 그림자를 가리킨다.

"알겠느냐?"

"모르겠습니다."

"낙엽은 뿌리로 돌아가느니라."

이윽고 노승은 오던 길로 다시 돌아가기 시작하였다.

"너도 많이 늙었구나."

고목을 향한 탄성, 그 탄성 속에는 천 가지 만 가지 사연들이 요약되어 있을 것이다.

노승은 대중을 불렀다. 그는 가부좌한 채 허리를 꼿꼿이 세우고 두 눈을 지긋이 감고 있었다. 제자들이 진묵스님 앞에 앉아서 말씀이 있기만을 기다렸다.

얼마만에 눈을 뜬 진묵스님은 제자들을 골고루 둘러보고 물었다.

"다들 모였느냐?"

"네에."

"나 오늘은 갈란다. 모두들 부지런히 닦아라. 혹 물어볼 말이 있거든 죄다 물어라."

청안淸安스님이 여쭌다.

"스님, 백세 후에는 어느 스님 법맥을 이으리까?"

"법맥은 다 무어냐? 공부나 잘하면 되는 거지."

"그래도 종승宗乘의 계통이 없으면 남들이 외도의 무리라고 비웃을 것입니다."

"음."

아무리 기다려도 시원한 대답이 없다. 하마 잊으셨는가 싶어 다시 물으려고 헛기침을 하는데 스승의 입에서 무거운 대답이 떨어졌다.

"너희가 굳이 조르니 내 이른다. 서산정로西山靜老가 비록 명리승名利僧이긴 하지만 우리 나라 불법의 정통正統을 이은 스님이니 이으려면 그리로나 붙여 잇도록 하여라."

"네, 명심하겠습니다."

뒷줄에 앉은 한 제자가 여쭌다.

"스님, 열반송涅槃頌을 들려 주십시오."

노승은 약간 노기 띤 얼굴로 그 제자를 쏘아보며 꾸짖듯 말한다.

"입으로 열반송을 지껄이는 자는 말쟁이에 불과하고 붓 끝으로 긋는 자는 글쟁이가 아니겠느냐? 내 일찍이 온갖 얽매임을 멀리하였는데 너는 여지껏 내 뜻조차도 짐작하지 못하였느냐?"

가부좌한 진묵스님은 다시 말이 없었다.

72년 간 온갖 풍상을 겪으며 희노애락을 함께 하였던 육신을 미련없이 벗어 버리고 적멸寂滅의 법계法界로 돌아가신 것을 의심치 않는다.

이사극의 죽음

강화도의 외포리에 이사극李士極이란 사람이 살고 있었다. 그는 어부였다. 남편은 고기잡이를 생업으로 하는 사람이었지만 그 부인 중씨는 보문사의 독실한 기도신도였다.

어느 날 이사극은 연평도 앞바다로 고기잡이를 나갔다가 사소한 부주의로 배에서 미끄러져 바닷물 속에 빠지고 말았다. 어부들은 대개 헤엄을 잘 치므로 물에 빠지더라도 곧 헤엄쳐 나올 수가 있었다. 배에 함께 타고 있던 다른 어부들은 이사극이 빠져 들어간 수면을 지켜봤다.

그러나 이사극은 물 위로 모습을 나타내지 않았다. 어부들은 놀라, 일손을 멈추고 바다를 지키기 시작했다. 꼬박 사흘 동안을 이사극이 사라져버린 바다를 지켜 봤지만 끝내 이사극은 떠오르지 않았다. 어부들은 단념하고 뭍으로 돌아왔다. 어부들은 이사극의 부인 중씨에게 사실을 이야기했다. 부인은 곧 죽은 남편의 삼우제를 지내고 어부들과 함께 배를 타고 남편이 빠져 죽은 바다로 갔다. 배가 사고 지점에 도달하자 부인은 일어서서 보문사 쪽을 향하여 합장하고 허리를 구부려 절을 했다. 그리고는 이렇게 빌었다.

"제대성중님이시여, 제가 저의 남편을 대신하여 참회하옵나이다. 제 남편은 어리석어 살생의 죄업이 이토록 무서운 줄 모르고 살아왔습니다. 제 남편이 아직은 젊은 나이인데도 이렇게 횡사한 것은 살생업이 지중하여 과보를 받은 것으로 생각됩니다. 저는 보문사의 신도로서 부처님께 공양드리고 스님들로부터 법문을 들어 살생업이 큰 죄됨을 알고 남편으로 하여금 전업하도록 권고도 했으나 그것이 가족들의 생계를 도모하는 생업이므로 어찌할 방법이 없었습니다. 대자대비하신 제대성중님이시여, 살생업에 종사하는 남편의 아내되어 그 업으로 얻은 소득으로 지금껏 연명을 해온 이 여인이 어찌 죄업이 없다 하겠습니까. 저도 이제 지아비를 따라 저 물 속에 몸을 던지옵니다. 대자대비하신 제대성중님이시여, 저는 이제 저 바닷물 깊은 곳에 잠겨 있을 제 남편의 시신을 찾아 함께 물 위로 올라와 같은 곳에 몸을 묻고 같은 나라에 태어나고자 하오니 가엾게 여기시고 살펴주시옵소서. 나무제대아라한 성중"

간절한 기도를 마치고 증씨 부인은 치마를 뒤집어쓰고 물 속에 몸을 던졌다. 어부들은 그저 멍하니 바라보고만 있을 뿐 숨도 크게 쉬지 못하고 부인이 뛰어든 수면을 응시하고 있었다. 갈매기떼들이 뱃머리를 맴돌다가 멀리 날아갔다.

얼마나 시간이 흘렀을까. 지쳐서 긴장이 풀려갈 무렵, 수면으로 허연 것이 떠올랐다. 소복을 한 증씨부인이 남편의 허리를 두 팔로 끌어안고 있는 두 구의 시신이었다. 어부들은 혀를 차며 탄복했다. 증씨 부인의 남편을 향한 애정이 그 시신을 찾아 올린 것이었다. 어부들은 증씨 부인의 유언대로 부부를 합장해 주고 보문사 석굴법당에서 49재를 지냈다.

49재가 끝나는 날, 어부들은 하나같이 꿈을 꾸었다. 증씨부인이 구름을 타고 하늘로 올라가며 말했다.

"여러분들의 정성과 부처님의 가호로 저희들은 하늘나라로 갑니다. 참으로 감사합니다. 하지만 앞으로는 고기를 잡으시더라도 고기가 알을 낳을 때는 피하십시오. 분별없이 살생을 하면 제 남편과 같이 요절을 하게 됩니다. 부디 제 말을 잊지 마십시오."

이 일을 두고 전해 내려오는 이야기가 있다. 석굴의 나한이 용왕을 불러다 놓고 이사극의 부인 증씨의 소원을 들어주더라도 살릴 수 있을

텐데 왜 살려주지 않았느냐고 꾸짖었더니, 용왕이 대답하기를 이사극은 산란기만 골라서 고기를 잡았으므로 그 살생죄보가 측량하기 어렵고, 그 죄 때문에 무간지옥에 떨어질 것을 그 부인의 정성으로 염라대왕과 하늘이 감동하여 지옥을 면하게 되었다고 말했다고 한다. 용왕은 그 때, 용왕의 능력으로 무거운 죄를 용서하거나 죽을 죄인을 살려줄 수는 없지만 나한성중께 기도나 참배를 오는 신도는 재난을 당하지 않도록 보호하기로 서약했다고 한다. 이를 증명이나 하는 듯이 오늘날까지 신도가 해난 사고를 당한 일은 단 한번도 없다.

우룡스님의 기도

필자는 한국의 대강사이신 우룡스님의 지도를 받으면서 '관세음보살 모다라니' 주력을 10여 년 간 정진한 일이 있다. 필자가 우룡스님을 모시고 있으면서 주력을 할 때 우룡스님은 필자의 신심을 분발시키기 위해 여러 가지 기도 영험담을 들려 주셨다. 그 중에서도 필자에게 가장 용기와 신심을 분발시켜 준 이야기는 우룡스님의 기도 체험담이다.

우룡스님의 불명은 종한이고, 법호는 우룡雨龍이며 1931년(신미년)에 합천 고을에서 출생하였다. 스님은 어려서부터 불법에 인연이 깊어 어린 나이로 동진출가하여 대강백 강고봉 스님을 은사로 하여 득도했다. 우룡스님은 대단히 영민하여 대중들이 신동이라고 칭찬했다. 대강사가 되기를 발원한 우룡스님은 열심히 교학을 연찬했다. 스승이 한국의 대강백이므로 보고 싶은 삼장전적들을 어렵지 않게 구해 볼 수 있었고 풀이가 어려운 곳이 발견되면 곧 물어 볼 수도 있었다. 우룡스님의 교학 공부는 실로 일취월장으로 발전해 갔다.

그런데 우룡스님은 교학의 공부가 진전되어 갈수록 불법의 깊은 이

치와 자신의 식견 사이에는 넓은 간격이 생겨남을 느꼈다. 우룡스님은 간경看經 공부만으로는 불법의 참된 이치를 터득할 수 없다는 결론을 내리고 기도를 하기로 결심했다.

우룡스님은 나한기도를 하면 성취가 빠르다는 말을 듣고 여기 낙가산 보문사로 찾아와 천진석굴에서 백일 나한기도를 시작했다. 기도시간에는 또 '제대성중' 을 간절히 불렀다.

그날도 우룡스님은 탁자 앞에 바짝 다가서서 목이 터지도록 '제대성중' 을 부르며 저녁기도를 하고 있었다. 밤 시간이 깊어졌으나 신심이 솟아오른 스님은 그것을 의식하지 않고 정근을 계속했다. 그런던 중 갑자기 우룡스님은 큰바람에 날리는 낙엽처럼 법당 안에서 밖으로 떠날려 법당 앞 향나무 아래에 떨어졌다. 순식간에 나가 떨어진 스님은 놀라서 후다닥 털고 일어나 사방을 살폈다. 이 광경을 본 기도 신도들이 함께 놀라서 스님의 옷을 털어 드리며 어찌된 일이냐고 걱정했다. 우룡스님은 창피한 생각이 들어 대꾸도 못하고 자기 방으로 뛰어들어와 버렸다.

그런데 이상한 것은 그렇게 나가 떨어졌는데도 다친 곳은 한 군데도 없는 것이었다. 우룡스님은 잘못한 일도 없는데 이것이 웬일인가 걱정이 되어 안절부절하다가 어떻게 잠이 들었다. 꿈에서 흰 수염을 한 노인이 나타나서 말했다.

"도대체 너는 무슨 소원이 있길래 이렇게 매일같이 시끄럽게 구느냐. 잠을 잘 수가 없구나."

우룡스님은 얼른 대답했다.

"저는 당대 제일의 강사가 되는 것이 소원입니다."

"그래, 이제 알았으니 그만 떠들고 자거라."

　노인은 이렇게 말하고 사라져 버렸다. 스님은 나한님의 응답으로 확신하고 기도를 회향했다.

　그 기도 이후로 우룡스님은 스스로 놀랄 만큼 지혜가 밝아져 보지 않고도 팔만대장경의 무슨 경, 몇 째 권, 어느 구절에 무슨 말씀이 있는지 훤히 알았다.

　우룡스님은 후진들을 가르치시다가 지금은 토굴에서 정진 중이다. 수년 전에 입적하신 대은大隱스님도 평생을 관음기도와 관음염불을 닦으셨지만 늘 보문사에는 송자送子관세음보살께서 상주하신다고 말했다.

　보문사는 말만 듣고는 그 신령스러움을 알지 못한다. 기도를 하고 성취를 얻어 봐야 그 영험스런 신력을 알게 된다. 박사학위를 취득한 학자를 위시하여 법관, 군장성, 장·차관 등에 이르기까지 보문사에서 기도하고 가피를 입어 명성과 지위를 얻은 사람이 수를 헤아릴 수 없도록 많다. 보문사 신도들은 기도로써 아무 때라도 행복을 얻을 수 있는 인연이 있다. 보다 더 향상하여 마침내는 불과를 증득하도록 정진하여야 할 것이다.

낙산사 홍련암

낙산 낙산사

올 적에 한 물건이라도 가지고 왔나,
갈 적에 또한 빈 손으로 가네.

내 재물에도 연착戀着할 것이 없거늘
남의 재물에 어찌 마음을 둘 것인가.

만 가지라도 가지고 가지 못하고
오직 업業만 내생來生 몸을 따라가네.

마음 닦는 것이 제일 보배요,
재물을 탐하는 것은 하루 아침의 티끌일세.

- 낙산사 -

　　백담사, 오세암, 봉정암, 신흥사를 거쳐 하산하여 진전사지를 들러보는 것은 빼놓을 수 없는 일정이다. 이 곳은 도의국사가 최초로 조계종의 선풍을 일으켜 많은 대중들이 운집하였고 많은 선지식이 배출되었던 곳이기도 하다. 가람이 폐사된지는 오래 되었지만 3층 석탑과 부도만은 묵묵히 남아 있다. 우거진 잡초를 바라보면 시절 인연이 무상함을 다시 한번 느끼지 않을 수 없다.

많은 스님들이 생사의 업을 녹이고 영겁 속에 자리할 미래를 살피고 조용히 선정의 삶에 들어 수없는 세월을 보낸 곳이다. 법복과 바리때 한 벌을 벗삼아 정진하신 그 분들이 남긴 침묵을 저 탑은 알고 있을 것이다. 우리 수행자는 이 곳에 들러 다시 한번 생각해 보는 기회를 가져 봄직하다.

선지식들의 모습을 되새기며 잡초가 우거진 오솔길을 걷다보면 큰 도로가 시원하게 열린다. 해안도로를 따라오다 보면 수많은 구도자가 이 길을 오갔을 것이란 생각으로 감회에 젖는다.

백의 관세음보살이 시야에 먼저 들어오고 동으로 보타산을 막 들어 서면 마치 수호신처럼 조그마한 들녘이 오밀조밀 펼쳐진 사이로 조그마한 개천이 바다로 이어지는 것을 볼 수가 있다. 이 곳 어디에선가 관세음보살과 원효스님과의 만남이 이루어졌을 것이다.

홍일문을 지나 일주문에 이르면 5층 석탑이 긴 세월을 말하고 있는 듯 말없이 서 있고, 관음전에는 스님들의 청아한 염불소리가 절망과 자아를 잃은 모두에게 환희심을 일으켜 준다. 중생들을 위하여 이 땅에 32가지 응화신으로 변화하여 나투시는 관세음보살은 이곳 보타산에 수없이 나투셨다.

관세음보살의 신통력으로 그 거룩한 광명과 지혜, 자애로움이 감로수의 비를 뿌려 모든 재앙과 번뇌를 씻겨 준 것이다.

고통과 고난에서 구제받고 싶을 때 이 곳 보타산을 찾아서 진정한 신심으로 관세음보살을 염하되 안으로 행을 닦고 밖으로 집착하는 소견을 내지 말고, 나라는 생각을 떠나 바른 지혜를 가지고 염한다면 최상의 깨달음을 얻을 것이다.

보타산, 구도자들이 가장 오고 싶어하는 땅. 얼마나 축복받은 땅인가!

해수海水관음에 대한 정취가 배어 있는 이 곳, 내려다보이는 동해의 파도에 번뇌가 씻겨 나가는 듯하다. 관세음보살의 광대무변한 자비는 인류의 소구소망을 성취시키고 무한한 영험을 베풀어준다. 그러므로 인류가 지니는 종교의 힘이 곧 관세음보살의 이상경지에 직결되므로 누구나 이에 귀의함으로써 마음의 안온을 찾는 것이다.

우리 나라 사찰의 대부분은 의상스님과 원효스님의 설화가 얽혀 있지 않은 곳이 없다. 그 중에서도 이 곳은 특히 의상스님이 관세음보살을 친견한 곳으로 유명하다. 의상스님은 원효스님과 더불어 신라 불교계의 대표적 스님이다.

의상은 당나라로 가서 지엄화상으로부터 화엄학을 배우고 귀국해서 낙산을 찾았다. 이 곳에서 스님은 해수관음 진신을 친견했고 그 후 이 곳은 동해 제일의 관음도량이 되었다.

의상스님이 낙산사를 창건하게 된 기록에 대하여《삼국유사》에서는 다음과 같이 기록하고 있다.

의상스님이 처음으로 당나라에서 돌아와 관세음보살의 진신이 이 해변의 굴 안에 머무신다는 말을 듣고 그로 인해 낙산이라 했다. 대개 서역의 보타낙가산에 관세음보살이 계신다고 전해진 까닭이다. 이것을 소백화라 했는데 백의보살(관세음보살을 가리킴)의 진신이 머물러 있는 곳이므로 이를 빌어 이름한 것이다. 스님은 재계한 지 7일 만에 좌구座具를 새벽 물 위에 띄웠더니 용중과 천중天衆 등 팔부의 시종侍從이 굴 속에서 그를 인도했다. 공중을 향하여 예배 드렸더니 수정염주 한 꾸러미를 내어주므로 의상스님은 그걸 받아 물러나왔다.

동해의 용이 또한 여의보주 한 알을 바치자 스님은 받아 가지고 와서 다시 7일 동안 재계하고, 이에 해수관음의 진용眞容을 보았다.

관세음보살이 말했다.

"좌상座上의 산꼭대기에 한 쌍의 대〔竹〕가 솟아날 것이니, 그 땅에 불전을 짓는 것이 마땅하리라."

스님이 그 말을 듣고 굴에서 나오니 과연 대나무가 땅에서 솟아 나왔다. 이에 금당을 짓고 소상塑像을 받들어 모시니 그 원만한 얼굴과 고운 자질이 마치 하늘에서 난 듯했다. 그리고 그 대는 없어졌으므로 그제야 관음의 진신이 상주함을 알았다.

이로인하여 그 절 이름을 낙산사洛山寺라 하고, 스님은 그가 받은 염주와 여의보주를 성전에 모셔 두고 떠나갔다.

또 다른 창건 설화는 의상이 관세음진신을 친견하기 위하여 14일 동안 정성을 다했지만 뜻을 이루지 못하자 바다에 몸을 던졌다. 그 때 바닷속 동해 용이 그를 붙들어 돌 위에 올려놓고 대성大聖이 굴 속에서 팔을 내밀어 수정염주를 주면서 말했다.

"내 몸은 볼 수가 없다. 다만 굴 위의 두 대나무가 솟아난 곳이 나의 이마 위다. 거기에 불전을 짓고 상을 봉안하라."

용도 또한 여의주와 옥을 바쳤다. 법사가 여의주를 받고 그 말을 따라 가서 보니 대나무 두 그루가 있었고 그 곳에 불전을 짓고 용이 준 옥으로 상을 조성해서 봉안하니 바로 이 절이다.

두 개의 설화는 서로 다른 점이 많지만 관음진신이 일러준 대나무가 솟아난 곳에 낙산사를 창건했다는 내용만은 일치한다.

그 중에서도 홍련암은 낙산사를 창건한 의상대사가 관음보살의 진신眞身을 친견한 장소로서 낙산사의 모태가 된 곳이다.

홍련암이라는 이름은 의상대사가 푸른 새를 보고 그 새가 석굴 속에 들어가자 이를 이상하게 여겨 7일 밤낮을 기도해서 이윽고 7일 후에 붉은 연꽃이 솟아나더니 그 위에 관음보살이 나타나 친견한 것을 그 이름으로 한 것이다.

의상대사가 본 푸른 새를 관음조라 일컬으며 지금도 지극한 정성으로 관음보살을 참례하는 이들에겐 그 모습을 나타낸다고 한다.

낙산은 '포타라카Potalaka' 라는 산스크리트어의 음역이다. 그 곳은 자비의 화신 관세음보살의 주처로 믿어졌었다. 그러므로 이 설화는 의상스님이 관음을 친견했다는 점이 강조되고 있으며, 아울러 낙산사가 동해 제일의 관음 기도처가 되는 과정을 암시하고 있는 것이다.

관음신앙에 관한 가장 바른 기록은《삼국유사》소재 장경정율의 항項이다. 자장율사의 아버지가 늦도록 아들이 없다가 천부千部관음을 조성하고 기도하여 자장율사를 얻게 됐다는 기록이다.

자장율사의 생몰연대는 확실하지 않다. 다만 그가 입당入唐을 마치고 귀국한 것은 정관貞觀 17년(643)의 일이다. 따라서 그의 부모가 천부관음을 조성하고 기도했다면 적어도 6세기 이전에 신라 땅에는 상당히 넓게 관음신앙이 유포되었다고 보아도 무방할 것이다.

이 때부터 경덕왕대에 이르기까지 관음의 영험 사례는 줄곧 보이고 있다.

분황사 천수관음에게 빌어서 눈먼 아이가 눈을 뜨게 되었다는 것, 중국에 갇힌 김인문을 위하여 인용사에 관음도량을 열었다는 것, 중생사의 대비상이 젖 먹여 키운 아이가 재상이 되었다는 것 등은 모두 대표적인 관음신앙의 일화들이다.

의상스님이 석굴에서 관세음보살을 친견하고 낙산사를 창건했다는 사실은 신라 땅에 관음도량을 설정하고 이 땅에 관음신앙을 정착시킨 설화라고 보아야 할 것이다.

그러면 의상스님과 관음신앙은 어떠한 의의를 갖고 있는가?

관음도량을 이 땅에 개설했다는 것은 신라 불국토 신앙의 기반을 마련해 준 계기가 되었다고 보아야 할 것이다. 신라 땅에 전불前佛 시대의 가섭이 있었고, 가섭불이 황룡사에서 설법했다는 설화, 아육왕이 조성하려다가 실패했던 불상이 불연이 있는 신라에서 완성을 보았다는 것 등의 설화는 곧 이 땅이 불교와 무관한 곳이 아니라는 사실을 시사한다.

신라인들은 불교를 외래의 종교라고 보지 않고 우리 것이라는 믿음을 가졌다. 낙산사의 창건은 이 땅이 본래 불국토였다는 믿음을 확신시켜 주는 계기가 되었던 것이다.

낙산사를 거쳐간 고승 가운데 나말羅末의 굴산조사堀山祖師 범일이라는 분이 있다.

그는 문성왕대에 활약한 분으로서 범일 혹은 품일이라고도 한다. 태화년간(太和年間: 827~835)에 당唐나라에 가서 명주 개국사 등에서 선법을 수련하였고, 문성왕 9년(847)에 귀국하였다. 그는 그 당시로서는 처음으로 '교외별전敎外別傳 현극지지玄極之旨'의 선취禪趣를 신라 땅에 전했다. 후에 굴산사의 개조開祖가 되어 굴산조사라는 명칭을 얻었다.

범일梵日스님은 이 곳 낙산사에서 정취보살을 친견하고 불상을 모셨다. 굴산조사 범일이 당나라 개국사에 갔을 때의 이야기가 전해온다.

개국사에 이르니 왼쪽 귀가 끊어진 스님 한 분이 여러 스님들의 맨

끝자리에 앉아 있다가 조사에게 말했다.

"저도 또한 고향 사람입니다. 집은 명주 익령현(翼嶺縣: 지금의 양양) 덕 기방德耆坊에 있습니다. 조사께서 후일에 본국으로 돌아가시거든 반드시 제 집을 지어 주서야 하겠습니다."

이윽고 조사는 여러 스승들을 찾아 공부하다가 법을 얻고 회창會昌 7년 정묘(843)에 고국으로 돌아와서 먼저 굴산사를 세우고 불교를 전했다.

대중大中 12년 무인년(1858) 2월 15일 밤 꿈에 전에 보았던 스님이 와서 말했다.

"전에 명주 개국사에서 조사와 언약을 하여 이미 승낙을 얻었는데 어찌 실천이 늦습니까?"

조사는 놀라 깨어, 시봉을 데리고 익령 땅에 이르렀다. 한 여인이 낙산 밑 마을 덕기방에 살고 있다고 했다. 그 여인에게 아들이 한 명 있었는데 겨우 여덟 살이었다. 늘 마을 남쪽 돌다리 가에 나가 놀았는데 그 아이가 금빛이 나는 친구와 논다는 것이었다.

그의 어머니가 조사에게 이 사실을 알리니 조사는 놀라고 기뻐하여 그녀의 아들을 데리고 그 아이가 놀던 다리 밑에 가 보았다. 그 곳에는 돌부처 하나가 있었다. 꺼내어 보니 왼쪽 귀가 끊어진 것이 전에 본 스님과 꼭 같았다. 이것이 곧 정취보살의 불상이다. 그 후 불전 세 칸을 지어 그 불상을 모셨다.

그 후에 체징무염體澄無染 등이 잇달아 귀국하여 이른바 선문구산禪門九山이 형성되었다. 스님은 특히 중국 선종禪宗 가운데 마조문하馬祖門下의 법을 전했고, 스님의 문하를 통틀어서 사굴산문이라고 한다.

이처럼 낙산이 관세음보살의 주처인 만큼 많은 고승들이 거쳐갔고 지금도 수많은 수행자와 불제자들의 성지로서 참배의 대상이 되고 있다.

낙산사의 유적 및 유물

■ 정취보살

정취보살은 《화엄경》〈입법계품〉에 등장한다. 선재동자의 구법행각 중 스물 아홉 번째 만나는 분이 바로 정취보살이다.

그는 동자에게 해찰 법문을 널리 설법해 줌으로써 동자를 인도한다. 이 보살은 관세음보살의 응화현으로 생각된다.

따라서 낙산사를 거쳐간 분 가운데 굴산조사 법일스님이 친견한 정취보살의 고사도 역시 의상스님의 관음 친견을 재현한 사례였다고 보아도 무방할 것이다.

범일스님이 정취보살을 봉안한지 백여 년 후, 산불로 낙산사가 소실되었을 때 유독 이 관음보살과 정취보살을 모신 불전만은 화재를 피하는 기연을 얻었다고 한다.

우리가 또한 주목해야 할 것은 낙산사의 창건 이후 원효스님이 그 곳을 참례했다는 사실이다.

원효스님이 낙산사를 예배하려고 남쪽 교외에 이르니, 논 가운데 흰옷을 입은 여인이 벼를 베고 있었다. 스님이 농담 삼아 그 벼를 달라고 하니 여인은 벼가 열매 맺지 않았다고 대답했다.

계속 길을 가다가 다리 밑에 이르니 한 여인이 속옷을 빨고 있었다. 스님이 먹을 물을 달라고 하자, 여인은 그 더러운 물을 떠서 바쳤다. 스님은 물을 엎질러 버리고 다시 냇물을 떠서 마셨다. 이 때 들 가운데 있는 소나무 위에서 파랑새 한 마리가 말했다.

"제호*를 마다한 화상아!"   (* 가장 맛있는 음식)

깜짝 놀라 쳐다보니 여인과 파랑새는 간 데 없고 나무 아래 신발 한 짝이 벗어져 있었다. 의아하게 생각하며 절에 이르렀다. 그런데 그 절의 관세음보살상 자리에 신발 한짝이 벗어져 있는 것이었다. 그제야 전에 만났던 흰옷 입은 여인이 관세음보살의 진신임을 알았다. 그 후 사람들이 그 소나무를 관음송觀音松이라 불렀다.

스님이 굴에 들어가서 다시 관세음보살의 진신을 뵈려고 하니, 풍랑이 크게 일어났으므로 들어가지 못하고 떠났다.

《묘법연화경》〈관세음보살보문품〉에서 관세음보살은 갖가지의 모습으로 중생을 교화하며 교화함에는 중생의 근기에 맞추어 나타나신다고 했다. 《능엄경》에는 32응신, 즉 서른 두 가지 모습을 비추신다는 뜻이고 《법화경》에는 33응신이라고 하였다.

원효스님이 농담을 주고 받았던 진신 관세음보살도 기실은 유희함을 상징하는 뜻일 것이다. 이것은 결국 의상스님이 마련한 관음도량을 원효스님이 확인하고, 그 곳이 진신의 주처住處임을 증명한 설화라고 보아야 할 것이다. 전해져 오는 얘기로는 사람들이 이 낙산사의 굴 앞에서 지성으로 예배하면 청조(파랑새)가 나타난다고 하였다.

명종 15년(1185) 당시에 병마사兵馬使였던 유자량이 굴 앞에서 분향 예배하자 파랑새가 꽃을 물고 날아와서 갓 위에 떨어뜨린 일도 있다고 하였다.

이것은 처음 의상조사가 낙산사를 창건할 때 파랑새의 안내로 해안 굴에서 기도하였다는 고사에서 비롯된 설화일 것이다. 그러나 몽고의 병난이 시작된 13세기 초, 낙산사 또한 화를 입어 두 성상을 모신 법당은 불타버렸으나 다행히 보주와 수정염주는 화를 면하였다.

원나라 군사들이 이 땅을 침입하자 조정에서는 설악산에 성을 쌓고 이 양양 일대를 수호하였다. 그러나 성이 함락되고 몽고군이 낙산에 들이닥치게 되자 낙산사의 노비가 수정염주와 여의주를 땅에 묻고 도망쳤다가 난이 평정된 후 그것을 내전에 보관하게 되었다.

《삼국유사》에 실린 이성二聖의 불상과 두 보주의 수난에 관한 기록을 옮겨본다.

그 뒤 백여 년 만에(범일조사가 정취보살상을 조성한 뒤를 말함) 들불이 이 산에까지 퍼져왔으나 오직 이 관음, 정취 두 성인을 모신 불전만은 그 화재를 면했고 나머지는 모두 타 버렸다.

몽고의 병란 이후 갑인년(1253~1254)간에 이성二聖의 참모습과 두 보주를 양주성(지금의 양양)으로 옮겼더니 몽고 병사들이 급하게 쳐들어와서 장차 함락되려 했다. 이 때 주지 선사 아행(옛이름은 希玄)이 은함에 두 보주를 넣어 가지고 도망하려 하니 절의 종 걸승이 이것을 빼앗아 땅에 깊이 묻고 맹세하였다.

"내가 만약 병란에 죽음을 면하지 못한다면 두 보주는 마침내 인간 세상에 나타나지 못하여 아는 사람이 없게 되겠지만 내가 만약 죽지 않는다면 두 보물을 받들어 나라에 바칠 것이다."

갑인년(1254) 10월 22일에 성이 함락되었다.

아행은 죽음을 면하지 못했으나 걸승은 죽음을 면하여 적병이 물러간 뒤 두 보주를 땅 속에서 파내어 명주 도감창사에게 바쳤다.

이 때 낭중郎中 이녹유가 감창사였는데 받아서 감창고 안에 간직하고 교대할 때마다 서로 이어받았다.

무오년(1258) 11월에 와서 본업의 노숙 지림사 대선사 각유가 위에 아뢰었다.

"낙산사의 두 보주는 국가의 신보입니다. 양주성이 함락될 때 절의 종 걸승이 성중에 묻어 두었다가 적병이 물러가자 파내어 감창사에게 바쳐서 명주영 창고 안에 간직되어 있습니다. 지금 명주성도 지킬 수 없사오니 마땅히 어부御府로 옮겨 두어야 할 것입니다."

임금은 허가했다. 야별초 열 명을 보내어 걸승을 데리고 가서 명주성 두 보주를 가져오게 하여 어부에 모셔 두었다. 그 때 심부름 간 사자 열 명에게 각각 은 한 근과 쌀 다섯 섬을 주었다.

이 때 두 보주는 다행히 참화를 면했으나 관음상은 화를 당했다고 한다. 몽고군들은 관음상을 부수고, 그 복장의 보물들을 모두 약탈해 갔다.

그 후 문인 이규보 등이 이 소식을 듣고 다시 복장을 갖추고 관음상을 모시게 되었다. 그 때의 사실을 기록한 것이 이규보가 지은 〈낙산사 관음복장 중수보문〉이다. 그 기록에 따르면 심원경 2개, 5향, 5약, 색실, 비단주머니 등 여러 가지 물건을 갖추어서 관음상의 복장을 완전히 채우고 겉모습도 복구하였다고 한다.

조선시대에 들어와서 낙산사가 다시 옛 영광을 찾게 된 것은 세조 때의 일이다. 당시의 선승 학열을 중건주로 삼아 역사에 착수했다. 그 당시 상황을 알려주는 자료로써 남효온이 지은 〈유금강산기〉가 《동문선》에 기록되어 있다.

낙산사는 신라 스님 의상이 지은 절이다. 그 절의 사적에 이르기를 의상스님이 직접 관세음보살을 해변 굴 속에서 만나니 해수관음이 친히 보주를 주고, 용왕이 또 여의주를 의상스님에게 바쳤다. 이에 절을 짓고 전단토를 가져다 손수 관음상을 만들었다. 지금 바닷가에 있는 조그마한 굴이 바로 관음이 머무른 곳이요, 뜰 가운데 석탑이 바로 두 보배의 탑이요, 관음소상은 바로 의상이 손수 만든 것이다.

무자년(1468)에 학열이라는 스님이 나라에 아뢰어 큰 법당을 짓는 등 낙산사를 중건하였다. 절 앞에 정자 하나가 바닷가에 남아 있고 감나무 숲이 여러 겹을 두르고 대와 나무가 온 산에 가득하다. 나는 정자에 올라앉아 바다를 바라보고, 정자를 내려와 언덕 밑을 지나서 계곡으로 내려가 왼편으로 암석을 거쳐 조그마한 대가지를 헤치고 반 마장쯤 가서 이른바 관음굴이라는 곳에 당도하였다.

조그마한 등불이 굴 속의 실내에 있어 바람과 햇볕을 가리지 못하고, 방 아래에서는 파도 물결이 돌을 때리는 것이 마치 산 형상이 흔들리듯 하고 지붕 판자가 노상 울린다. 내가 내려와 동구에 다다르자 운산스님이 계천이라는 스님과 함께 나를 맞아 절로 들어가니 지생이 나와 영접하여 하룻밤을 지냈다.

갑오일 이른 아침에 나는 정자에 올라앉아 해 뜨는 것을 구경하였다. 지생이 아침 공양을 대접하고 나를 인도하여 관음전을 참배하였는데 그 관음상은 제작한 기술이 극히 정밀하고 교묘하여 영혼이 들어 있는 듯 하였다. 전 앞에 정취전이 있고 전 안에는 삼존불이 있다.

《속동문선》 권2

남효온의 기록에는 관음굴에 등불이 있었다고 하였다. 물론 그것은 몽고의 병란 때 복장을 새로 모신, 옛 삼존불 그대로일 것이다. 그러나 정취보살상의 경우는 옛 것이 아님이 확실하다. 범일선사는 왼쪽 귀가 잘라진 석상을 모셨다고 하였는데, 남효온은 금불 삼존불이라고 했기 때문이다.

남효온은 생육신의 한 사람으로서 단종 때의 문인이다. 따라서 정취 금불상이 모셔진 것은 세조 때보다 훨씬 전대前代, 즉 고려조의 일이라고 보아야 할 것이다.

그로부터 약 2백 년 후 인조 9년(1631)에는 종밀이라는 스님이 낙산사를 중건하였고, 동왕同王 21년(1643)에는 도원이 이 곳을 재차 중건하였다. 그러나 임진왜란을 맞아 낙산사는 폐허가 되어 버렸고, 그 때 관음전, 정취전 등은 모두 잿더미로 화했다.

조선 고종 광무 9년(1905), 경은이 다시 복구하였지만 그 때의 규모는 선당, 후각 등 몇몇 당우堂宇의 재건에 불과했을 뿐 옛 영화는 흔적도 없이 사라지고 말았다.

그 후 원철스님이 육영수 여사의 도움으로 높이 16m, 둘레 3.3m, 좌대넓이 6㎡로서 단일 불상으로는 동양 최대의 해수관음 입상을 조각하여 일약 동해안의 명소가 되었다.

그리고 진철스님이 천왕문, 요사채, 유아원을 갖추어 자비도량임을 확실하게 했다.

불신佛身이란 그대로 부처의 몸을 말하는 것이다. 불교 사상의 발전과 함께 후기 대승불교에서는 다양한 불신론이 나타났다. 부처의 불신을 모시려는 우리의 노력은 이토록 오랜 세월에 걸쳐 행해져 왔다.

부처님께서 80세에 입멸한 것은 중생들에게 무생의 진리를 가르치기 위한 방편에 불과하며, 사실 부처는 영원한 깨달음을 얻어 중생을 교화해 온 이래 영원히 교화를 계속하고 영원히 멸하지 않는다. 이를 《법화경》에 구원실성久遠實成의 본불本佛이라고 한다.

80세에 입멸한 부처님의 육신은 생신生身 또는 색신色身이며 상구불멸의 모습은 법신法身이라 한다. 색신의 사상은 보신(報身: 보살이 수행의 결과로 얻은 몸)과 응화신應化身의 사상으로 발전했다.

이러한 응화신의 결정체가 바로 관세음보살이며 이 관세음보살의 주처가 이 곳 바로 낙산의 낙산사인 것이다.

낙산사의 연기설화

조신調信과 관세음보살

중생이 관세음보살을 소리내어 부르면 모든 소원을 성취시키고 구제하는 것이 보살의 서원이다. 관세음보살이 세상을 교화함에는 중생의 근기에 맞추어 여러 가지 형체로 나타나신다.

이 중에는 마두馬頭관음 · 여의륜관음 · 십일면관음 · 천수관음 · 여신女身관음 등이 있다. 관세음보살의 원력과 공덕이 너무나 강한 까닭으로 무진의보살은 부처님께 관세음보살의 이름을 물었다. 세존께서 말씀하셨다.

"관세음보살은 무량 백천만 억 중생이 그의 이름을 정성껏 부르고 진심으로 생각하면 그것을 관찰하고 고통과 고난에서 구해 주시고, 천수천안을 나투어서 무리를 따라서 응화하여 중생을 교화하는데 자재무애한 까닭으로 관자재보살이다."

보살은 한자로 번역하면 '각유정覺有情' 이다. 다시 말해 부처의 경지와 아직 중생인 유정의 경지에 머물러 있다는 뜻이다. 위로 불도를 구하고 진리를 깨닫고 아래로 삼도중생을 구제하는 것이 보살의 사명이니 불도를 구하고 진리를 깨닫고 중생의 정에 머물러서 중생을 제도하는 것이다.

관세음보살은 대자대비를 근본 서원誓願으로 하는 보살이다. 불법을 널리 전도하기로 서원을 세우고 이 세상에 출현한 보살인데, 그는 과거에 이미 성불하여 정법명왕여래正法明王如來로 계시다가 중생을 제도하기 위하여 보살의 형상을 나타내시어 큰 원을 세우는데 중생을 제도 못하면 맹세코 자기 혼자만 부처를 이루지 않겠다고 서원했다.

관세음보살을 부르는 자는 자신이 먼저 자비심을 가지고 스스로 자기의 마음을 관세음보살과 같이 실행하려는 생각을 가져서 자기의 죄업을 참회하고 자기의 마음을 스스로 굳게 가져야 한다. 스스로 참회하고 죄업을 녹이지 아니하고 중생업을 지어가기만 하면서 고통과 환란을 구제해 달라고 한다면 소용이 없는 것이다.

모든 재앙은 모두가 내 마음 속에 있는 것이니 남을 사랑하고 선한 마음을 베풀면 모든 업이 소멸될 것이다.

낙산사의 창건연기創建緣起를 보면 우리 나라의 그 어느 사찰보다 관세음보살님의 대비행원大悲行願이 그대로 담겨진 곳이라 할 만하다. 그래서 관음도량을 이야기할 때에는 가장 먼저 거론되는 곳이기도 하다.

창건연기 가운데에서 가장 널리 알려진 설화가 조신의 꿈 이야기이다. 이는 이광수의 소설 《꿈》으로 더 잘 알려진 이야기로 몇 년 전에는 영화로도 만들어진 적이 있다. 이 연기가 오랜 세월을 두고 사람들에게 회자되어 온 것은 이 이야기가 단순히 재미나 오락의 차원을 넘어 조신이 그려 온 세상에 대한 우리 선조들의 염원을 담고 있었고 그러한 배경에는 관음보살에 대한 오랜 희구가 담겨 있기 때문일 것이다.

■ 세규사世逵寺의 장사莊舍

신라 서라벌에 세규사라는 절이 있었다. 이 절에는 용모 단정하고 학덕이 높은 젊은 스님이 있었는데 법명을 조신調信이라 했다. 그 나이에 비해 계행戒行에 엄정하여 사람들의 칭송이 높았다.

그 당시에는 사찰들이 농장을 운영하며 절을 경영했는데 그 땅과 지세地稅를 관리하는 이를 장사莊舍라 하여 엄정하고 깨끗한 이로 하여금 그 일을 수행하게 했다. 장사라는 직책이 작인作人이나 마름들을 감독하는지라 무엇보다도 엄정해야 했으며 꾸짖을 때는 엄하게 하고 또 타이를 때는 부드럽게 대하는 말하자면 섭수攝受의 자세를 취해야 했다.

조신은 인격과 학문이 뛰어난 데다 계행戒行이 바른 이라 세속의 오욕五欲에 빠질 그러한 위인이 아니라는 대중의 공의公議에 따라 '장사'의 소임을 맡게 되었다.

세규사의 장사莊舍는 명주溟州 내이군(지금의 강원도 양양 부근)에 속해 있어 조신은 명주 땅으로 부임하게 되었다. 하지만 임지任地에 당도하자마자 그에게는 뜻하지 않은 일이 생겼다.

이 고을 태수 김흔공金欣公에게는 소저小姐라 하는 과년한 딸이 있었는데 용모가 아름다워 마치 선녀를 방불케 하였다. 하루는 그녀의 어머니가 불공을 드리기 위해 낙산사를 찾아 갈 때 딸 소저를 데리고 간 일이 있었다. 때마침 그 미모의 아가씨를 조신이 보게 되었다. 평소 계행이 엄정한 조신이었지만 그녀를 한번 보고 난 후로는 마음의 동요를 일으켜 걷잡을 수 없는 지경이 되었다.

아무리 생각하지 않으려 하고 잊으려 해도 소용이 없었다. 서라벌에도 예쁜 여자가 많았지만 현혹되어 본 적이 없었다. 하지만 어찌된 일인지 소저 낭자의 가냘픈 몸매, 해맑은 눈, 오똑한 콧날, 오동통한 볼, 주홍빛 입술, 그 낭랑한 음성이 그의 머리에 자꾸 떠오르는 것이었다.

'하늘에서 내려온 선녀인들 어찌 소저 낭자에 견줄 수 있겠는가!'

상념에 사로잡힌 조신은 이런 망념을 버리고자 다짐했으나 모두 허사였다. 행주좌와行住坐臥의 일상에서 오로지 그녀를 생각하고 또 생각했다. 오매불망寤寐不忘 소저 낭자 생각에 괴로워한 그는 마침내, '어찌하면 그녀를 나의 품안에 안고 정다운 얘기를 속삭일 수 있을까?' 하는 생각으로 꽉 찼다.

그러나 이것은 조신의 망상이요, 쓸데없는 짝사랑이었을 뿐 도저히 실현될 수 없는 꿈이었다. 소저의 아버지는 고을의 명문이요, 부호였으므로 그의 세력이 대단하였다. 이러한 세도가의 귀여운 딸을 우연한 기회에 한 번 보기는 하였지만 그 후 규방에 묻혀 있어 다시는 만나볼 수가 없었음은 물론이다. 하지만 소저를 잊을 수는 없었다.

■ 관음기도

조신은 곰곰이 생각하였다. 도저히 자기만의 힘으로는 어찌할 도리가 없다는 것을 깨달았다. 그는 마침내 낙산사 관세음보살께 기도하는 도리밖에 없다고 판단하고 곧바로 낙산사 관세음보살상 앞에 꿇어 엎드려 기도했다.

'그녀를 인도하여 저의 배필이 되게 하여 주시옵소서. 대자대비하신 관세음보살님이시여! 조신의 이 한 목숨을 불쌍히 여기사 하루바삐 소저 낭자와 결혼하게 하여 주시옵소서. 저는 그녀가 아니면 이 세상에서 하루라도 살아갈 수가 없게 되었습니다. 벌레의 한 목숨도 살려 주기를 원하는 보살님이 아니십니까? 어서 바삐 그녀를 만나서 이 한 목숨 부지하게 하여 주시옵소서! 그녀는 저의 생명이요, 힘이요, 빛입니다. 그러하오니 생명이 없이 어찌 살며, 힘이 없이 어찌 살며, 빛이 없이 어찌 살겠습니까? 저의 힘으로는 그녀를 맞이할 힘이 없사오니, 관세음보살님께서 부디 그녀를 인도하시어 저의 배필이 되게 하여 주시옵소서! 그녀와 살림을 꾸리고 아들 딸을 낳아 행복하게 살게 하여 주시옵소서.

부디 도와 주시옵소서!'

  조신은 마치 구도자求道者가 상구보리上求菩提를 위하여 대도大道 성취를 기원하는 고승처럼, 아니 그 이상으로 간절하게 기도를 올렸다. 그가 지성을 다하여 기도를 올리는 애절한 호소는 그의 심장에서 솟아오르는 피의 결정結晶이었다. 그는 날마다 이렇게 빌면서 오직 관세음보살의 신통력으로 소저 아씨를 자기 아내로 삼게 될 것이라 굳게 믿고 온갖 정성을 다 바쳤다.

  그러나 그의 간절한 소망은 어이없이 무너지고 말았다. 얼마 후 소저 낭자는 훌륭한 배필을 맞아 성대한 결혼식을 올린 다음 꽃가마를 타고 시집을 가고 말았다. 소저 낭자의 혼사 사실을 뒤늦게 안 조신은 충격과 함께 큰 허탈과 실의에 빠졌다.

  그는 비통함을 참지 못해 머리를 벽에 부딪치고 오뇌懊惱하였다. 얼굴은 여위고 몸은 점점 수척해졌다. 때로는 관세음보살을 야속하다고 원망도 하며 스스로 비관도 했다. 그러나 소저 낭자에 대한 그의 불타는 집념은 멈출 줄을 몰랐다. 계속해서 관세음보살에게 매달려 호소하는 길밖에 없다고 생각하고 다시 법당에 들어가서 관음정진觀音精進을 계속하며 기도했다.

  '그녀의 남편이 난봉이라도 부려 그녀를 버리게 하여 저를 찾아 오도록 하여 주소서!'

  그는 목탁을 치고 경쇠를 울리면서 관세음보살의 명호를 일심으로 외우는 것이었다.

  그렇게 기도를 올리며 정진하던 어느 날 새벽이었다. 하루도 쉬지 않고 애절하게 기도를 계속하다 보니 몸은 지칠대로 지쳐 있었다. 그는 기도 정진 중 그 자리에 쓰러져서 깜박 잠이 들고 말았다.

하지만 조신의 몸은 비록 잠들었으나 그의 마음만은 그녀의 곁을 배회하고 있었다. 그런데 비몽사몽간에 홀연히 법당문이 열리더니 그토록 그리던 소저 아씨가 들어오는 것이었다. 꿈인지 생시인지 알 수 없어 자신을 꼬집으며 다시 보았으나 아무리 보아도 틀림없는 김흔공의 딸 김소저임이 분명했다. 그는 피로도 잊은 채 벌떡 일어나서 그녀에게로 다가갔다.

"나는 당신이 시집을 갔다고 하기에 다시는 만나보지 못할 줄 알았는데 이게 어찌된 일이오?"

"미안합니다. 용서해 주세요. 저도 그 때 길가에 계신 스님을 한 번 곁눈으로 뵈옵고는 밤낮으로 스님을 그리며 오매불망하였지요. 하지만 스님을 다시 한 번 뵈옵지도 못한 채 마음에도 없는 남자에게 억지 시집을 가게 되었습니다. 한 번도 보지 못한 낯선 사람에게 시집을 갔더니 꼭 가시방석에 앉은 것 같고 지옥에라도 끌려간 기분이었어요. 더구나 그이는 저와 결혼하기 전에 마음에 두고 있던 낭자가 있었는데 부모님들의 강권에 못이겨 저와 결혼한 것이었답니다. 그는 저를 구박하며 외도만 하니 어찌 제가 살 수 있겠습니까? 그래서 저는 스님을 더욱 그리워하며 생활하다 친정에 잠시 들렀던 차에 염치불구하고 이 곳으로 찾아온 것입니다. 스님은 지난 일을 널리 용서하시고 오갈 데 없는 저를 거두어 주셔요. 비록 더럽혀진 몸이오나 스님께서 버리지만 않으신다면 목숨을 다해 한 구덩이에 들기까지 스님을 모시기로 결심하였습니다."

그녀의 낭랑한 목소리는 입술을 움직일 때마다 옥같이 하얀 이 사이로 미소와 함께 흘러나왔다. 조신은 그녀가 찾아와 준 것에 감격하며 말했다.

"우리가 앞으로 행복하게 살기만 하면 그만 아니겠소. 내가 용서할 일은 없을 듯하오. 당신이 이렇게 나를 찾아온 것으로도 나에게는 더할 나위 없는 축복이오. 얼마나 기쁘고 다행한 일인지 모르겠소."

조신은 그녀를 부둥켜안고 지나간 날의 쌓이고 쌓인 정회를 토하는 것이었다. 조신에게 장사의 소임도 무의미한 것이었다. 즉시 소저 낭자와 함께 고향으로 돌아가서 부모님의 허락을 받고 부부가 되었다. 새로 집을 지어 사랑의 보금자리를 꾸몄다. 원앙과 같은 이 부부는 한없는 행복감을 느끼면서 장차 아들 딸을 낳을 것이라는 벅찬 희망을 안고 부모로부터 물려받은 재산으로 많은 전답田畓을 마련해 꿈과 같은 하루하루를 살았다.

조신은 아내의 얼굴을 볼 때마다 행복감에 젖어 흐뭇해 했다.

'연화대蓮花臺인들 이보다 더 좋을 수가 있으리요.'

그는 자신의 행복이 한없기를 기원했다. 그리고 낙산사의 대자대비 구고구난 관세음보살께 감사를 드렸다.

■ 비운悲運

하지만 인간에게 있어 행복이란 영원할 수 없는 운명을 타고 난 것이었다. 그렇게 행복하게 지낸 세월이 흘러 어느덧 조신의 나이가 환갑을 맞이하기에 이르렀다. 그 때부터는 어찌된 영문인지 하는 일마다 되는 게 없고 잘 되던 일도 실패를 거듭하였다. 전답은 홍수에 밀려 돌더미로 변하고 뒷동산의 삼림은 하룻밤 사이에 잿더미가 되었다. 돈을 빌려간 채무자는 저마다 도망가 받을 수가 없게 되고 청어잡이를 나간 배는 태풍을 만나 산산 조각이 나고 말았다. 그의 인생은 점점 퇴색되어 갔다.

조신은 이런 역경 속에서도 지난 날의 행복을 회상하면서, 비록 몸은 늙고 생활은 어려웠지만 그 퇴세退勢를 만회하려고 온갖 노력을 경주했다. 그러나 마치 수렁에 빠진 몸이 나오려고 용을 쓰면 쓸수록 더욱 더 깊이 빠져 들어가는 것처럼 그 어려움은 극을 향해 치닫는 것만 같았다.

조신은 미칠 것만 같았다. 궁궐같던 기와집은 급전직하急轉直下 오막살이로 변했고 연의미식軟衣美食은 깡보리 누더기로 변했다. 그러나 더욱 그를 힘들게 하는 것은 아직도 옛날의 고운 티가 가시지 않은 아내의 얼굴을 볼 때마다 느끼는 회한이었다.

'저 사람을 내가 이렇게 고생을 시켜서야 벼락을 맞을 일이지……'

그는 이런 생각을 할 때마다 절로 한숨을 쉬었다. 게다가 늦게 낳은 자식들은 힘든 살림에 더 큰 부담으로 느껴졌다. 또한 천재지변으로 흉년이 해마다 겹쳐 자식들은 배고프다 아우성치고 뼈대만 남은 외양간 같은 집에서 느끼는 심정은 어디에 호소할 곳도 없는 비참함 그 자체였다. 일곱 식구가 허기진 나날을 이어가다 결국 남부여대男負女戴하고 말 그대로 떼거지가 되어 무너져 가던 오막살이마저 버리고 고향을 등진 떠돌이 신세가 되고 말았다.

옷은 갈기갈기 찢겨 넝마가 되고 아내의 그 아름다웠던 옛 모습은 찾을 길이 없었다. 명주溟州 해현령解縣嶺에 이르렀을 때 열 다섯 살난 큰 아들이 굶주림에 못 이겨 약 한 첩도 못 써보고 쓰러지고 말았다. 제 몸도 가누기에 힘겨운 처지인지라 동생을 업고 다니다가 지쳐버린 것이다.

조신 부부는 땅을 치고 통곡하였지만 소용없는 일이었다. 아들의 시체를 거두어 길가에 묻고는 눈물을 흘리며 남은 4남매를 앞세워 정처

없는 길을 다시 떠나야 했다.

우곡현羽曲縣 어느 곳에 이르러서는 조신의 내외가 모두 병이 걸려 길가 방앗간에 움막을 치고 쓰러지는 몸이 되었다. 이 때부터 열 살 먹은 딸이 새벽부터 나가 밥을 빌어와 여섯 식구를 연명하게 했다. 아내는 남편과 자식들을 생각하여 변변히 먹지 않았으므로 그녀의 몸은 더욱 수척해졌다.

하루는 새벽같이 밥을 빌러 나갔던 딸이 밥도 얻지 못한 채 다리를 질질 끌며 울고 돌아오는 것이었다. 조신이 깜짝 놀라 살펴보니 딸의 왼쪽 다리는 피투성이가 되었고 군데군데 살점이 떨어져 나가 핏방울이 떨어지고 있었다. 딸에게 연유를 물었다. 딸은 울음을 터뜨리며 말했다.

"건넌 마을 김부자 집에 밥을 얻으려고 대문 안으로 들어서자 커다란 개가 마구 짖으며 달려들어 다리를 물고 넘어뜨렸어요!"

딸은 다시 울음을 터뜨린다. 그야말로 엎친데 덮친 격이었다. 부부는 이것을 보고 할 말을 잃고 멍하니 앉아 있다가 서로 부둥켜 안고 통곡했다. 개천가에 있는 초라한 방앗간 한 켠에 옹기종기 모여 있는 그들 여섯 가족의 궁상은 눈 뜨고 볼 수 없을 지경이었다.

슬피 울던 아내가 문득 머리를 들고 남편을 바라보았다. 조신도 울음을 멈추고 아내를 마주 보았다.

아내 소저는 속으로 결심이라도 한듯 안색을 바꾸며 입을 열었다.

"영감! 저를 좀 보셔요. 이 일을 어쩌면 좋겠어요? 생각해 보면 떠돌이로 유리개걸해 온 지가 벌써 10년이 되었어요. 하지만 이런 생활을 계속할 수는 없잖아요. 우리가 앞으로 살아갈 길에 대해 대책을 마련해야 하지 않겠어요?"

“여보, 신수가 불길해서 세궁역진勢窮力盡으로 빌어먹고 다니다가 자식까지 잃은 신세인데 갑자기 다른 무슨 뾰족한 수가 있겠소. 그저 죽는 날까지 연명이나 하다가 이 한많은 세상을 떠나가는 것밖에 다른 수가 없는 것 같구려.”

“내 말 좀 들어보셔요. 내가 젊어서 당신을 만났을 때는 얼굴도 과히 밉지 않고 우리는 남달리 금슬이 좋았었지요. 남부럽지 않게 행복하게 살아보기도 했고 가난에 쪼들린 10년을 합치면 50년을 같이 살아온 셈이니 우리 인연도 중하다 않을 수가 없어요. 그러나 이제는 늙고 병든 몸에 먹을 것이 없어 사방으로 문전걸식을 하게 되어 남에게 태산같은 은혜만 지고 필경에는 어린 것까지 저 지경이 되어 누웠으니 이 일을 어찌해야 좋단 말이에요.”

“그러니 어떻게 하잔 말이오?”

“이제 와서 그 전에 남부럽지 않게 잘살던 일이나 유리개걸로 적빈赤貧한 생활을 한 일이 다 꿈 같기만 하고 허망하기만 합니다. 돌이켜보면 나 때문에 당신에게 큰 짐만 지우고 걱정만 태산같이 되었으니 우리가 어찌 이대로 더 살아갈 수가 있겠어요? 사람이 나면 필경에는 죽고, 만남이 있으면 헤어지는 것 역시 천리天理인데 이제부터는 서로 헤어지는 것이 어떻겠습니까? 얻어먹고 살자면 식구가 단출해야 쉬울 터이니 여섯 식구가 한데 몰려다니고 보니 밥 한술도 차례를 얻기가 쉽지 않아요. 옛날에는 걸불병행乞不竝行이라 하였는데 떼거지가 되어 다니다보니 얻어먹는다 해도 서로 시원치 않은 일이 아니겠어요.”

“식구를 단출하게 줄이자는 말인데, 별안간 어떻게 줄인단 말이오?”

“그러니까 아이들을 당신과 내가 둘씩 나누어 맡아 가지고 헤어지자는 것입니다. 살아서 헤어지지 않으면 어차피 죽어지면 이별하는 것이

정한 이치인데 이왕 헤어질 바에야 차라리 살아서 헤어지는 것이 좋지 않겠어요."

아내는 이렇게 말을 하면서도 목이 메였다. 조신도 가슴을 도려내는 아픔에 다시금 눈물을 흘렸다. 조신에게는 아내의 이 애절한 말이 그야 말로 청천의 벽력이었다.

'얼마나 고생이 자심하면 이런 말을 하겠는가?'

그렇게 생각하니 아내가 측은하기만 했다. 그러나 아내의 말이 섭섭 하기는 하지만 한편으로 따져보면 실은 현명한 의견인 것 같기도 하였 다. 여섯 식구가 몰려 다니다가 자식 하나라도 더 굶겨 죽이는 것 보다 는 차라리 두 패로 나눠서 서로 홀가분하게 하는 것이 상책인성 싶기도 하였다.

'하기야 우주간에 펼쳐 있는 모든 현상은 다 허망하다는 법문도 있 지 않던가? 제행이 무상하여 생멸하는 법인지라 생멸계를 뛰어 넘어야 만 적멸이 낙이 된다는 법문도 있지 않던가? 태어난 자는 반드시 죽고, 만나는 자는 반드시 헤어지고, 높은 자는 반드시 떨어지니 모든 것은 반드시 다함이 있다는 법문도 있지 않던가?

이 법문들은 조신이 승려로 있을 때에 늘 익혀 온 법구였다. 부인의 말이 어떤 선지식善知識의 설법 같기도 했다. 하지만 이념상으로는 납 득이 되지만 현실적으로는 너무나 안타까운 일이었다. 조신은 눈을 감 고 한참 동안 생각해 보았다. 마침내 그는 아내의 의견에 동의하고 말 았다.

이리하여 50년 동안 고락을 같이 해온 부부는 마침내 서로 헤어지기 로 하였다. 두 사람은 자식을 둘씩 나누어 딸은 아내가 아들은 조신이 데리고 가기로 했다. 막 길을 떠나려 할 때 아내가 눈물을 흘리며 울부

짖었다.

"나는 고향의 친정 이외에는 갈 곳이 없어요. 친정으로 갈 터이니 영감은 남쪽으로 가세요. 부디 안녕히……."

아내의 울음소리에 조신이 놀라 몸을 일으켰다.

■ 관세음보살의 명호

조신이 소저를 아내로 맞이하여 행복하게 살다가 마침내는 유랑걸식하는 생활로 전락하는 한 생애는 현실 아닌 일장一場의 꿈이었다. 소저를 너무나 사모하던 조신이 피곤한 몸을 이기지 못하고 그대로 잠들어 꿈속을 헤매고 있었던 것이다.

꿈에서 깨어난 조신은 머리가 하얗게 희여지고 몸은 피로해서 일으킬 수 없었으며 입맛은 씁쓰름했다. 소저 낭자를 그토록 탐했던 것이 도리어 후회스럽기만 했다. 뿐만아니라 그는 인생의 무상함을 뼈저리게 깨닫게 되었다. 아닌게 아니라 소저 낭자와 결혼하여 부부가 되어 같이 산다고 하더라도 그가 꿈 가운데서 겪어온 그러한 삶을 되풀이할 것이 뻔한 일이었다. 그래서 그는 한 때 원망스럽기까지 했던 관세음보살이 오히려 고맙게 생각되었다. 그것은 마치 그 꿈을 통해 관세음보살이 깨우쳐 주신 것 같았기 때문이었다.

'조신이여! 들어 보아라. 김흔공의 딸과 같이 산다고 하더라도 너의 꿈 가운데서 펼쳐진 사실과 무엇이 다르겠느냐!'

조신은 오체를 땅에 던져 몸부림쳤다. 마음의 소리를 읽었기 때문이었다.

'관세음보살님께서는 절망의 나락에 빠져 헤어나오지 못하는 나를 바라보며 아파하며 눈물로 지새웠을 것이다. 이것이 대비의 실행인 것이다. 더 아파하며 더 가까이 오셔서 연민을 드러내어 현실에서 깨달음으로 끌어 올려 주신 것이다. 또한 현신하여 지혜의 칼로 가차없이 번민을 잘랐고 현실과 꿈을 넘나들며 사랑과 별리, 자식의 죽음 등 다양함을 서슴없이 보여 주심으로써 어둠에 빠진 조신에게 대낮같이 밝은 깨달음을 비추어 주신 것이다. 이것이 보살님의 가피이며 보살님의 보시인 것이다. 누구에게나 대자대비의 손길을 건네 주시며 중생의 아픔을 보면 불빛을 밝히시어 그들의 닫힌 마음을 환히 볼 수 있는 지혜를 주시는 것이다. 이렇듯 관세음보살님은 항상 우리 곁에 계신다.'

승려의 신분으로는 상상조차 할 수 없는 탐애貪愛의 망상을 일으켰던 조신은 관세음보살의 묘지력妙智力에 의하여 다시 승려의 본심으로 돌아온 것을 그지없이 감사하게 생각했다. 그리하여 그는 오직 염불수도念佛修道에만 진력하기로 굳게 결심하기에 이르렀다.

그런데 기이하게도 꿈 속에서 명주 해현령 고개 밑에 죽은 아들을 묻었던 일이 자꾸 역력히 되살아나서 그 곳을 찾아가 보았다. 그 땅 속을 파보니 뜻밖에도 부처님이 묻혀 있었다. 조신은 그 부처님을 깨끗하게 닦아서 이웃 절에 봉안하였다. 그리고 그 길로 서라벌 세규사世逵寺로 돌아와서 정토사淨土寺를 지어 놓고 염불수행과 선을 겸수하며 견성하였던 것이다.

조신은 신라 고승高僧이 되어 중생교화에 큰 공덕을 성취하였다고 한다. 조신의 '꿈' 설화는 우리 민족과 고락을 함께한 이야기로 관음신앙의 홍포弘布에 기여한 바가 적지 않으며 이 겨레의 신앙생활에 크게 이바지해 왔다.

이창해와 낙산사

인과응보의 사상은 불교뿐만 아니라 유교儒教에서도 자주 이야기하고 있는데 '적선지가필유여경 적악지가필유여악(積善之家必有餘慶 積惡之家必有餘惡: 선행을 쌓은 집에는 반드시 경사가 있고, 악행을 쌓은 집에는 반드시 나쁜 일이 있다)'고 말하고 있다. 불교에서도 '남에게 편안함을 베푸는 것이 비록 적을지라도 그 받는 바 보報는 적지 않을 것이며, 남에게 지혜를 베풀면 마침내는 큰 복을 받을 것이다'고 말한다. 이는 단지 불교나 유교에 국한되지 않고 우리의 심성에 흐르는 인간 본연의 마음에 내재된 한 흐름인지도 모른다.

조선시대 이창해라는 선비에 얽힌 이야기는 인과에 대해 다시 한 번 생각하게 하는데 이 이야기 또한 낙산사와도 인연이 깊어 여기에 옮겨 본다.

선조 임금 때의 일이다. 당시는 당쟁이 심한 때였던 만큼 조정에서는 유능한 선비들이 좌천되거나 유배되는 일이 많았다.

현관賢官이었던 이응李應도 진도眞道 군수로 좌천이 되었다.

진도는 지금은 다리가 놓이고 교통도 좋아졌지만 이전에는 사방이 바다로 둘러싸인 매우 적막한 섬이었다. 하지만 이응은 자신의 현재를 위안하며 그 곳 백성에게 선정을 베풀려고 노력했다.

어느 해 진도에 태풍이 불어 육지와 가옥이 많이 파괴되고 전답이 침수되는 등 피해가 심한 적이 있었다. 이응은 그 곳의 사정을 알아보려고 해안에 갔다가 마침 폭풍에 밀려 표류해 온 일본 사람들을 만나게 되었다.

아전들은 그들의 재물을 빼앗고 옥에 가두었다.

이웅은 이것을 보고 크게 꾸짖었다.

"짐승도 난을 만나서 민가로 들어오면 해하지 않고 잘 보호하였다가 살려보내는 법이거늘, 하물며 사람에 비길 수 있겠는가. 아무리 일본 땅에 사는 외국인이라도 그들이 조난을 당하여 내 나라에 온 사람인데 아무 죄 없는 사람들을 포박하여 옥에 가두고 그들의 재물을 빼앗으려고 하는 것은 천부당 만부당한 일이니 옥중에 가둔 왜인들의 포박을 빨리 풀어주고 깨끗한 객사에 안내하여 친절하게 위문하고 후하게 대접하라. 명을 어기는 자는 엄벌에 처하리라."

이같이 호령하고 이웅 자신은 그들에게 무례했음을 사과하고 그들을 치료해 주고 좋은 음식으로 대접했다. 그리고 좋은 날을 가려서 먹을 양식까지 후하게 주어서 돌려보냈다.

그 후 이웅은 다시 서울로 올라가 선정을 베풀었다 한다.

세월이 흘러 이웅의 손자인 이창해가 제주도 목사로 부임하게 되었다. 그런데 제주도는 뱃길이 험한 곳인데다 도중에 태풍을 만나 20여 명이 익사하고 목사 이창해와 세 사람만이 표류하다 일본의 지마도에 다다랐다. 그 곳 주민들은 그들을 포박하여 도주島主 앞에 데리고 갔다. 도주는 필담으로 물었다.

"너희는 어느 나라 사람이냐?"

"우리는 조선 사람인데 나는 이창해라고 한다. 제주 목사로 부임해서 오다 표류하여 이 곳까지 오게 되었소."

"조선의 양반인 모양이구나. 그렇다면 몇 해 전 진도 군수로 있던 이웅이란 분을 알겠구나?"

"그 분은 바로 나의 할아버지 되시는 분이오."

이러한 문답을 하던 도주는 은인을 대하듯 바닥으로 내려와서 결박

한 것을 풀어 주었다. 그리고는 연거푸 인사를 하며 관아로 안내하여 좋은 옷과 차를 올리며 지극히 환대했다. 그리고는 이렇게 적는 것이었다.

"그대의 조부이신 이응이라는 분은 나의 은인이십니다. 몇 해 전 항해를 하다가 폭풍을 만나 조선국의 진도에까지 표류하여 갔는데 그대의 조부를 만났기 때문에 융숭한 대접을 받고 무사히 돌아올 수 있었습니다."

그리고는 달포를 연회로 대접받았다. 창해는 고국으로 돌아갈 것을 걱정하는 한편, 모든 관속을 잃어 돌아갈 면목이 없기도 했다. 그러던 어느 날 도주가 그를 불러 말했다.

"이 곳은 일본에서도 아주 멀리 떨어진 섬이 되기 때문에 독립된 나라나 다름없고 정부의 지배를 받지 않으니 내가 이 곳의 왕이나 다름없는 곳이오. 당신들만 괜찮다면 이 곳의 여자와 결혼하여 여기에 머무르며 섬 백성들에게 조선의 문화를 가르쳐 주시면 어떻겠소?"

도주의 뜻이 워낙 간곡하여 창해는 자신도 모르게 응낙을 하고 말았다. 도주는 너무나 기뻐하며 다시 말을 이었다.

"창해에게 부탁이 있는데 들어주시겠소? 나의 사위가 되어 주오. 내게는 아들은 없고 딸 하나만 있는데 저 애를 남의 집으로 보내자니 우리 부부가 허전하여 살 수가 없소. 그러니 사위가 되어 나의 성城과 나의 섬을 잘 보살펴 주기 바라오."

창해는 왜인이 된다는 생각은 꿈에서도 한 적이 없었다. 하지만 어쩔 도리가 없었다.

"도주님은 우리의 생명을 구해준 은인이고 또 저는 저희 나라로 돌아갈 수도 없는 사정이오. 돌아간다 하더라도 면목이 없는 일이니 모든 일을 인연의 소치라고 여기고 도주님의 분부대로 따를까 합니다.”

“아! 잘 생각하였소.”

마침내 그들은 날짜를 가려서 결혼식을 성대하게 거행하였다. 창해는 열두 살 때에 자기보다 6세나 위인 18세 처녀와 결혼을 하였다가 19세에 아내를 잃은 홀아비였다. 비록 타국의 처녀였지만 창해를 극진히 모셨기에 얼마 지나지 않아 창해는 의사소통을 하는 데도 문제가 없게 되었다. 창해는 곧 도주의 성을 받아 모치모토 소오가이持元創海가 되었다.

창해는 글을 잘하였기 때문에 도민 자제에게 글을 가르쳤고 선생님으로 존경받았다. 또한 장인인 도주의 일을 거들면서 지마도 내의 행정과 군사일을 맡아보았다. 점차 신임을 얻게 된 창해는 몇 해 지나지 않아 도주로부터 모든 권리를 물려받았다.

창해가 도주가 된 후 지마도 근처의 여러 섬들을 정복하여 섬 주민의 존경을 받게 되었다. 창해와 같이 갔던 세 사람도 모두 창해의 막료가 되어 그 섬을 풍요롭게 하는데 일익을 맡았다.

창해는 이 곳에서 30년을 지내며 아들 12형제를 낳았다. 그 가운데 장자 의충은 도량이 넓고 무예가 뛰어나 자기의 대를 물릴 만하였다. 그래서 도주의 권리를 의충에게 물려주고 은퇴하여 낚시질로 소일하였다.

한편 조선의 강원도 고성에는 창해의 어머니인 오吳씨와 남양이라는 동생이 살고 있었다. 특히 어머니는 불심이 깊어 아들이 제주 목사로 떠날 때부터 양양에 있는 낙산사를 찾아가 관세음보살을 염송하고 대비주를 외우며 무사 도착을 기도하였다. 그리고 폭풍을 만나 목사 일행이 조난을 당했다는 비보를 듣고도 끊임없이 관세음보살을 염송하며 매일 지성으로 기도를 올렸다.

하지만 어머니는 창해가 돌아오는 것을 보지 못하고 세상을 떠났다. 죽는 그 순간까지 남양에게 형 창해를 걱정하였다.

"내가 죽은 뒤라도 부디 네 형이 떠난 날에는 낙산사에 가서 기도를 올려라."

남양도 효성이 지극하였으므로 어머니의 유언을 잊지 않고 매년 형이 떠난 날이면 낙산사로 가서 기도를 올렸다.

창해가 하루는 지마도 바닷가에서 혼자 배를 타고 낚시를 하고 있는데 저쪽 바다에서 조그마한 소용돌이가 일었다. 처음에는 대수롭지 않게 생각했는데 점점 커지더니 금세 창해를 태운 배를 휘몰아 이끌고 어디론지 날려 버렸다.

창해가 정신을 차렸을 때는 이미 낯선 마을에 와 있었다. 지나가던 이를 붙잡고 물으니 수십 년 간 잊고 지냈던 조선말을 쓰는 것이었다. 그가 태풍에 날려 도착한 곳은 조선의 강원도 땅 통천(현재의 철원) 고석정이었다.

다행스럽게도 그는 의복만 좀 젖고 피곤했을 뿐 다친 데는 없었다.

"내가 왜 땅에서 죽는 줄만 알았더니 고국에 돌아왔구나. 이게 꿈인가 생시인가."

창해는 얼떨떨한 정신을 수습한 후, 먼저 어머니가 기도 다니시던 낙산사에 가 보리라 마음먹고 낙산사로 향했다. 마침 동생인 남양이 기도를 마치고 돌아가는 길에 형제는 상봉하게 되었다. 그런데 헤어진 지가 40여 년이 되었으니 서로 골육 형제인 것을 알 길이 없었다. 남양이 오면서 보니 일본식 의복을 입은 늙은이의 모습이 수상하기 짝이 없었다.

"여보 노인장, 당신이 입은 옷을 보아하니 일본 사람 같은데 여긴 어쩐 일이오?"

"나의 의복은 일본 옷이라도 사람은 본시 조선 사람이오."

"그렇다면 당신의 이름이 무엇입니까?"

"나는 40년 전에 제주 목사로 부임해갔던 이창해요."

남양은 믿기지가 않았다. 하지만 그 노인의 얼굴을 자세히 뜯어보니 정말 형의 옛 모습이 그대로 남아 있었다. 순간 울음이 북받쳤다.

"아이쿠, 형님 이게 웬일입니까? 제가 남양이올시다. 형님의 아우 남양이에요."

창해도 너무나 놀라 말문이 막혔다. 형제는 서로 껴안고 울음을 터뜨렸다. 그리고 노변에 주저앉아 지나간 세월의 파란만장한 이야기들을 털어놓았다. 조부모와 부모가 돌아가셨다는 말을 듣고 이창해는 길바닥에서 땅이 꺼지도록 통곡을 하였다. 북받쳐 올랐던 감정을 삭이고 두 형제는 다시 낙산사로 향했다.

창해가 다시 여기에 오게 된 것은 다름아닌 관세음보살의 가피라고 여겼기 때문이었다. 그리고는 좋은 날을 잡아 창해가 제주도로 갈 때 함께 갔던 수십 명의 고혼들을 위해 천도기도를 올렸다.

그들 형제는 죽는 날까지 관세음보살을 염송하면서 낙산사로 기도를 다녔다. 조부모와 부모의 천도재도 올렸고 집안의 경조사도 낙산사의 관세음보살과 함께 했다 한다. 관세음보살의 대자대비한 사랑으로 그들의 자손도 행복한 삶을 영위하고 있다. 낙산의 관세음보살과 함께하는 은덕의 교훈인 것이다.

홍련암과 이성계

태조 이성계의 조선조 건국은 유생들의 협력으로 이루어졌다. 그래서 불교 억압이 행해졌다. 그러나 그는 조정의 억불 여론에 대해 대항하며 무학대사를 왕사로 삼아 불사를 일으키려 했다.

태조가 이렇게 불교를 일으키려고 한 것은 관음신앙과 큰 인연이 있기 때문이다. 태조의 조부인 도조度祖가 자식이 없어 낙산사의 홍련암에서 기도를 하였다. 꿈에 스님이 나타나 귀한 아들이 태어날 것임을 이야기했다고 한다. 태조가 왕위에서 물러난 후 여러 차례 낙산사를 참배했다는 기록이 남아 있다.

태조의 관음신앙은 개성의 관음사의 관음굴을 중심으로 이루어졌다. 이 곳은 태조가 일찍이 동북면의 수령으로 있을 때 중창한 곳이다. 그외에도 도봉산 천축사 서편에 있는 관음사에서 주로 기도하였고 천마산의 관음굴을 찾아 불사를 일으키기도 하였다. 특히 조부 때부터 인연이 있던 낙산사에서는 능엄법회를 열도록 하기도 했다. 정종定宗도 선왕의 불교 신앙을 이어받아 반승飯僧, 법석法席, 기양祈禳 등 많은 의식을 행하였고, 왕비 정안왕후定安王后는 태조의 명복을 빌기 위하여 법왕제석과 함께 관세음보살을 수놓아 기원정사에 바치기도 하였다.

이 후에도 왕실에서는 내불당을 지어 불교 신앙을 이어왔으며 관세음보살은 왕실 불교의 신앙 대상이었다.

세조 역시 이 곳에서 관세음보살을 친견했는데 이 때의 정황이 〈관음현상기〉에 나타나고 있다. 〈관음현상기〉는 세조가 그의 비와 함께 강원도를 순행하다가 상원사를 들르게 되었을 때 백의관세음보살이 나투심을 보고는 그것을 기록으로 남긴 것이다. 즉 세조가 절에 들렀을 때 백의의 관세음보살이 나타나고 상서롭고 아름다운 빛과 음악이 들리다가 한참 후 흩어졌다고 한다. 감격한 세조는 절에 쌀 200석을 하사하고 내관으로 하여금 향을 봉안토록 하였다. 뿐만 아니라 한양으로 돌아와서는 죄인들을 사면시키고 정부 관원들은 축배를 들어 경하하였고, 훈부勳府에서는 상원사에 불상을 만들어 건물에 봉안토록 하였다. 그리고 그 관세음보살상을 그림으로 그리게 하여 전국에 배포하였다. 또한 신숙주, 홍응, 전균을 상원사로 보내어 다시 깊이 공양하였다고도 한다. 이러한 관세음보살의 현신은 세조가 선정을 베푸는데 있어 하나의 큰 계기가 되었을 듯하다.

그밖의 관음도량

설악산 오세암

서울에서 원통을 지나 용대리까지 4시간이면 내설악 백담사에 도착한다. 참으로 아름다운 산이다. 설악의 눈은 4, 5월까지 녹지 않기에 그 신성함을 경외해 설산이라 한 듯하다.

내설악의 서쪽 부근은 유난히 계곡과 신록이 고찰 단청과 어우러져 절경을 이루고 있다. 이 곳을 흐르는 백담천을 따라 걷노라면 빼어난 장관은 말로 표현키 어렵다.

이러한 절경 속을 따라 영시암永矢庵, 만경대를 지나 수렴동 계곡을 지나면 오세암(관음사)이 있다. 오세암을 오르다 보면 하늘과 땅 모두가 새롭다. 깊은 골짜기마다 힘차게 내리는 물줄기와 푸른 녹음의 물결이 꿈처럼 아름다워 어렵고 힘겨운 세속의 망념을 다 잊게 한다.

특히 오솔길을 가다 보면 참으로 많은 것을 느끼게 한다. 한 인간이 세상에 태어나서 모든 욕락을 버리고 오직 진리만을 위해 살고 하늘같이 티없는 마음으로 살다가 죽기가 어렵다는 것이다.

그러나 자장율사는 모든 중생을 위하여 이처럼 '생관음도량' 을 열어두고 많은 수행자로 하여금 마음을 닦게 하였다. 오직 무욕과 무념으로 한 생을 살다간 스님의 숨결이 느껴지는 곳이다.

황혼이 깃든 오세암은 산사의 고즈넉함만을 그대로 간직하고 있다. 낭랑하게 중생의 염원을 아로새기며 풍경이 고요히 울려 퍼질 뿐이다.

願滅四生六道法界

有情多怯生來罪業障

我今懺悔稽首禮

願諸除障悉消災

世世常行菩薩道

願以此功德　普及於一切

我等與衆生　當生極樂國

同見無量壽　皆共成佛道

"4생(胎·卵·濕·化)과 6도(천상, 수라, 인간, 축생, 아귀, 지옥)의 모든 법계의 유정들이 오랜 동안 생을 받아 오면서 지은 모든 업장을 멸하기 위해서 내가 지금 머리 숙여 예배 올리오니 원컨대 모든 장애가 모두 소멸되고 세세에 항상 보살도를 행하여지이다.

원컨대 이 공덕이 나와 더불어 모든 중생들에게 두루 미치어 반드시 극락세계 태어나고 함께 아미타부처님을 친견하고 마침내 다함께 성불하여지이다.

4생과 6도, 법계, 유정들의 다겁생래의 모든 업장을 멸하기 원해서 내가 지금 계수하옵고 정례하오니 원컨대 모든 죄장이 모두 소제되옵고, 세세에 항상 보살도를 행하여지이다."

천 년이 몇 번 흘러도 관세음보살은 이 곳 설악의 푸른 하늘과 함께 영원 불멸할 것이다.

관세음보살은 이 땅에 다시 한번 현신하여 그 자비하신 모습으로 오늘을 살아가는 중생들의 어려움을 구제하시기를 간곡히 발원했다.

그 먼 신라 선덕여왕 12년(643)에 자장율사가 관음사(지금의 오세암)를 창건하여 많은 중생들이 희망을 갖게 하고 기도할 수 있는 공간을 제공하심은 역시 커다란 보시라고 하겠다.

무재칠시 가운데 상좌시床座施와 방사시房舍施가 있다. 다른 사람에게 자리를 주거나 쉴 곳을 제공해 주는 것으로 천 년도 훨씬 전에 자장율사가 우리에게 베풀어 주신 보시라 더 고마울 뿐이다.

오세암은 긴 역사 만큼 많은 이가 연기담을 전하고 있다. 이 암자가 관음도량이기에 관세음보살과의 인연담인 이런 이야기들은 모든 수행자들이 이 오세암을 통해 관세음보살께 다가가고 싶어하는 염원을 표현한 것이라 하겠다.

설정스님

조선시대 설정雪頂스님은 이 곳 관음사에서 선과 염불을 겸수하며 공부하고 있었다. 하루는 꿈 속에서 소리를 들었다.

"하루 속히 고향으로 가 보아라."

설정스님은 벌떡 일어났다. 캄캄한 방 안에는 향내음뿐 아무도 없었다. 스님은 그제서야 정신을 가다듬고 꿈을 꾸었음을 깨달았다.

"아름다운 오색 구름을 타고 와 자꾸 흔들어 깨우던 이는 관세음보살이었구나."

망설이던 설정스님은 새벽 예불을 마친 후 고향으로 향했다. 설악산에서 충청도 두메 산골까지는 꼬박 사흘을 밤낮없이 걸어야 했다.

30여 년 만에 찾은 고향은 비참하기 짝이 없었다. 큰댁, 작은댁 등 친척들이 살던 마을은 잡초만 무성할 뿐이었다. 스님은 괴이하다싶어 어릴 때 살던 집을 찾아갔다. 금방이라도 속명을 부르며 노부모님이 반겨 나오실 것만 같은데 인기척이 없었다. 불현듯 불길한 생각에 휩싸여 집

안을 둘러봤다. 어머니, 아버지, 형, 동생을 불러 보았으나 대꾸가 없었다. 마루 틈에서 자란 밀과 보리싹만이 미풍에 흔들릴 뿐이었다. 스님은 조용히 눈을 감고 생각해 보았다.

'관세음보살님은 왜 고향에 가보라고 하셨을까?'

그 때였다. 한 노인이 나타났다. 그 노인은 스님을 아는 듯 정색하며 말했다.

"이 집 큰 아들이 아닌가? 출가를 했다고 들었는데 이제야 오셨구려. 이 곳은 얼마 전 괴질이 돌아 온 동네가 쑥대밭이 되었다오. 다행히 스님의 조카 하나만 살아 남아 내가 키우고 있다네. 얼마나 기다렸는지 모른다네."

설정스님은 고맙다는 인사를 하고 조카를 데리고 설악산으로 돌아왔다. 관세음보살이 계신 인법당에 아기를 잠재워 놓고 한시도 잊지않고 조실부모한 어린 조카를 위해 발원했다.

몇 해가 지나갔다. 스님은 관음정진을 하였고 그 동안 부쩍 자라난 조카 아이는 스님을 따라서 관세음보살을 부르며 놀기 시작했다. 아이는 몹시 순해서 울거나 보채는 일이 거의 없었다. 설타이르면 머리를 끄덕이며 잘 순종했기 때문에 한편 측은하면서도 귀엽기만 하였다.

설정스님에게 고적한 수행생활에 어린 조카의 재롱이 오히려 많은 위안이 되었다. 하지만 어려움 또한 적지 않았다.

산에서 나가자면 아기를 꼭 바랑 위에 업고 다녀야 했는데 산을 나가 민가에서 식량을 구해 산사로 돌아올 때는 여간 괴로운 것이 아니었다. 아이 때문에 양식을 더 얻어 오려고 해도 짐이 무거워 민가에 맡겨 두고 오는 때가 많았다. 하지만 그럴 때마다 생각했다.

'이것도 과거에 그들과의 깊은 인연을 지었기 때문에 이러한 고초를

받는 것이니 달게 감내해야지. 한탄해서 무얼하나…….'

조카는 무럭무럭 자라나 천진난만하게 가끔 무어라 중얼거리다가 관세음보살상을 올려보고는 '엄마! 엄마!' 하면서 두 손을 모아 합장하고 넙죽 절을 하곤 하였다.

그렇게 몇 해를 보내면서 아이의 눈에는 관세음보살이 어머니와 같은 존재로 보이기 시작했던 것이다.

'귀엽고 대견하기도 하지.'

스님은 조카의 이름을 쉬운 외자로 봉鳳이라고 지어 불렀다. 조카는 어느 새 다섯 살이 되어 제법 말을 하기 시작했다. 아이는 야무지고 영리했다. 산짐승 소리도 두려워하지 않고 다람쥐와 장난도 하며 잘 자랐다. 스님을 따라 조석으로 예불도 하고 염불도 곧잘 해서 상좌 구실을 톡톡히 해냈다.

그 해 늦은 가을, 겨울살림 준비를 하던 스님은 겨우내 먹을 양식을 구하러 설악산을 내려가야만 했다. 워낙 멀고 험한 길이라 조카를 업고 갈 수가 없었다. 비록 영리하긴 해도 이제 겨우 다섯 살밖에 안된 조카를 혼자 두고 가려니 마음이 놓이진 않았지만 도리가 없었다. 그래서 조카를 앉혀 놓고 몇 번이고 다짐을 했다.

"절대로 문 밖에 나오지 말아라. 그리고 무섭거든 관세음보살을 외우거라."

아이는 알았다는 듯이 고개를 끄덕이며 목탁을 추켜들었다.

걸음을 재촉한 스님이 외설악 늘목령을 넘어 신흥사 아래에 도착한 것은 해질 무렵이었다. 그 곳에서 하는 수 없이 하룻밤을 지내게 되었다.

이튿날 날이 밝아 길을 떠나려던 스님은 깜짝 놀라고 말았다. 밖은 밤새 내린 눈이 온 천지를 하얗게 덮다 못해 허리까지 쌓여 있었던 것이다. 봉이가 걱정 되었다. 마을이 이 정도면 산은 말할 나위도 없었다. 인가에서 양식을 구해 눈길을 헤치고 올라가려 했지만 도저히 갈 수가 없었다. 양식도 없이 지낼 어린 조카가 걱정 되었지만 도리가 없었다. 눈 덮인 산이 원망스럽기만 했다. 스님은 자연의 섭리를 내다보는 혜안이 없는 자신을 책망하며 눈물을 흘렸다. 식음도 잊고 오로지 홀로 있는 조카 생각뿐이었다.

■ 관음기도

스님은 조용한 방을 빌려서 벽쪽에 선반을 매고 '나무대자대비 관세음보살'의 위목位目을 써 붙이고 다기茶器와 향로를 임시로 마련하여 관음기도를 시작했다.

"대자대비하신 관세음보살이시여! 우리 봉이가 살고 못 사는 것은 오직 관세음보살님께 달려 있사오니 대비문大悲門의 묘지력으로써 그 어린 철부지가 죽지 않고 살아 있게 하여 주시옵소서.

구고구난 관세음보살님이시여! 그 어린 것이 부모를 잃고 나를 따라 궁벽한 산중에 와서 자라다가 이제 저의 실수로 굶주림과 추위에 죽어가는 것이 너무도 가련하고 불쌍하지 아니하옵니까?

자비하신 관세음보살님이시여! 저의 죄를 용서하시고 어린 봉이를 보살님의 적자嫡子로 보살피시어 그의 생명을 보전케 하여 주시옵소서.

신통력 구족하신 관세음보살님이시여! 혹시나 어린 생명이 이 세상의 인연이 다하옵거든 왕생극락하도록 인로引路하여 주시옵소서. 나무 관세음보살마하살……."

이와같이 발원 기도를 계속하자 마을 부녀자들도 따라서 이 기도에 동참하는 이가 많았다. 설정스님은 마침내 관음기도 삼매에 들어서 침식조차 잊었다. 기도를 처음 시작했을 때는 봉이의 생사 때문에 마음이 얽매여 있었지만 기도가 점차 원숙하여짐에 따라 범성凡聖이 혼융混融한 무아경無我境의 상태로 돌아가는 것이었다. 그리하여 관세음보살을 부르는 정진으로 입만 달싹달싹할 뿐이었다. 그는 관세음보살과 한 마음 한 몸이 되는 경지에 이르렀다. 그에게는 온 누리의 산하대지山河大地가 모두 관세음보살로만 보였다. 동네 사람들은 설정스님이 기도 삼매에 침잠해 있는 몰골을 보고 걱정하는 것이었다.

'저 스님이 아주 돌아버리지나 아니하였을까?'

'그 스님은 이미 정신을 잃고 돌아버렸는데 더 말할 것이 있나. 죽지나 않으면 천행이지. 저러다가 스님 장사 치르게 생겼구먼.'

봉이는 이 세상 사람이 아닐 것이었다. 그의 눈에 눈물이 고였다. 하지만 한 순간 그의 눈이 반짝 빛났다. 압가에 희미한 미소가 떠올랐다.

■ 오세도인

이러는 동안에 세월은 흘러 석 달이 훨씬 넘어 겨울이 훌쩍 지나고 해동이 되는 초봄이 다가왔다. 설정스님은 악몽에서 깨어나지 못하고 실의에 찬 맥빠진 몸으로 눈길을 더듬으며 중청中靑에 올라서서 관음암을 바라보았다. 관음암 골짜기에서 한 줄기 서광이 나오고 있는 것을 그는 놓치지 않았던 것이다. 설정스님은 안간힘을 다해서 그 곳에 이르렀다. 그 곳에 가까워지자 관세음보살을 부르는 소리가 낭랑히 들려왔다. 그는 결코 봉이의 목소리라고는 믿을 수 없었다. 하지만 놀라운 일이 그의 눈앞에 다시 펼쳐졌다. 법당 앞에 당도한 순간 한 여인이 하늘로 날아가는 것이 아닌가?

순간 봉이가 방문을 열면서 스님을 반기며 뛰어나오는 것이었다. 스님은 봉이를 얼싸안은 채 기쁨과 슬픔이 오가며 말문이 막혔다. 숙질간叔姪間의 말없는 포옹이 한동안 이어졌다.

봉이는 스님의 손을 잡아끌며 큰방으로 들어갔다. 방 안에 들어가서 보니 불을 넣은 방과 같이 아랫목이 따끈따끈하였다. 봉이가 죽었다면 썩었거나 얼어붙은 시체가 되었을 터인데 아무리 보아도 살아 있는 봉이임이 분명했다.

"봉이야! 나는 네가 꼭 죽은 줄만 알았는데 어떻게 살아 있었느냐?"

봉이는 태연하게 말했다.

"스님, 봉이가 왜 죽어요, 저기 앉아 계신 어머니가 밥도 지어 주고 불도 때 주고 끌어안고 재워 주기도 하였는데 봉이가 왜 죽어요. 엄마가 이제 금방 올라가 앉으셨어요."

설정스님은 너무도 감격하여 관세음보살 앞에 오체를 던져 예배했다.

"하늘로 올라가신 여인이 바로 관세음보살이시구나. 관세음보살님이시여! 너무도 고맙습니다. 우리 봉이를 엄동설한에 보살펴 살려주신 대성자모大聖慈母님이시여……."

설정스님은 엎드린 채 감읍感泣해 마지 않았다.

이 때 봉이는 의연하게 말했다.

"저 엄마가 밥도 해 주고 글도 가르쳐 주고 경도 가르쳐 주었어요. 참선하는 화두까지도 가르쳐 주었어요. 정진하여 견성하고 보니 스님은 전생에 나의 상좌였고 나는 스님의 스승이었지요. 전생에는 스승이면서도 상좌되는 스님께 친절하지 못하고 글 가르치기에는 인색하고 부려만 먹고 시봉만 시켜왔기 때문에 이 세상에 와서는 상좌이던 사람이 나의 숙부가 되고 또 나의 스님이 되었고 전생에 스님이었던 나는 금생에 조카가 되고 스님의 장래 상좌인 봉이가 되었단 말이에요. 그런데 스님이 나가서 겨울을 지나는 동안 나는 관세음보살님께 애민적자哀愍嫡子의 가호를 받아서 굶어죽지 않고 살아 있게 된 거예요. 전생에도 나는 관세음보살을 신념하고 모셨지요."

설정스님은 오세도인을 우러러 참회하였다.

"스님 제가 잘못하였습니다. 참회합니다. 금생에도 저의 스승이 되어 주소서. 모든 것을 잘 배워서 참된 수도를 하겠습니다."

이것이 곧 관음신앙의 감응도교感應道交인 것이다. 이런 관음설화가 세상에 알려진 뒤로 관음사의 사명寺名이 오세암으로 고쳐졌다. 다시 말하면 다섯 살 되는 봉이가 관세음보살의 감응도교로 견성을 하였기 때문에 오세암五歲庵으로 절 이름이 고쳐진 것이다.

만해스님

오세암은 오랜 역사와 더불어 많은 현인賢人이 소요한 영지靈地였다. 특히 조선조의 매월당 김시습은《법화경별송法華經別頌》의 자서自序에서 다음과 같이 적고 있다.

'내가 오세암에 기거함은 오세의 뜻을 취함이다'

오세암은 근대 정신을 열어 한국불교의 지향志向을 모색하였던 만해스님과도 깊은 인연을 갖고 있다.

만해스님(萬海: 韓龍雲)은 오세암에 입산하여 '관음대성'에 귀의歸依하였으며 불교의 교리敎理를 연수鍊修하였다. 특히 관음신앙을 돈독히 하였던데는 그가 오세암에서 처음 인연을 맺은 것과 무관하지 않을 것이다.

만해스님은 불교교리뿐 아니라 그가 남긴 민족시 〈님의 침묵〉은 겨레의 심혼心魂을 일깨웠으며, 이밖에도 소설小說과 많은 논설을 통해 민족의 자각과 불교의 생활화 등 불변의 방향타方向舵를 제시했다.

그의 이런 이타행利他行은 불후不朽의 광명으로서 후세를 밝혀줄 것이며 이는 실로 관음신앙을 바탕으로 한 관음대비문의 이타적 보살행이라 할 것이다.

만해스님이 독립운동을 하던 중 한 고갯길을 넘어가는데 돌연 괴한 여러 명이 나타나 총탄을 쏘았다. 의식을 잃은 만해스님은 고갯마루에 쓰러져 혼수昏睡상태에 빠져 거의 시체가 되어 가고 있었다.

이 때 흰옷을 입은 여인이 나타나 미소를 띠면서 말했다.

"이 꽃을 받으라. 그리고 너의 길을 찾으라."

깜짝 놀라 혼수상태에서 깨어난 스님은 정신을 회복하고 생각했다.

'백주에 이렇듯 기이奇異한 일이……. 이는 필시 관세음보살의 위신력威神力으로 유연有緣 중생에게 구고구난救苦救難의 대자대비를 베풀어 주신 광대무량한 영감靈感이 아닌가! 보살이 아니고서는 이런 이적異跡이 있을 수 없다.'

더구나 그는 '너의 길을 찾으라' 는 한 마디 말이 좀처럼 잊혀지지 않았다. 총탄을 맞고 쓰러졌다가 깨어난 스님은 간신히 병원을 찾아 치료를 청하였다.

이렇듯 만해스님이 총탄에 쓰러졌다가 백의白衣 관세음보살의 명훈가피冥熏加被에 힘입어 소생하였을 뿐만 아니라 '너의 길을 찾으라' 는 수기授記에 따라 그 진리를 민중에게 전달하려 노력했다. 이는 오로지 관세음보살의 무외력無畏力에 의한 이타행利他行이요, 보살행이라 하지 않을 수 없다.

봉정암

오세암의 기도를 마친 후 대부분 그냥 하산하는 경우가 많은데 오세암 뒷길로 두 시간 반 내지 세 시간을 오르면 봉정암이 나온다.

봉정암의 유래는 이러하다. 자장율사가 관음사(오세암)에서 부처님 진신사리를 모실 자리를 마련하고자 천일기도를 드린 후 나무로 봉황을 깎아서 발원하기를 ‘부처님 진신사리를 모실 곳에 가서 안착하라’고 날려보냈다.

봉황은 지금의 봉정암 자리 뒤편에 있는 봉바위를 세 번 돌고 지금의 사리탑이 있는 곳에 앉았는데, 그 부근에다 부처님의 진신사리를 모셨다고 전해지고 있다.

대청봉에서 바다가 있는 쪽을 바라보면 그 곳이 바로 낙산사 홍련암이고, 약간 북쪽으로 보면 속초인데 도의국사가 조계종 최초의 선풍을 열었던 조계산 두전리 진전사지가 있다.

남쪽으로는 오대산 보궁과 동암이 있고, 그 아래로는 명주군 등명 낙가사, 동해의 삼화사 동암(관음전)이 모두 생관음도량이며 관음이 상주하는 곳이라 믿고 있다. 이는 태장계만다라의 관음원에 항시 동쪽에서 여러 관음께서 상주하며 수행하고 있다고 나타나기 때문이다.

천 년 동안 지금까지 관세음보살이 가장 많이 나투신 곳이 이 곳이다. 오세암은 오세 동자가 관세음보살을 친견하고 견성한 곳이고, 의상스님은 홍련암 석굴에서 관음을 친견 했고, 원효스님은 낙산 길목에서 관음을 친견 했으며, 회정대사는 양구에서 친견 했음이 그 증거다.

강원도 사람들은 ‘암전노불’ 이라고 일컬어진다. 성품이 부처와 같이 말이 없고 순박하며 신심이 돈독하다. 이 모든 것이 불연이 아닌가 싶다.

동대 관음암

아주 옛날 비단 행상으로 하루하루를 살아가는 청년이 있었다. 그는 홀어머니를 모시고 살았는데 효심이 지극했다.

어느 날 비단 짐을 지고 대관령 고갯마루를 넘어가다 노스님 한 분을 발견했다. 그런데 노스님은 길 옆 풀섶에 서서 한참이 지나도록 꼼짝을 않는 것이었다. 청년은 궁금했다. 한참을 바라보던 청년은 궁금증을 이기지 못하여 물었다.

"스님, 여기서 무엇을 하고 계십니까?"

눈을 감고 서 있던 노스님은 아무 말이 없었다. 청년이 재차 묻자 노스님은 얼굴에 잠시 자비로운 미소를 짓더니 조용히 말했다.

"잠시 중생들에게 공양을 시키던 중이라네."

청년은 궁금해 다시 물었다.

"어떤 중생에게 공양을 베풀고 있는 중입니까?"

"이와 벼룩들에게 피공양을 하고 있다네."

"그런데 왜 그리 꼼짝도 않고 계십니까?"

"내가 움직이면 이나 벼룩이 불편할 것 같아 그러네."

노스님의 말을 들은 청년은 큰 감동을 받았다. 청년은 비단장수를 그만 두고 스님을 따라가 제자가 되고 싶은 생각이 들었다. 순간 청년의 뇌리에는 집에 계신 홀어머니의 모습이 떠올랐다.

청년이 잠시 망설이는 동안 노스님은 발길을 옮겼다. 생각에 잠겨 있던 청년은 눈 앞에 노스님이 보이지 않자 비단 보퉁이를 팽개치고 산길을 오르고 있는 노스님의 뒤를 따르기 시작했다. 스님은 청년이 다가오는 것을 아는지 모르는지 뒤도 돌아보지 않고 걸었다. 이윽고 오대산 동대 관음암에 도착하자 스님은 청년을 돌아보며 말했다.

"그대는 어인 일로 날 따라왔는고?"

"저는 비단을 팔아 하루하루를 살아가는 비단장수입니다. 오늘 스님의 인자하신 모습을 보고 저도 스님이 되고싶어 이렇게 뒤쫓아왔습니다. 부디 제자로 받아주십시오."

청년은 간곡히 청했다.

"네가 중이 되겠단 말이지? 그렇다면 시키는 대로 무슨 일이든 하겠느냐?"

"예, 스님. 무슨 일이든 시키기만 하십시오. 이 몸 힘닿는 데까지 열심히 하겠습니다."

청년의 결심이 굳은 것을 확인한 노스님은 출가를 허락했다. 이 때 그는 행자가 되었다. 이튿날 아침 스님은 새로 들어온 행자를 불렀다.

"오늘 중으로 부엌의 저 큰 가마솥을 옮겨 새로 걸도록 해라."

행자는 흙을 파다 짚을 섞어 이긴 후 솥을 새로 걸었다. 한낮이 기울어서야 일이 끝났다.

"스님, 솥 거는 일을 다 마쳤습니다."

스님은 점검을 하시려는 듯 부엌으로 들어가셨다. 살펴보던 스님은 말했다.

"걸긴 잘 걸었다만 이 아궁이엔 이 솥이 커서 별로 필요치 않을 것 같으니 저 쪽 아궁이에 걸도록 해라."

행자는 다음 날 한 마디 불평도 없이 스님이 시키는 대로 솥을 떼어 옆 아궁이에 다시 걸기 시작했다. 솥을 다 걸고 부뚜막을 곱게 만들고 있는데 노스님이 기척도 없이 부엌에 나타나 청년을 꾸짖었다.

"이 녀석아, 이걸 솥이라고 걸어 놓았느냐. 한 쪽으로 틀어졌으니 다시 걸도록 하여라."

노스님은 짚고 있던 석장으로 솥을 밀어 내려앉혀 버렸다. 행자가 보기에는 틀린 곳이 없었지만 스님께 다시 하라는 말을 들었으므로 불평 한 마디 없이 새로 솥을 걸었다.

그렇게 솥을 옮겨 걸고 허물고 걸기를 아홉 번을 반복했다. 노스님은 행자의 구도심을 인정했다. 그리고 솥을 아홉 번 고쳐 걸었다는 뜻에서 구정九鼎이란 법명을 내렸다.

법명을 받은 구정스님은 그 길로 고향의 어머니에게 달려가 자초지종을 말씀드렸다. 아들의 이야기를 다 들은 노모는 아들의 손을 꼭 잡고는 기쁨의 눈물을 흘렸다.

"참으로 장하구나. 어미 걱정은 추호도 하지 말고, 부디 열심히 수행 정진하여 큰스님이 되는 것이 이 어미에게 효도하는 길이니 명심하도록 해라."

그 길로 집을 떠나 오대산 관음전에 돌아온 구정스님은 관음의 가피를 입어 크게 명성을 떨쳤다. 구정스님의 수행은 출가자들의 귀감이 되고 있다.

두타산 삼화사

삼화사三和寺는 한 때 삼공사三公寺, 청련대, 백련대, 흑련대로 부르던 것을 조선의 태조(1392~1398)가 칙령을 내려 삼화사로 불렸다는 기록이 있다.

고려 때의 승려 심영암息影菴의 기록에 의하면 사굴산파의 개조 통효通曉 국사 범일梵日(810~889)이 창건하고 삼공사라 했다고 전한다. 신라 말에 세 신인神人이 각각 많은 무리를 거느리고 이 곳에서 무엇인가 열심히 논의했다. 그들이 떠나자 그 지방 사람들이 이 곳을 '삼공三公'이라고 했으며 얼마 뒤 범일이 여기에 절을 지었다는 것이다.

또 삼화사에는 자장율사와 세 처녀에 관한 이야기가 전해져 온다.

신라 서라벌에 나림, 혈례, 골화라는 아름다운 세 처녀가 있었다. 이들은 집안 어른들끼리 왕래가 잦고 가깝게 지내는 사이여서 절친하게 지냈다. 혼기를 맞은 그녀들이 신랑감을 고를 무렵, 신라와 백제 간에 전쟁이 일어났다. 그 때 청년 김재랑은 전쟁에 나가 큰 공을 세우고 돌아왔다. 궁에서는 김재랑을 위해 축하연을 열었는데 공교롭게도 세 처녀가 이 자리에 참석했다.

김재랑은 세 처녀를 본 그 날부터 잠을 이루지 못했다. 처녀들 또한 김재랑을 사모하는 마음을 걷잡을 수 없었다. 그들은 각자의 시녀를 통해 연정을 전했다. 김재랑은 기뻐하며 세 처녀를 번갈아가며 만났다.

그러나 오래지 않아 이 소문은 파다해지고 세 처녀는 좋은 친구 사이에서 서로 질투하고 적대시하는 사이가 되었다.

그러던 중, 신라는 고구려와 전쟁을 하게 되어 김재랑은 다시 전쟁터로 나가 많은 공을 세우고 돌아오다 그만 고구려군 첩자에게 암살되고 말았다. 김재랑을 너무도 사랑한 세 처녀는 비통한 마음을 금할 길이 없어 모두 산에 들어가 두타 고행을 하여 마침내 나림, 혈례, 골화라는 이름의 여신이 되었다.

그 산이 바로 오늘의 강원도 동해시 두타산이다. 여신이 된 세 처녀는 도를 얻고 신력을 갖추고서도 진실을 깨닫지 못하였는지 김재랑의 죽음을 서로의 잘못으로 미루며 저주했다. 또 그녀들은 주민들이 치성을 드리길 원했고 복종치 않으면 노여움을 나타내며 재앙을 내리기도 했다.

어느 날 오대산 성지를 개산開山하고 동해안으로 내려오던 자장율사는 두타산의 산세에 감격해서 그 곳으로 향했다. 이 때에 자장율사를 본 나림은 스님이 산에 오르지 못하게 하기 위하여 아름다운 여인으로 변하여 자장율사를 유혹했다.

"스님, 어디로 가십니까?"

"이 산세가 하도 좋아 절을 창건할 인연지를 찾으러 왔소."

"참으로 거룩하십니다. 저도 따라가고 싶사오니 허락하여 주십시오."

"산길이 험하고 힘들 것이니 훗날 절이 창건되거든 오시지요."

나림의 동행을 거절한 자장율사는 초가을 달빛이 교교히 흐르는 산길을 삼경이 가깝도록 걸었다. 인기척이 나는듯 싶어 뒤돌아 본 자장율사는 내심 놀라지 않을 수 없었다. 먼 발치에서 나림이 뒤따라오고 있는 것이 아닌가. 자장율사는 따라오는 나림에게 사연을 듣고 싶었으나 모르는 척 걸음을 재촉했다.

골화전에 이르러 자장율사는 주막을 발견하고 하룻밤 유숙키로 했다. 어느 새 따라 들어온 나림은 스님이 묵는 방에 주안상을 들고 들어왔다.

"목이 컬컬하실 텐데 우선 한 잔 드시지요."

잠시 대답이 없던 스님이 말문을 열었다.

"당신은 지금 신력을 얻어 아름다운 모습으로 나를 유혹하려 하나 내 눈에는 당신이 아름답기는커녕 인분으로 싼 비단같이 보이는군요. 자신의 몸뚱이가 더러운 물건을 싸 가지고 다니는 것인지 모른다면 이는 전도된 인생입니다. 그 정도의 신력을 얻었으면 더 공부하여 열반의 세계에 안주토록 하시오."

나림은 스님의 법문을 듣고 크게 깨달았다.

"스님, 저의 죄를 용서해 주시고 앞으로 깊은 불심을 일러 주십시오."

"나림, 참으로 장한 발심이오."

"어떻게 제 이름을 아시는지요?"

"내가 잠시 선정에 들어 관하여 보았지요."

나림은 감동하여 스님에게 귀의했다. 처소로 돌아와 혈례와 골화에게 이 사실을 전하고 함께 귀의할 것을 권했으나 비웃기만할 뿐이었다.

"그까짓 스님 하나 유혹 못하다니……. 둘이 함께 가서 혼을 내주고 절을 창건하지 못하게 하자."

"거참, 좋은 생각이구나."

혈례와 골화는 즉시 호랑이로 변신하여 자장율사 앞에 나타나 길을 막았다.

"이런 무례한 노릇이 있나. 아무리 축생이기로서니 스님의 길을 막다니. 어서 물러나거라."

호랑이들이 어르릉거리며 달려들 기세를 보이자, 스님은 금강삼매에 들어 몸을 금강같이 굳혔다. 호랑이들은 그런줄도 모르고 한마리는 발톱으로 스님을 내리쳤고 또 한마리는 스님의 옆구리를 물었다. 그러자 사납게 달려든 호랑이의 발톱과 이빨은 부러지고 말았다. 이에 더욱 화가 난 호랑이가 더욱 기세를 높여 맹렬히 달려들자 자장율사도 주문을 외워 큰 칼을 든 금강역사로 변했다. 놀란 호랑이는 주춤거리더니 돌아서서 도망가기 시작했다. 금강역사는 성큼성큼 발을 옮겨 도망치는 호랑이를 한 손으로 잡았다.

"자, 이제 너희들의 본색을 드러내거라."

호랑이들은 눈물을 흘리며 잘못을 뉘우치고 자신의 사연을 늘어 놓았다.

"잘못을 알면 두 번 다시 죄를 범하지 말도록 하시오. 미움과 시기, 질투는 모두 욕심에서 비롯되니 욕망의 불을 끄는 공부를 하여, 얻은 신력으로 중생을 이익되게 하시오."

이때 언제 왔는지 나림이 와 있었다.

"스님의 원력으로 우리 모두 발심하게 되었으니 제가 앞장서서 금당 자리를 안내하고 스님을 도와 절을 창건하는데 동참하겠습니다."

자장율사는 나림이 인도한 장소에서 불사를 시작하였다. 세 여인은 장사로 변하여 무거운 짐을 나르고 마을 주민들이 힘을 모아 절은 쉽게 세워졌다. 세 여인이 화합발심하여 창건한 절이라 하여 이 절을 삼화사라고 명하고 마을 이름도 삼화동이라 불리우고 있다.

괘방산 등명낙가사

강원도 태백산 정동쪽에 위치한 등명낙가사는 자장율사가 창건하여 수다사水多寺라고 했다. 자장은 당시 북쪽의 고구려와 남쪽의 왜구의 침범이 잦아 백성을 괴롭히고 변방을 어지럽히므로 이를 막기 위해 이 절을 창건했다고 한다. 이 때 앞바다에다 은은한 무늬로 조각된 지대석 위에 축조된 5층수중사리보탑을 세웠다. 고려 때는 등명사라 했으며 《신증동국여지승람》에 의하면 정동 3경에 등불을 밝히고 기도를 드리면 모든 소원이 이루어진다고 전해왔다. 그로 인하여 많은 대중이 운집하였고 고승 대덕이 많이 배출되었던 곳이기도 하다.

문수·보현보살이 부처의 사리를 오대산에 모셨고 보현보살은 강릉 한송사에 머무르고 문수보살은 5백나한과 등명사에 계신다고 전해져 왔다.

조선 초기에는 유생들이 상소를 올렸다.

'대중이 운집하여 쌀뜨물이 바다로 흘러들어 오염시키니 폐사함이 마땅하다.'

그리하여 결국 폐사되었다. 유생들의 생각에 '정동의 등불'을 끈다는 것은 불교성지를 폐함으로써 불교가 망할 것이라 생각했기 때문이었다. 그러나 폐사 후 신비한 약수가 나와 사람들이 이 약수를 마시면 병이 낫고 기도를 드리면 성취가 이루어져 폐사 이후에도 많은 사람이 모였다 한다.

폐사와 관련하여 다른 두 설이 전하여진다.

그 하나는 1592년(선조 25) 임진왜란 때 왜병의 방화로 소실되었다는 설, 다른 하나는 이 절이 정동쪽에 위치해 있어서 궁중에서 받아야 할 일출日出의 빛을 부처님을 모신 절에서 먼저 받는다하여 '정동의 불을 끄면 조선 불교는 자연히 사라진다'는 설에 따라 폐사된 것이라 한다.

5백 년이 지난 후 형각선사가 발원하여 5백나한전과 관음전을 중수하여 많은 불자의 귀의처가 되어 항시 기도하려는 불자들이 인산인해를 이루고 있다.

자장율사

자장율사는 경남 양산 통도사 보궁, 오대산 월정사 보궁, 오세암, 봉정암 보궁, 삼화사 그 외 수많은 절을 창건하고 수다사를 새로 창건한 후 수다사에서 주석하였다. 세상과의 인연이 얼마남지 않았음을 안 자장율사는 문수보살을 한 번 친견하기를 서원했다.

그러던 어느 날 밤 스님은 중국의 오대산 북탑北塔에서 범어게梵語偈를 주던 범승을 꿈에서 만났다.

"스님, 이 밤에 어인 일이십니까? 밖이 어두우니 안으로 드시지요."

"내일 날이 밝으면 대송정(大松汀;지금의 寒松汀)에서 만납시다."

놀라 잠에서 깬 자장스님은 날이 밝자마자 대송정으로 달려가 문수보살을 염했다.

"자장스님, 잘 찾아 오셨군요. 소승은 문수보살의 말씀을 전하기 위해 왔습니다."

"무슨 말씀이신지요?"

"태백산 갈반지葛盤地에서 만나자고 하시더군요."

"그게 언제쯤인가요?"

"그것은 스님이 선정에 들어 관觀해 보시면 알 것입니다."

범승은 작별 인사를 할 새도 없이 어느 결엔가 사라졌다.

이튿날 자장스님은 대중을 모아 놓고 말했다.

"계율은 공부의 등불이니 필히 지켜 도업을 이루도록 해야 한다."

자장스님은 갈반지를 찾아 떠났다.

태백산에 이르러 마을 사람들에게 물었으나 아무도 갈반지를 아는 이가 없었다. 태백산을 헤매던 스님은 혼자 생각했다.

'갈반지라? 갈이란 칡을 뜻하고, 반이란 소반을 말함일 터인데…….거참 묘한 지명이구나'

스님은 제자들에게 칡덩굴이 있는 곳을 찾도록 지시했다. 그렇게 사흘 간 산 속을 헤맨 일행은 드디어 칡덩굴이 엉켜 있는 곳을 발견했다. 그런데 이게 웬일인가. 칡덩굴 위에는 10여 마리의 구렁이가 또아리를 튼 채 엉켜 있었다. 제자들은 모두 놀라 뒤로 물러섰다.

"오, 이 곳이 바로 갈반지로구나. 여기서 우리가 할 일은 저 구렁이들을 제도하는 일이다. 이제부터 모두 《화엄경》을 독송토록 하여라."

염불소리가 고요한 산속에 울려퍼지자 이상하게도 엉켜 있던 구렁이들은 스르르 몸을 풀었다. 그 날 밤 자장스님의 꿈에 뱀이 나타나 울면서 말했다.

"스님, 저희는 전생에 불법을 공부하던 승려였는데 수행을 게을리하고 시물 아까운 줄 모르고 낭비하다가 그만 뱀의 과보를 받았습니다. 그 동안 참회를 거듭하면서 큰스님이 나타나 제도해 주시길 학수고대하던 중 스님을 만났으니 몸을 바꾸도록 경을 독송하고 법문을 설하여 주옵소서. 저희는 지금부터 단식에 들어가겠습니다. 그리고 저희가 누

워 있는 자리 밑에는 금은보화가 묻혀 있으니 그 재물은 절을 창건하시
는데 쓰십시오."

경을 독송하기 7일째 되는 날 구렁이들은 구렁이의 몸을 벗고 해탈
하였다. 구렁이들을 화장하여 천도한 후 그 자리를 파보니 과연 금은
보화가 가득 묻혀 있었다. 자장스님은 그 곳이 바로 문수보살을 친견할
인연지로 생각하고 석남원石南院을 창건하니 그 절이 바로 오늘의 갈래
산葛來山 정암사淨岩寺인 것이다.

그 후 스님은 산정에 탑을 세우려 했으나 어찌된 일인지 세우면 쓰러
지고 또 세우면 쓰러졌다. 스님은 백일기도에 들었다.

기도가 끝나는 날 밤, 눈 덮힌 산 위로 칡 세 줄기가 뻗어내려와 지금
의 수마노탑(水瑪瑙塔: 보물 제416호), 적멸보궁, 법당자리에 멈추니 그 자
리에 탑을 세웠다 하여 정암사를 속칭 갈래사葛來寺라 불렀고 갈래란
지명도 생기게 되었다.

수마노탑이란 서해 용왕이 물 위로 운반하여 보낸 마노석으로 세운
탑이란 뜻에서 연유된 이름이다.

스님은 정암사 불사에 전력을 다하면서 문수보살을 기다렸다. 그러
던 어느 날 다 떨어진 방포를 걸친 늙은 거사가 칡 삼태기에 죽은 강아
지를 담아 가지고 절 앞에 와서 자장율사 만나기를 청했다. 괘씸하게
생각한 시봉은 한 마디로 거절했다.

"우리 스님이 뉘신 줄 알고 감히 법명을 함부로 부르는 게요. 시장하
여 정신이 오락가락하나 본데, 밥이나 줄테니 잠자코 먹고 돌아가시
오."

"웬 말이 그리 많으냐? 어서 가서 내가 자장을 만나려 한다고 일러
라."

시자는 늙은 거사가 하도 강경하게 말하므로 하는 수 없이 자장율사에게 사실을 전했다. 전갈을 들은 스님은 대수롭지 않게 말했다.

"잘 타일러서 보내도록 해라."

시봉이 나와 거사를 내쫓듯 큰소리로 나무랐다.

거사는 안타까워하며 말했다.

"아상을 가진 자가 어찌 나를 보겠느냐."

거사는 삼태기를 거꾸로 쏟았다. 그러자 그 안에 들었던 죽은 강아지가 땅에 떨어지면서 큰 사자보좌로 변했고 그 거지같은 거사는 사자를 타고 빛을 발하면서 허공으로 사라졌다. 시자로부터 이 말을 전해 들은 자장은 크게 탄식했다.

"참으로 나의 아상이 문수보살 친견을 막았구나. 나의 수행이 헛것이었다니……."

자장율사는 법복으로 갈아입고 거사가 사라진 남쪽산으로 올라갔으나 아무 흔적도 없었다. 자장율사는 제자들에게 말했다.

"육신으로는 문수보살을 만날 수가 없어 내 이 곳에서 입정에 들어 만나뵙고 참회할 것이니 3개월 간 내 몸을 잘 보관토록 해라."

말을 마친 자장율사는 조용히 바위에 앉아 입정에 들어갔다. 그 후 3개월이 되어도 신체와 안색은 평상시와 다름이 없는데 자장율사는 깨어나지 않았다. 대중들은 이제 그만 다비식을 하자는 등 의견이 분분했다. 그렇게 백 일이 되던 날, 스님 한 분이 와서 스승이 열반에 들었는데 왜 다비를 하지 않느냐고 호통을 쳐서 제자들은 자장율사의 입정에 든 바위에서 다비식을 가졌다. 식이 끝나자 공중에서 자장율사의 소리가 들렸다.

"내 몸은 이미 티끌이 되었으니 의탁할 곳이 없구나. 너희들은 계에 의존하여 생사의 고해를 건너도록 해라."

정암사에는 문수보살을 친견하지 못한 자장율사가 안타까워하며 그
때 마당에 꽂은 지팡이가 아직도 남아 있는데 문수보살의 위신력이 기
이함을 알 수 있다.

금오산 향일암

남해 보리암은 그 주변에 많은 암자를 가지고 있는데 그 각각의 암자는 관세음보살의 가피의 맥을 이어오고 있다.

여수의 남쪽에 위치한 돌산도는 우리 나라에서 아홉번째로 큰 섬이다. 이 섬의 남쪽에 원효의 관음도량 향일암이 자리하고 있는데 해돋이와 낙조 풍광이 일품이다. 섬 주변에는 '욕지연화장 두미문세존(欲知蓮花藏 頭尾問世尊: 연화장의 세계, 즉 부처님의 깨달음의 세계를 알려거든 처음과 끝을 세존에게 물어보라는 말)' 이라는 말처럼 욕지도, 세존도, 우도, 두미도, 문도 등 불연이 깊은 섬들이 병풍처럼 둘러져 있다.

뱃길로 그 섬을 지나다 보면 향일암 앞바다에서 감응도를 만난다. 세존도, 미타도를 지나면서 까마득하게 보이는 것이 관음전이다. 언뜻 보기에는 거북이가 바다로 내려오는 형국이다. 주변에는 수백 그루의 동백나무가 숲을 이루고 있는데 멀리서 보면 연꽃 위에 향일암이 있는 듯하다.

달이 뜬 밤바다는 황금연못이 되어 《화엄경》의 연화장 세계가 펼쳐지는 금오열도의 보궁으로 변한다.

동백 숲의 가파른 길을 지나다 보면 수많은 기도객과 마주친다.

겨우 한 사람이 지날 정도의 아슬아슬한 바위 틈을 지나면 기암절벽 위에 아슬아슬하게 세워져 있는 몇몇 전각이 나타나는데 이 곳이 향일암이다. 대웅전에서 좁은 길을 따라 좀더 올라가면 관음전이 있다. 이 곳은 원효스님이 수도했다고 전해지는 곳이다.

60년대에는 교통편이 어려워 거의 배편을 이용하였다. 그러다 80년대 초부터 도로가 개설되었다. 그 어려운 교통편에도 불구하고 수행자와 신도들의 발길은 끊어지지 않았고, 관음을 친견하여 보리공덕을 이루고자 밤낮으로 정진하는 모습은 참으로 아름다운 모습이 아닐 수 없다.

법당의 조그만 감실에 예쁜 관세음보살님이 계셨는데 보는 이마다 환희심을 일으키게 했다 한다. 지금은 현재 모셔져 있는 부처님의 복장 속에 모셔져 있는데 도둑이나 이를 훼손하려는 이로부터 보호하고자 함이니 아쉬움이 남을 뿐이다.

이는 왜정 말기 한 초등학교 교사가 불상을 훔쳐 달아나려 한 일이 있은 후 분실을 막기 위해 그렇게 하였다. 그 후 신도들의 말에 의하면 훔쳐서 밤새 달아났지만 새벽 동이 틀 때까지 달아난 게 바로 제자리였다 한다.

그 이후도 기도하다 보면 다기가 들썩거리는 소리가 나고, 신도나 기도객이 오려고 하면 그 전날부터 바위 밑에서 사람 소리가 소근거리곤 한다.

이는 관세음보살님께서 도량에 늘 상주하고 계시며, 열심히 정진하는 중생들에게 신심을 다시 한번 일깨워주려는데 그 이유가 있다.

향일암은 4대 관음성지의 한 곳으로 일컬어진다. 1천 3백 년 전인 신라 선덕여왕 13년(644) 원효스님 때 '원통암圓通庵' 이란 이름으로 창건되었다. 고려 때에 와서 광종 9년(958)에 윤필거사가 산 형세에서 이름을 따 '금오암金鰲庵' 이라 개칭했다. 임진왜란 당시에는 승군의 본거지로 이용되었다.

현재 향일암에 있는 '영구암靈龜庵'이라는 편액은 근대의 고승인 경봉스님이 주석할 때 붙인 이름으로 금오산 동쪽 기슭에 있던 암자를 옮기면서 절 뒷산에 있는 거북이 모양의 바위에 새겨진 신비한 육각문형을 보고 현판을 썼다고 전해진다.

금오산은 '금거북'이라는 뜻인데 산의 형상이 마치 거북이 중생구제의 서원을 안고 경전을 등에 진 채 용궁으로 향하는 듯한 모습을 하고 있기에 그러한 이름이 붙여진 것이다. 한 사람이 흔드나 열 사람이 흔드나 똑같이 흔들린다는 이 바위는 한 권의 경전을 펼쳐놓은 듯한 형상으로 이 바위를 한번 흔드는 것만으로도 경전을 한번 사경한 것과 같다고 한다.

이 곳의 다른 이름으로 '책육암册六庵'이라는 것이 있는데 이는 육근의 옳지 못한 행위를 경계한다는 수행의 의미가 포함된 이름이다. 거북의 목과 네 다리, 그리고 꼬리를 모두 합하면 여섯이 되므로 사람의 육근을 여기에 비교하여 거북이가 위급할 때 고개를 집어넣고 발을 감추며 꼬리를 사리는 모습처럼 사람도 조심해서 수행하라는 의미가 들어 있다고 한다.

한 암자를 두고 이렇게 많은 이름의 인연이 있는 것은 그만큼 많은 불연과 염원이 담겨 있음을 뜻한다고 할 수 있다.

영축산 흥국사

흥국사는 여수시 영축산에 자리하고 있다. 인도의 영축산은 본래 부처님이 7년 간 《법화경》을 설한 곳이다. 우리 나라에도 영축산이라는 이름을 가진 산이 몇 곳 있지만 통도사의 주산인 영축산과 이 곳이 그 중 유명하다. 이 산의 남서쪽 기슭으로 진례산進禮山의 봉우리가 뻗어 내려 계곡을 이루고 마침내 하나로 합쳐지는 아늑한 터에 절이 들어서 있다.

이 절은 고려 명종 25년(1196) 보조국사가 창건했는데 나라가 흥하면 이 절도 흥할 것이라는 흥국의 기원을 담고 있다. 보조국사는 이 곳에서 5년 간 안거하다가 송광사에서 주석했다.

흥국사를 찾아가는 중에 가장 먼저 만나는 것은 임진왜란 때 승군이 쌓았다고 전해지는 무지개 다리(虹橋: 보물 제563호)이다.

현존하는 무지개 다리 중 가장 큰 것으로 근래 홍수로 인해 일부 훼손되자 다시 보수하였는데 이 때 자연스러운 곡선미가 많이 흐트러졌다고 한다.

보물 제369호로 지정된 대웅전은 정면 3칸, 측면 3칸의 다포계 팔작 지붕이다. 기둥과 대웅전을 받치고 있는 축대 또한 높아 더욱 장중하다. 중앙에는 본존불이 모셔져 있고 닷집 아래에도 보물 제578호로 지정된 후불탱화가 걸려 있다.

대웅전 안에 눈길을 끄는 관음벽화가 하나 있다. 중앙 불단의 뒷벽에 한지를 덧바르고 그린 수월 백의 관음이다.

　벽 전체에 그려진 관세음보살은 오른쪽 발을 왼쪽 허벅지에 올리고 손은 자연스럽게 두 무릎 위에 올린 반가상이다. 흰 두건을 머리로부터 내려쓰고 하얀 장삼을 걸쳤으며 하얀 바탕에 붉은 꽃무늬가 있는 치마를 입었다. 두광은 빛나는 초록색이고, 얼굴은 입이 작고 볼이 두툼하여 자비롭게 보인다.

　이 벽화의 연대는 정확히 알 수 없으나, 강진 무위사나 양산 통도사의 관음벽화보다 조금 늦은 대략 1760년 이후에 제작된 것으로 보인다.

　흥국사가 자비의 화신인 관세음보살의 도량이라는 다른 증거는 원통전이다. 원통전圓通殿은 관세음보살을 모신 곳인데 관세음보살의 자비가 두루 통해 미치지 않는 곳이 없다는 뜻에서 붙여진 이름이다.

　그 곳에는 관세음보살상과 함께 영산회상도와 신중탱화(1917)를 봉안하고 있다. 특히 불단을 가운데 두고 있어 불자들이 탑돌이를 하듯 주위를 돌 수 있도록 해 놓았는데 고종 때의 만일염불회는 이러한 수행으로 유명하다.

　원통전 벽화의 관세음보살은 조선 후기의 부처님으로 반가부좌의 자세로 정면을 바라보고 그 아래 선재동자가 있는 모습이다. 관세음보살은 머리 위 보관에서부터 어깨를 감싸면서 아래로 부드럽게 늘어뜨린 사라沙羅에 하얗게 빛나는 무늬가 묘사되어 있다. 이 사라의 표현은 고려시대의 수월관음도에서 자주 볼 수 있는 것이기도 하다. 출렁이는 파도 속에 두 손을 다소곳이 모으고 서 있는 선재동자는 바람에 휘날리는 옷을 입은 어린 수행자의 모습을 잘 나타내고 있다. 왼쪽 암벽 위에 푸른 소나무가 있고 오른쪽 바위 위에는 정병에 버들가지가 꽂혔으며 그 위로 관음조가 날고 있다.

　이 보살의 모습은 하얀 장삼에 붉은 풀무늬 치마를 입고 두광은 밝은 초록색이며 보관의 중앙에는 아미타불이 모셔져 있다. 얼굴은 부드러운 곡선을 하고 있으며 입은 작고 근엄한 모습이다. 선재동자를 지그시 내려다보고 있는 모습은 마치 어머니가 아이를 내려다보고 있는 모습 같다.

　바다에서 솟아난 연꽃 좌대에 편안히 앉아 있는 모습은 고난에 빠져 허우적거리는 중생을 구제하려는 관세음보살의 원이 잘 나타나 있는 듯하다.

　창건 때부터 호국정신이 깃들어 있는 흥국사는 이렇듯 관세음보살의 자비에 의지하여 나라의 안정과 융성을 기원했던 국찰로서 지금까지도 아낌없는 사랑을 받고 있다.

월출산 무위사

월출산 남쪽 기슭에 자리한 무위사는 근처의 월남사지月南寺址와 함께 유서 깊은 사찰이다. 《무위사사적기》에 의하면 무위사는 신라 진평왕 39년(617)에 원효대사가 창건하여 절 이름을 관음사라 했고 그 후 헌강왕 1년(875)에 도선국사가 갈옥사葛屋寺로 바꿨다. 고려 정종 원년(946)에 선각先覺대사가 3창하고 모옥사茅屋寺로 개명, 조선 명종 10년(1555)에 태감太甘선사에 이르러 비로소 '무위사'라 이름하고 널리 교화를 폈다고 한다. 하지만 신빙성이 별로 없다.

무위사에 들어서면 가장 먼저 눈에 들어오는 곳이 극락전(국보 제13호)이다. '무위사'라는 명칭에 걸맞게 인위나 조작이 닿지 않은 한점의 허세나 치장 없이 단정한 모습이다. 극락전에는 아미타불이 주존불로 모셔져 있다. 원래 29점의 벽화가 있었으나 지금은 본존불 뒤의 후불벽화만 남아있고, 나머지는 벽화보존각에 보존되어 있다. 극락전에 있는 후불벽화는 수월관음도인데 화면 전체에 관세음보살이 둥그스름한 두광과 신광을 지고 서서 아래쪽을 내려다보고 있는 모습이다.

관세음보살은 넓적한 얼굴, 굵은 목, 넓은 어깨 등 전체적으로 강건한 남성적 체구를 보여 주고 있다. 아미타불을 표시한 보관 위에서부터 흰 천을 내려쓰고 있는데 그 양쪽 자락이 어깨를 덮고 내려와 흩날리고 있다. 바람에 날리는 천의의 모습은 고려 말의 양식으로 활발하고 유려한 모습이다. 그 아래의 노비구는 절실히 염원하고 있는데 노비구 왼쪽의 태양은 바로 관세음보살님의 가피인 '깨달음의 태양' 일 것이다. 그 옆에는 조선 명조 때 유자량이 지은 시가 적혀 있는데 보는 이들로 하여금 저절로 피안에 이르게 한다.

한편 이 벽화들은 한 노거사가 49일 간 아무도 근처에 오지 못하게 하고 그렸다는 이야기가 전해 온다. 주지스님이 하도 궁금해서 마지막 날 구멍을 뚫고 구경을 하니 파랑새 한 마리가 입에 붓을 물고 보살님의 눈동자를 그리고 있었다. 인기척에 놀라 파랑새가 날아가 버려 지금과 같은 눈동자 없는 관세음보살의 모습을 하고 있다.

내소사

내소사는 변산반도 남쪽에 자리잡고 있는데 선계사, 청림사, 실상사(지금은 모두 없어짐)와 함께 4대 명찰로 이름 있는 곳이다.

일주문에서 천왕문에 이르는 긴 전나무 숲을 지나노라면 내소사 산죽山竹과 만날 수 있다.

꽃문으로 유명한 대웅보전은 그 의장意匠과 기법이 매우 독창적인 조선시대 중기의 대표작이다. 못 하나 쓰지 않고 나무를 깎아 서로 교합하여 만들어졌다고 한다.

또한 법당 내부에 그려진 벽화 또한 주목할 만하다. 후불벽화에는 관세음보살이 그려져 있는데 녹색의 큰 두광을 배경으로 바위 위에 앉아 가부좌한 모습을 하고 있다. 흰 천의는 배 근처에서 묶여져 있는데 그 부드러움이 자비와 함께 어우러져 나오는 듯하다. 보살님의 왼쪽 위험한 절벽에는 선재동자가 앉아 있고, 오른쪽에는 해상용왕이 바위 사이에서 합장하고 있다.

이 곳은 신라시대 혜구두타惠丘頭陀가 창건한 곳인데(《신증동국여지승람》에 의하면) 16세기 무렵에는 내소사가 대·소의 두 개로 되어 있었다. 지금의 내소사는 '소내소사'를 말한다. 또 이 곳은 오랫동안 '소래사'라고 불리웠는데 18세기에 제작된 괘불과 고려 동종(보물 제277호)에 내소사라는 이름이 처음 등장한다.

성덕산 관음사

관음사는 송광사의 말사로 고려 공민왕 23년(1374)에 원통전을 중수하는 등 다섯 차례의 중건을 하고 큰스님을 많이 배출한 곳이다. 6·25 동란 전까지 이 절의 원통전은 국보 제273호, 금동관음보살좌상은 국보 제214호로 지정되어 있었으나 전란 중에 모두 소실되었다.

《성덕산관음사사적》에 창건 연기가 전하는데 성덕과 원량, 홍장 부녀의 이야기가 기록되어 있다.

백제 비류왕 5년(308) 성덕聖德이라는 처녀가 낙안포에서 금동관세음보살상을 모셔다 절을 지었다고 한다. 그리고 창건 뒤 성공性空스님이 성덕의 상像을 만들려 하다가 생각을 바꾸어 관세음보살상을 모시고 절 이름을 성덕산 관음사라 했다고 전한다. 하지만 이 때는 백제에 불교가 전해지기 이전이므로 신빙성이 없다.

한편 이 부근에는 원량元良이라는 장님이 살았다. 그에게는 홍장洪莊이라는 딸이 있었는데 용모가 뛰어나고 효성도 지극했다. 하루는 원량이 동네를 지나는데 성공스님이 원량을 보자 큰절을 올렸다. 그러면서 말하기를 간밤에 꿈을 꾸었는데 신인神人이 나타나서 '오늘 동네에서 장님을 만날텐데 그가 장차 대화주大化主가 될 것이다'라고 했다는 것이다. 원량은 놀라서 자신의 가난한 처지를 설명했으나 스님은 한사코 그에게 화주가 되어 줄 것을 간청했다.

스님과 헤어진 원량은 근심이 태산 같았다. 그런데 마침 중국에서 사신이 찾아왔다. 진나라 혜제惠帝가 '새 황후가 될 분이 동국에 있을 것이니 그 곳으로 가보라' 하여 배를 타고 왔는데 어떤 알 수 없는 힘에 이끌려 이 집까지 오게 되었다는 것이었다. 부녀는 사신이 가지고 온 예물을 받아 그것으로 성공스님에게 시주를 하여 절을 짓도록 했다. 그리고 홍장은 중국으로 건너가 진나라 혜제의 비가 되었다.

황후가 된 홍장은 착한 심성으로 황제의 총애를 한몸에 받으며 계속해서 정업淨業을 닦았다. 그러나 고국을 못잊어 53불과 5백 성중, 그리고 16나한상을 만들어 배에 실어서 백제로 보냈다. 그 배는 감로사甘露寺 앞 나루에 닿았으며 감로사에 봉안되었다.

그 뒤에도 홍장은 관세음보살상을 주조하여 돌배〔石船〕에 실어 백제로 보냈는데 낙안樂安 땅에 도달한 배는 이를 수상히 여겨 잡으려는 수졸을 피해 그 곳을 떠났다.

그 돌배가 닿은 곳은 옥과현이었다. 그 곳에 사는 성덕이라는 처녀가 배 안을 살펴보니 관음금상이 빛나고 있었다. 성덕은 놀라 배례를 하고는 관세음보살상을 업어 인연의 땅에 모시기 위해 여러 곳을 순력했다. 전부 열한 번을 옮겨 다녔다는데 마침내 가장 적당한 곳을 찾아 관음금상을 봉안하고 절을 지으니 이 곳이 바로 지금의 관음사이다.

이 설화는《심청전》의 원형설화로도 유명하다.

추월산 보리암

　이 절은 담양군 추월산에 자리하고 있으며 고려시대에 보조국사 지눌이 창건했다고 전한다. 당시 지눌스님은 지리산 상무주암을 찾기 위해 매를 날려 보냈는데 그 매가 날아가 이 곳에 앉으므로 여기에다 절을 창건하였다 한다. 이후 1607년에 신찬스님이 중수했다.

　굴법당에는 관세음보살과 함께 남순동자상, 용왕상을 봉안해 놓았다.

　우리 나라에는 3대 보리암이 있는데 금강산 보리암, 남해 보리암, 추월산 보리암이 그 곳이다. 이 세 곳은 관음성지로서 예로부터 널리 알려져 있다.

축성암

학은 희기의 진리이고 까마귀는 검기의 진리다. 온갖 초목이 모여서 철마다 산을 아름답게 장식하며, 그들 모두는 그들의 세계에서 그들만의 삶을 향유하고 있다. 우리가 밟고 서 있는 이 땅의 표면과 땅 속도 마찬가지이다. 땅 위의 헤아릴 수 없는 벌레들의 세계가 그렇고 수중생물들의 세계가 그렇다. 그들만의 희노애락을 겪으며 일생을 살아가고 있는 것이다.

전남 영암의 축성암은 바위 절벽에 세워진 관음도량이다. 썰물일 때에는 법당 아래에까지 물이 들어와 법당에서 바라보고 있으면 저 멀리 펼쳐진 섬들의 모습이 수평선까지 닿아 보타낙가의 세계를 나타내는 듯하다.

이 도량의 창건주인 담공조사의 이야기는 이러한 우리의 삶들을 담백하게 소화해내며 생활하신 분이 아닌가 싶다. 담공조사는 우리 나라에 온돌을 전래시켜 온돌조사라고도 불리우는 분인데 축성암이 관세음보살과 인연이 있어 그 이야기를 옮겨 본다.

담공조사가 가지산문의 개창조인 도의국사와 함께 중국 유학을 마치고 귀국한 후 이 곳 축성암에서 머물 때의 일이다.

굵은 빗방울과 거센 바람으로 며칠째 옴짝달싹을 못하고 방에만 앉아 있어야 했다. 저 앞의 구성리나 화원반도도 빗물에 가리워 희미했고

"

허연 포말을 일으키는 파도만이 굉음을 울리며 굴 문 앞을 오락가락하고 있었다.

절벽 밑 우물도 바닷물에 잠겨 마실 수 없었고 곡기가 끊긴 지는 열흘이 넘었다. 손에 든 염주의 굴림도 느려지고 의식마저 희미해져 가고 있었다. 담공은 관세음보살만을 염하며 버티고 있었다.

희미해져 가는 정신을 추스리며 다시 한번 자세를 가다듬고 합장을 했다.

"대자대비하옵신 관세음보살님이시여, 이승의 인연이 다하더라도 세세생생 나의 님이신 당신을 향한 이 마음은 영원히 변치 않을 것이며 님께서 고통받는 중생을 위하여 서원을 세우셨듯이 저도 이 땅의 중생을 위하여 서원을 세우오니 님이시여, 긍휼히 여기시어 저의 서원을 거두어 주옵소서. 이 목숨 다하더라도 님의 명호 부르오니 나의 님이시여, 굽어 보시옵소서.

관세음보살님, 관세음보살님……."

그는 관세음보살의 명호를 부르다가 쓰러지고 말았다.

그런데 어디선가 새 우는 소리가 들려왔다. 바람 소리도 사라지고 그 사납던 비도, 파도도 가라앉았다. 청량한 기운이 온몸을 감싸고 있었다. 살그머니 눈을 뜬 담공은 자신의 눈을 의심했다. 관세음보살이 그윽한 눈으로 자신을 내려다보고 계신 것이었다.

깜짝 놀란 담공이 오체투지를 올린 후 관세음보살님을 바라보았을 때 관음조 한 마리만이 푸른 깃을 펄럭이며 굴 밖으로 날아가고 있었다. 황급히 굴 밖으로 나가 보니 어느 곳에도 관세음보살이나 관음조는 보이지 않았다. 단지 굴 입구에 50여 가마의 쌀만이 수북이 쌓여 있었다.

계절이 여러 번 바뀌고 담공스님의 정진은 그 깊이를 더해갔다. 관세음보살을 친견한 후 담공스님은 자신이 본 관세음보살의 모습을 그려서 모셔 두고 그 토굴에서 10여 년이 넘게 관음정진에 몰두하고 있었다.

그러던 어느 해 겨울, 남쪽에서는 보기 드물게 많은 눈이 내리고 있었다. 담공스님은 여느 때와 같이 정진에 몰두하고 있었다. 그는 문득 밖에서 인기척을 느끼고 잠시 나가 보았다. 굴 밖에는 많은 사람들이 모여 있었다.

봉두난발에 수염까지 기른 담공을 보고 그 중 연장자가 말을 걸어왔다.

"혼자 굴 속에서 수도하시는 모양인데 스님이시요, 속인이시오?"

"예, 소승은 담공이라고 합니다만, 어인 일로 이 외진 고을에 찾아오셨는지요?"

"우리는 바다 건너 구성리에 사는 사람들인데 오늘 아침에 하도 이상한 일을 보았기에 이렇게 찾아오게 되었습니다."

"이상한 일이라니요?"

"다름이 아니라, 여기 동자승은 없는가요?"

"보시다시피 소승 혼자 생식을 하며 기도 중입니다. 더구나 이 곳은 인가가 없는 섬이어서 사람 구경조차 힘이 드는 곳입니다. 동자승이 있을 리 없지요."

"거참 이상한 일이네. 분명히 우리 눈으로 봤는데. 스님, 그러지 말고 스님 토굴 안을 한 번 봅시다."

"무슨 일인지는 모르지만 그러시지요. 누추하지만 눈도 많이 오고 하니 안으로 들어오시지요."

구성리 사람들은 굴 속으로 들어서다 말고 깜짝 놀라며 탱화를 가리키며 외쳤다.

"맞아. 이 동자 스님이 분명해."

"그래, 내 이 눈으로도 똑똑히 봤어. 분명해."

"저 입 좀 봐. 아직까지도 팥죽이 묻어 있구먼."

마을 사람들은 저마다 한 마디씩 하며 놀라워했다. 그리고는 그 날 있었던 일을 이야기해 주었다.

그 날 새벽 팥죽을 끓이려고 불을 지피고 있는데 나이가 어린 동자승 하나가 불씨를 얻으러 와서 어디서 왔느냐고 물으니 이 곳을 가리키더라는 것이었다. 그 동자의 모양이 맨발인데도 추워하는 기색이 없어 이상하다 생각하며 팥죽을 한 그릇 주니 먹지 않고 '우리 보살님에게 가져다 드려야 한다' 며 이쪽으로 갔다는 것이었다.

담공은 이상하여 자신이 그린 그림을 자세히 보니 아니나다를까 보살님의 옆에 있는 동자승의 입가에 팥죽 자국이 남아 있었다.

그 이후부터 그 주변의 마을 사람들도 관세음보살을 지극히 섬기게 되었다 한다.

또 축성암 옆에는 조그마한 구멍이 하나 있었는데 공양 때가 되면 사람 수에 맞추어 쌀이 나오는데 열 사람이 오면 열 사람 몫이 나오고, 백 사람이 오면 백 사람 몫이 나오는 신기한 구멍이었다.

담공스님도 이제 나이가 들어 어린 시자가 스님을 시봉하고 있었는데 그 무렵에는 인근 고기잡는 이들이나 주변의 몇몇 인가가 스님을 의지해 살아가고 있었다. 굴을 의지해 자그마한 인법당도 짓고 공부하는 수행자의 수행처로 이용하고 있었다.

점점 많은 수행자들이 자신의 공부를 점검하려고 찾아오게 되자 어린 시자 스님의 입장에서는 여간 번거로운 게 아니었다. 그래서 꾀를 내어 한꺼번에 많은 쌀을 받아 놓으려고 쌀 나오는 구멍을 부지깽이로 쑤시었다. 그런데 그 구멍에서는 쌀이 아닌 핏물이 나오는 것이었다. 시자의 부질없는 작은 욕심이 영영 쌀을 나오지 못하게 한 것이었다. 그 후 그 구멍에서는 물이 나오게 되었다 한다.

비록 거처와 먹거리가 여의치 않은 환경이었지만 그런 곳에서 수행을 하신 담공조사나 여러 수행자들의 그 신심은 지금의 우리에게는 많은 것을 생각하게 한다.

인생에 있어서 윤회의 순환을 생각하면 삶과 죽음이란 찰나의 순간에 불과한 것인지도 모른다. 그들이 무상무념의 참지혜를 얻으려 얼마나 노력을 했던가를 생각하면 다시 한번 그들의 수행에 머리가 숙여진다.

지금은 그 지역이 매립되고 개발되어 이전만큼 열악한 환경은 아니지만 아직도 아담한 암자로 남아 있는 축성암을 볼 때마다 담공조사의 그 마음은 담담한 자세로 삶을 대하게 한다.

성흥산 대조사

인간이나 동식물들은 모두 지수화풍地水火風의 4원소에 의해 삶의 시작과 끝을 맺는다. 예를 들어 심한 폭풍에 인간의 집과 재산만 날아가는 것이 아니다. 땅 속의 개미들도, 나무 끝에 매달린 거미들도, 우람하게 뻗는 커다란 나무도 각각의 아픔을 겪는다.

자연으로부터 가해지는 원인 뿐만이 아니다. 사람은 사람끼리 싸우고 개는 개끼리 싸우고 미물 곤충도 마찬가지일 것이다. 다만 먹이사슬에 의해 먹고 먹히고, 권력이나 사랑을 위해 싸우는 속에서 수명이 긴 것은 긴 것대로 짧은 것은 짧은 것대로 자기 삶을 살아가며 희비극을 다 겪게 된다. 하루살이가 하루를 산다고 웃을 지 모르나, 그 하루 동안 태어나고 사랑하고, 자식 낳고, 늙고, 죽는 생로병사의 힘겨운 삶을 다 살고 가는 것이다.

겨울이 지나 봄을 재촉하는 봄비가 내릴 무렵이 되면 참으로 신기한 세상을 발견하게 된다. 겨우내 땅 속에 잠들어 있던 풀씨와 풀뿌리들이 세상 밖으로 긴 여정을 떠날 채비를 한다.

이러한 모습들이 숨쉬고 살아가는 세상의 모습이 아니겠는가? 이 무한대의 시간과 공간 속에서 펼쳐지는 작은 세상이나 큰 세상, 식물이나 동물들의 삶이 그대로 펼쳐지는 이 세계, 1분 1초 실수 없이 윤전輪轉하는 이 세계가 깨침의 세계일 것이다.

백제의 고승 담혜와 겸익, 두 스님이 인도에 유학하여 불경《아함장》

을 가지고 귀국, 이를 번역하여 홍륜사에 두었다.

어느 날 밤 꿈에 관세음보살이 손에 광명주를 들고 나타나 불경 번역이 잘 되었다고 찬탄하시고, 갑자기 커다란 새(大鳥)로 변하여 날아가 임천 가림성嘉林城에 앉는 듯하더니 사라졌다.

꿈을 깬 겸익대사는 새가 날아간 곳을 좇아 가림성에 도착하였으나 그 새는 간 데 없고 꿈 속에서 친견한 관세음보살이 앉아 계시더니 사라지는 것이었다. 겸익대사는 이 곳이 바로 불법이 크게 일어나 국태민안을 이룰 곳이라 여겨 임천 성주에게 이 사실을 이야기했다.

성주는 반신반의하며 겸익대사가 선몽한 그 자리에 함께 가보았다. 그들이 그 앞에 선 순간 큼직한 바위 전체가 황금빛으로 찬란하게 빛을 발하더니 관세음보살이 자비롭고 인자한 모습으로 겸익대사와 임천 성주를 바라보고 있었다. 이에 너무 감격하여 소스라치게 놀란 성주는 그 자리에서 꿇어 앉아 무수 백배 합장 예배하였다.

이 사실을 전하기 위하여 당시 백제의 서울이었던 웅진(현 공주)으로 가서 성왕을 알현하고 그간의 경위를 고했다. 그 말을 들은 성왕은 깊이 감동하며 국태민안과 불교의 중흥을 위한 부처님의 계시라 생각하여 대사찰의 중건에 착수하기 시작했다. 사월 초파일에 기술자와 전문 지식인을 모집하여 10년 공사를 계획하고, 신심과 불심에 의하여 공사에 임하도록 당부하였다.

대사찰을 짓는 도중 신비로운 사실은 야간 작업을 할 때면 이름 모를 아름다운 새들이 날아와 꾀꼬리 같은 목소리로 화음을 이루었고, 캄캄한 밤이 대낮같이 밝아오는 듯하였다 한다.

사찰을 중수하던 인부들은 관세음보살의 영험에 감명을 받아 밝은 지혜와 열성이 용솟음치고 환희심이 충만되어 더욱 정성을 쏟았다. 그러다 보니 능률이 배가되어 10년 계획공사가 5년으로 단축되어 성왕 및 겸익, 담혜스님이 참석한 가운데 사월 초파일에 성대하게 회향되었다고 전해진다.

이처럼 대조사 석불은 미륵불이라 부르지만 관세음보살의 영험설화를 근간으로 하고 있다. 그와 유사한 예로 관촉사의 석불을 들 수 있다. 이로 볼 때 백제는 미륵사상이지만 그 불상은 관세음보살이라는 사실을 알 수 있다.

《보타낙해회궤》에는 동북자씨보살은 머리 위에 금보관이 있고 몸의 모습은 백색으로 하여 왼쪽은 자연화, 그 오른쪽은 군지가 있고 우혜는 무릎을 닿는 모습이 된다 한다. 또《반가타야의궤畔迦陀野儀軌》권상卷上에 남방 미륵보살은 손에 한 갈래 금강저인 독금고獨金古와 세 갈래 금강저인 삼고를 가지고 보관 영락으로 장엄하고 묘한 상호를 구족하여 묘연화좌에 있다고 한다. 또 수심만다라隨心曼茶羅를 만들고 중앙에 미륵보살, 좌측에 법음륜보살, 우측에 대묘상보살이 있다고 한다.

대조사의 미륵불을 보면 자연의 암반을 이용하여 조각되어 있으며 그 위에는 별석으로 만든 보개寶蓋가 얹혀 있다.

풍수적으로 볼 때 좌청룡 혈이 부여 백마강 하구 구릉지와 서천군 한 산면까지 뻗쳐 있고 관세음보살이 계시는 곳은 용머리의 뿔 부분이다. 왼쪽은 용의 왼쪽 눈에 해당하는데 샘이 솟아나고 있고 오른쪽 산 능선의 골짜기에도 샘이 솟고 있다. 석불의 좌향은 서쪽을 등 뒤로 하고 동쪽으로 면했다〔西坐印向〕. 관세음보살은 아미타불의 좌우보처이기에 서쪽 극락세계에 계신 곳을 보며 동쪽을 향하고 있다.

미륵불의 목 부분을 보면 영락이 보이는데 부처님과 보살님들이 시방세계十方世界의 어느 곳에서나 중생을 제도하며 설법하는 모습과 중생들을 교화하는 모습이 낱낱이 나타나며, 관세음보살도 수행인이므로 이는 구물(具物:보석)을 나타냄이 아니라 보살들이 보리를 구하고 중생을 제도하는 아름다운 모습의 본원력을 상징하는 것이므로 언제나 아름답게 빛나고 있다. 그러므로 〈관세음보살보문품〉에 보면 무진의 보살이 자신의 영락을 관세음보살께 공양하는 내용이 나온다.

"어진이여, 법으로써 드리는 이 보배 구슬과 영락을 받아 주옵소서."

이는 바로 무진의보살의 본원력까지도 관세음보살이 행하심을 나타낸다.

관세음보살이 입고 있는 옷은 대개 3가지 종류로 가사袈裟나 천의天衣, 아니면 백의白衣이다. 그러나 대조사의 석불은 통견의 법의로 가사라 할 수 없다.

얼굴은 사각형으로 넓으며 얼굴 크기에 비하면 눈, 코, 입의 크기가 매우 작아 은진 관촉사 석불처럼 위압적인 느낌은 다소 덜하다. 턱과 목은 수평에 가까운 선으로 연결되어 있는데 목은 짧고 한 조의 선이 돌려져 조각되어 있으며 귀는 목 부분까지 내려와 있고 어깨는 직선으로 처리되어 볼륨이 전혀 없는데 이러한 기법은 발까지 계속되어 마치 하나의 거대한 석주를 삼각형으로 깎아 놓은 것을 연상케 한다. 또 신장에 비하여 몸체가 엄청나게 크고 윤곽은 몸에 붙어 겨우 표현되었고 손은 간신히 조각되어 있다.

오른손은 가슴 부근에 들고 왼손은 복부에 대어 연꽃을 잡고 있다. 통견의 법의는 양 어깨로부터 몸 측면을 따라 내려왔으며 종선의 형태를 묘사하였다. 가슴에는 목걸이가 장식되어 있고 양쪽 영락은 아름답게 장식되어 있다. 네 귀에는 풍경 대신 관음조를 만들어 달아 놓았다. 관음조를 단 것은 창건설화와 깊은 인연을 둔 것을 예시하는 듯하다.

　이러한 특징으로 볼 때 대조사의 석상은 미륵불이라기 보다 관세음보살로 보아야 할 것이다. 그 동안 여러 스님들이 대조사에서 기도한 것을 들어보면 기도 회향날은 여인이 화현하여 가피를 주셨다는 스님과 신도들이 많은 것을 보더라도 이는 관세음보살이 분명한 것으로 보인다.

태화산 마곡사

마곡麻谷이라는 이름은 643년(신라 선덕여왕 12) 당나라에서 귀국한 자장율사가 선덕여왕에게서 하사 받은 밭 200결로 통도사, 월정사와 함께 이 절을 창건하였다. 당시 자장이 작성식을 할 때 그의 법문을 듣기 위해 사람들이 삼〔麻〕처럼 많이 모였다 하여 그렇게 이름 지었다고 한다. 또 사방에서 이 절로 법을 물으러 오는 이들이 골짜기를 가득 메웠는데 그 모습이 마치 삼대와 같이 무성했다는 것이다.

보물 제802호인 대광보전은 불상 배치를 하면서 보통의 경우와 달리 주불을 건물의 왼쪽에, 곧 서쪽에서 동쪽을 보고 앉게끔 배치하였다. 부석사 무량수전과 동래 범어사의 법당, 그리고 화엄사 각황전에서도 이런 배치를 볼 수 있다. 이 배치는 많은 대중이 법당 안에 들어와 설법을 듣는데 적당하며 화엄종찰의 큰 절들은 모두 이런 양식을 갖는다.

마곡사의 대광보전을 중건할 무렵은 조선시대 불교에서 화엄종이 중흥하던 때이므로 대광보전의 불상 배치는 마곡사가 화엄종찰로 융성해진 한 증거가 아닐까 싶다.

그런데 마곡사는 창건 후 신라 말부터 200년 동안 폐사 되었다가 고려의 보조국사 지눌에 의해 이창, 대가람을 이룩했다. 그러나 임진왜란 때 대부분 소실되었다. 그 후 60년 동안 다시 폐사 되었다가 1651년(효종 2) 각청覺淸이 대웅전과 영산전, 대적광전 등을 중수하였다.

1782년 소실 되었다가 다시 재건된 대광보전의 후불 벽에는 수월백

의 관세음보살도가 그려져 있고 포벽에는 나한도가 그려져 있다. 이 벽
화들은 대광보전이 재건된 뒤에 조성된 것으로 보인다. 관세음보살은
대승불교의 성격을 가장 잘 보여준다. '위로는 진리를 찾고 아래로는
중생을 제도한다' 는 불교의 이상을 몸소 실천하는 자비의 화신이다.

　관세음보살 벽화는 경전 가운데《묘법연화경》과《화엄경》의 내용을
도상화한 것이다. 화면 가득히 그려진 관세음보살은 보는 이를 압도한
다. 부드러운 옷주름으로 인해 한편으로는 자비로운 인상을 강하게 준
다. 머리에 쓴 보관에서 흘러내린 백의는 복부에서 한 번 매듭 지워졌
다가 발까지 감싼다. 유연한 곡선의 흐늘거림이 손에 잡힐 듯하다. 가
부좌한 무릎 위로 양 손을 자연스럽게 올려놓고 인자한 표정으로 선재
동자에게 가르침을 주신다. 왼쪽에는 합장한 선재동자가 각각 관세음
보살을 협시한다. 아름다운 곡선, 무한한 평화를 주는 눈빛, 이 모든 것
이 대광보전의 위엄을 은연 중 높여 주고 있다.

삼각산 옥천암

옥천암은 조계종 소속의 사찰로 삼각산의 맥이 비봉과 향로봉을 거쳐 인왕산으로 이어지는 지점에 자리하고 있다.

옥천암은 서울이 오늘날과 같이 발전하기 전만 해도 절 앞에 옥같이 맑은 물이 흐르고 뒤로는 북한산이 든든하게 받쳐주며 주위는 인왕산에 둘려 있어 경치가 빼어났었다.

옥천암 앞 냇가의 보도각백불普渡閣白佛은 높이 10m 가량의 불암이라고 불리는 큰 바위에 새긴 관세음보살좌상이다.

세검정 방향으로 가다 보면 왼쪽으로 냇물이 휘돌아가는 곳에 자리잡고 있는 이 석불상은 정확하게 언제 조성되었는지는 알 수 없다. 다만 양식으로 보아 고려시대에 만들어진 것으로 추정된다. 조선전기에 성현이 편찬한 《용재총화》에도 이 불상에 관하여 언급되어 있다. 관세음보살상에는 오래 전부터 흰 칠을 하였으므로 백불이라고 부르며 머리에는 관모를 쓰고 있는 것이 특색으로 관모는 황금빛으로 칠하였다. 보도각이라는 전각을 세워서 관세음보살상 조각을 보호하고 있다.

옥천암은 이처럼 거대한 관세음보살상이 있기 때문에 동해의 낙산 홍련암, 서해의 강화 보문사, 남해의 보리암과 함께 4대 관음기도도량으로 알려져 있다. 이를 뒷받침하듯 많은 신도들이 와서 기도하고 영험을 얻었다고 한다. 일찍이 조선 태조가 한양에 도읍을 정할 때도 이 석불에 기도한 일이 있고 또 흥선대원군 부인 민씨도 아들인 고종을 위해서 자주 이 곳을 찾았다고 한다.

옥천암의 관세음보살은 사바세계와도 같은 냄새나는 개천가 언덕 위에 서 계신다. 그 곁을 지나는 중생들에게 마치 서방의 극락정토에서 비추는 아미타부처님의 광명을 전해주듯 자비에 가득 찬 모습이다.

이 보도각백불에 얽힌 재미있는 영험담이 전해지고 있다.

이 절 아래에 사는 사람으로 5대째 이 절에 다니는 윤동호尹東浩라는 신도가 있었다. 그의 조상 중 윤칠복이 장가 들기 전의 일이다.

칠복이는 70이 다된 노모와 단둘이 외롭게 살았다. 땅 한 마지기 없이 사시사철 비가 오나 눈이 오나 나뭇짐을 해다 팔아 근근이 생계를 이어오는 형편이었으므로 나이 30이 넘도록 장가를 못 가고 있었다.

칠복이는 언제나 첫닭이 울면 나뭇짐을 짊어지고 서울을 드나들며 나무를 팔아 그 돈으로 어머니가 좋아하시는 고기를 빠뜨리지 않고 사오는 드문 효자였다. 그러나 나이 30이 넘도록 장가를 못 가고 있으니 웬지 서글픈 생각이 들 때도 많았다. 삼대독자 외아들만 바라보고 있는 어머니께 불효하는 것만 같아 장가 들려고 무진 노력을 했지만 가난하니 시집 올 처녀도 없어 별 수 없이 하루하루를 보내고 있었다.

그날도 나뭇짐을 짊어지고 서울을 향해 가다가 다리도 아프고 마음도 서글프고 해서 나무지게를 내려놓고 나무 밑에 앉아 쉬고 있는데 문득 목탁소리가 들려왔다. 바라보니 개천 건너 산 밑에 있는 옥천암에서 들려오는 소리였다. 그리고 바로 절 밑에는 높이 수십 척이나 되는 바위가 있는데 크게 부처님이 조각되어 있었다. 그 곳에는 수십 명의 여자 신도들이 스님들과 함께 향을 사르며 절을 하고 있었다.

그 전에도 가끔 이런 풍경을 보았지만 오늘따라 마음이 이상해졌다.

'저 사람들은 무엇 때문에 돌부처에 저렇게 절을 하는 것일까? 저렇게 절을 하면 돌부처가 무슨 소원이라도 이루어 준단 말인가? 훌륭한 사람도 자기 마음대로 못하는 일이 얼마나 많은데 가만히 비바람을 맞으며 서 있기만 하는 돌부처에게 무슨 힘이 있다고 저토록 절을 하는 걸까?'

혼자 생각에 잠겨 있는데 늙은 할머니들이 거기서 불공을 마치고 건너왔다. 칠복이는 그 노인들에게 물었다.

"저 바위에 새겨져 있는 돌부처는 누구이며 할머니들은 무엇 때문에 거기에다 절을 하고 빕니까?"

"총각이 나이는 먹었어도 아무것도 모르는구먼. 저 바위에 새겨져 있는 분은 해수관음海水觀音이신데 이 보살님은 동해, 서해, 남해 모든 바다 언덕 위에 계신 보살님이라네. 동해안에는 강원도 낙산사 홍련암紅蓮庵의 관세음보살님이 계시고, 서해안에는 경기도 강화군 보문사普門寺의 관세음보살님이 계시고, 남해안에는 경상도 금산 보리암의 관세음보살님이 계신다네. 이 곳은 바다는 아니지만 개천가인 까닭으로 멀리 바다에 못 가는 사람을 위하여 인연을 맺으라고 새겨놓은 관세음보살님이신데 영험이 대단하여 누구든지 저 보살님께 지극정성으로 기도하면 모든 소원이 이루어진다네."

그 말을 들은 칠복이는 귀가 솔깃하여 나무 팔러 갈 생각은 않고 옥천암으로 올라갔다. 그리고는 스님에게 물었다.

"스님, 저는 장가가기가 소원이온데 정말 저 돌부처에게 빌면 장가 갈 수 있을까요?"

스님은 빙긋이 웃으며 말했다.

"지성으로 기도하면 모든 소원을 다 들어주십니다."

"그렇지만 스님, 돌부처가 무슨 신통력이 있어 사람의 소원을 다 이루어줄 수 있단 말입니까?"

"그것은 모르는 말이오. 비록 돌일망정 비는 사람이 지성으로 마음을 모아 빌면 부처의 신령은 천리 만리라도 걸림없이 오신답니다. 그러기에 '지성이면 감천' 이란 말이 있지요. 마음이 부족하고 믿는 정성이 부족한 사람에게는 그냥 돌바위로 보이지만 마음과 정성이 지극하면 부처 아닌 것이 없지요. 그런 사람에게는 무정한 돌도 살아 있는 부처님으로 화신 한답니다. 소원을 이루고 못 이루는 것은 바로 믿는 사람의 정성과 신심에 달려 있지요. 어떤 발원을 하더라도 일심으로 기도하고 부처님께서 꼭 이루어 주실 거라는 확신을 가져야만 됩니다."

스님은 아무 것도 모르는 칠복에게 상세히 설명해 주셨다. 칠복은 스님의 말씀을 듣고 나니 뭔가 가슴이 시원해지는 것 같았다. 칠복은 절에서 내려와 그 해수관세음보살 앞에 가서 한없이 절을 하고 마음 속으로 빌었다.

'대자대비하신 관세음보살님. 저의 소원은 하루빨리 장가 가서 자손을 보고 부자가 되어 나무 장사를 면하고 늙으신 우리 어머니를 편하게 해 드리는 것입니다. 부디 저의 소원을 이루어 주옵소서.'

칠복은 절만으로는 뭔가 부족한 것 같아 자기 도시락을 꺼내어 부처님께 올리고 절하며 빌었다. 도시락이란 것이 식어버린 보리밥이요, 거기다 반찬으로 가지고 간 시어빠진 김칫국이 흘러 퀴퀴한 냄새까지 났지만 칠복이는 부처님도 내가 가난하다는 것을 아실 테니까 용서하고 맛있게 드실 거라는 생각이 들었다.

이 날 이 후 칠복이는 나뭇짐을 지고 오고 갈 때마다 이와 같이 부처님께 정성을 다해 기도했다. 비가 오나 눈이 오나 하루도 빠지지 않고 기도한 지 백 일이 지났다. 이제는 부처님이 꼭 다정한 어머니만 같게 느껴져 마음 놓고 어리광도 부리고 투정도 하는 사이가 되었다.

그 해 겨울이 지나고 따뜻한 봄날이 돌아왔다. 오늘도 칠복이는 지게를 지고 가다가 해수관세음보살님께 들렀다. 빙긋이 웃으며 맞이해 주시는 해수관세음보살님께 자기도 빙긋이 웃으며 인사했다.

"관세음보살님, 칠복이가 오늘도 왔습니다. 그런데 관세음보살님 제발 장가 좀 가게 해 주십시오. 아랫마을 상수도, 윗마을 태복이도 장가 가서 떡두꺼비 같은 아들을 낳았는데 저만 못 가고 있으니 살 재미가 없습니다. 관세음보살님, 올 봄에는 저도 장가 가게 해 주세요."

칠복이는 투정을 하다가 언젠가처럼 문도 없는 관음각에 혼자 앉아 흘러가는 시냇물을 바라보았다. 맑은 시냇물을 보노라니 웬지 마음이 시원해 졌다. 한동안을 하염없이 바라보던 칠복이는 별안간 뭔가 생각난 듯 조약돌을 집어들었다.

"관세음보살님, 이제부터 저와 내기를 합시다. 조약돌 멀리 던지기 놀이를 하여 만일 제가 이기면 관세음보살님이 그 대가로 저의 소원을 들어주셔야 합니다."

그러더니 이것은 관세음보살님 것, 이것은 내 것 하며 멀리 던지기 내기를 하는 것이었다.

"그럼 관세음보살님 것을 먼저 던지겠습니다."

던진 조약돌은 파란 하늘 아래 포물선을 그리며 물에 풍덩 떨어졌다.

"관세음보살님, 이번에는 제 차례입니다."

또다시 힘껏 조약돌을 던지니 먼저 것보다 멀리 떨어지는 것이었다. 칠복이는 관세음보살을 쳐다보며 힘주어 말했다.

"관세음보살님, 똑똑히 보셨지요. 제 것이 멀리 갔습니다. 내일이라도 제 소원을 이루어 주셔야 합니다."

칠복이는 지게를 지고 집으로 돌아왔다. 그는 그날 밤 꿈을 꾸었다. 꿈 속에 어떤 부인이 나타나 말했다.

"나는 옥천암에 계시는 해수관세음보살님을 모시고 있는 사람인데 너의 정성이 갸륵하여 왔다. 내일 새벽 첫닭이 울 때 나뭇짐을 지고 성문 밖에서 기다리고 있거라. 그리고 첫번째로 그 문으로 나오는 여자가 있거든 '남녀가 유별한데 먼저 말하기는 미안하지만 어디로 가시는 길인지 모르나 제가 안내할 터이니 저를 따라오십시오' 하고 그녀를 너의 집으로 인도하면 너의 소원이 이루어지리라."

꿈에서 깨어난 칠복은 의심이 났지만 그래도 기분은 좋았다. 뭔가 일이 풀릴 것도 같아서 첫닭이 우는 소리를 듣기가 바쁘게 나뭇짐을 지고 집을 나오려고 하자 어머니가 걱정스럽게 물었다.

"얘야, 아직 먼동이 트려면 멀었는데 벌써 나가느냐?"

"예, 어머니. 오늘은 누구를 일찍 좀 만나기로 했기 때문에 나가봐야 합니다."

대답을 마친 칠복이는 발걸음도 가볍게 집을 나섰다. 빈 속에 나무 한 짐을 지고 30리 길을 걸어 성문 밖에 종종 걸음으로 다다르고 보니 아직 문은 열리지 않았다. 먼동이 트기를 기다리고 있는데 성문 틈으로 하얀 버선을 신은 발이 왔다갔다하는 것이었다.

'저 여자구나. 역시 관세음보살님이 거짓말은 안하셨구나.'

칠복이의 생각이 여기까지 미치자 뛰는 가슴을 진정시킬 수가 없었다. 몇 번을 심호흡하여 마음을 가라앉혔다. 마침 문이 열리면서 제일 먼저 장옷을 두르고 보자기를 하나 든 여자가 칠복이 앞을 지나갔다. 쏜살같이 뒤따라가 그 여자에게 꿈 속에서 일러주신 대로 말했다.

"남녀가 유별한데 이런 말하기는 실례인 줄 아오나 제가 길을 안내하겠습니다."

그리고 쳐다보니 장옷 사이로 빠끔히 내민 그 얼굴은 이른 아침 물먹은 복사꽃보다도 예쁜 얼굴이었다. 그런데 그 예쁜 낭자는 톡 쏘기는커녕 부드러운 말로 대답했다.

"저 신도면에 사는 윤도령이란 총각을 찾아가는 중이랍니다."

그 마을에 윤도령이라곤 칠복이 자신밖에 없다는 것을 잘 아는 칠복이는 의아해했다.

"제가 윤총각인데요."

"네? 아니 어떻게 제가 올 줄 알고 나오셨나요?"

칠복이 어젯밤 꿈 이야기를 해 주었더니 낭자는 놀라며 말했다.

"참 기이한 일이군요. 실은 저도 어젯밤 꿈에 웬 부인이 나타나 '네가 성문 밖을 나가면 첫번째로 어떤 총각을 만날 터인데 그는 윤도령이란 총각이다. 그를 따라가면 앞으로 행복한 길이 열릴 것이다' 하시길래 이렇게 오늘 나왔답니다. 어쩌면 그렇게도 꿈이 같을까요?"

칠복이는 너무나 기쁘고 반가웠다.

"그게 다 천생연분이란 것이지요."

두 사람은 옛날부터 알았던 사람처럼 오손도손 이야기하며 걸었다. 칠복은 하루도 빠지지 않고 기도했던 해수관세음보살 앞으로 낭자를 인도했다. 그 때 둥근 아침 햇살이 해수관세음보살을 비추었다. 빙긋이 웃고 계시는 관세음보살을 쳐다보던 그 낭자는 소스라치게 놀랐다.

"어머나! 저 분은 간밤 꿈에 뵈온 분의 얼굴과 같습니다."

"우리 함께 절합시다. 우리의 인연은 이 관세음보살님께서 맺어주신 것입니다."

그 둘은 도시락을 꺼내 관세음보살 전에 올리고 함께 밥을 먹었다. 함께 밥을 먹고 난 후 여자는 자기의 지내온 인생을 얘기했다.

"저는 명문대가의 자식으로서 열 여덟 살에 이웃 마을로 시집을 갔으나 공방살이 끼었는지 남편되는 사람이 혼례 즉시 보기 싫다고 퇴박을 하였지요. 그렇게 3년을 넘게 있다가 더 이상 견딜 수 없어 친정으로 와서 지낸 지 7년, 이렇게 10년을 수절하며 남편이 찾아와 주기만을 기다렸지만 희망이 없어 보다 못한 어머니께서 저를 가엾게 여기시어 값나가는 금, 은, 보석 등 귀중한 패물을 싸 주시면서 집을 나가 어디 모르는 곳에 가서 마음맞는 사람 만나 잘 살라 하시길래 내일 집을 떠나기로 하였습니다. 그런데 오늘 이렇게 윤도령을 만나게 되었습니다."

이 말을 들은 윤칠복은 기뻐하며 함께 집으로 가 다음 날 날을 받아 일가친척을 모시고 간단하게 혼례를 치르고는 낭자가 가지고 온 패물을 팔아 집과 토지를 사서 큰 살림을 벌이니 일순간에 신도면 일대에서 제일가는 부자가 되어 행복하게 살았다고 한다. 그 이후로도 진실한 믿음으로 옥천암을 오르내리며 해수관세음보살 전에 공양을 올렸고 자손 대대로 옥천암의 신도가 되었다.

이 백불에 대해서는 또 다른 전설이 전해지고 있다. 임진왜란 때 이 골짜기에서 권율 장군이 작은 병력을 지휘해서 왜병과 싸우게 되었는데 권율 장군은 밤을 이용해 이 곳에 복병을 배치해 두었다. 새벽에 진격해 온 왜병들은 권율 장군의 병력이 갑자기 공격하자 당황하여 앞에 있는 백불을 조선 군사인 줄 알고 조총을 마구 난사하였다. 한참을 공격해도 요지부동이었고 결국 탄약이 바닥나자 권율 장군이 병사들을 돌격시켜 왜병을 전멸시켰다고 한다.

금화산 봉원사

봉원사는 태고종의 총본산으로 잘 알려져 있으며 단청과 범패의 맥을 잇고 있는 스님들이 기거하고 있는 곳으로도 유명하다. 서대문 쪽에서 독립문 고가도로를 타고 금화터널을 지나면 오른쪽 산기슭에 자리잡고 있다. 봉원사가 자리잡고 있는 산은 무악산의 줄기인 안산으로 금화산이라고도 부른다.

절은 889년(신라 진성여왕 3)에 도선국사가 한강 서북의 금화산 서쪽 기슭에 부유한 신도의 집을 희사 받아 부처님을 모시고 반야사라 한 데서 유래되었다. 이 후 고려 공민왕 때(1351~1374) 태고 보우太古 普愚가 중건하여 큰절의 규모를 갖추었다. 1592년(선조 25) 임진왜란 때 병화로 소실한 것을 지인智仁이 크게 중창했고, 1651년(효종 2) 대웅전과 동서쪽의 요사들이 한꺼번에 불타 버렸는데 극령克齡과 휴엄休嚴대사 등이 신도들의 정성을 모아 다시 세웠다. 절은 영조 24년(1748)에 지금의 자리로 옮겨 세워졌다. 곧 왕실에서 땅을 하사하여 찬즙讚汁대사와 증암增岩선사 등이 현재 위치에 절을 세웠으며 그 이듬해에 왕이 '봉원사'라는 어필을 내렸다고 한다.

조선 영조 24년(1748) 봉원사에 어명이 내려졌다.

"귀사의 도량을 국가에서 긴히 쓰고자 하니 새로운 도량을 정하도록 하라."

"도량을 옮기라고? 어허 장차 이 일을 어찌할꼬."

궁으로 돌아가는 사신의 뒷모습을 바라보며 망연해하던 찬즙스님은 법당으로 들어가 분향 발원했다.

"제불 보살님께서는 어리석은 소승에게 길을 열어 주옵소서."

스님은 이튿날 새벽 목욕재계하고는 백일기도에 들어갔다. 초파일이 되어 신도들이 법을 청해도 스님은 응하지 않았다. 그렇게 백 일째 되던 날 새벽 용맹정진에 들어간 스님은 비몽사몽 간에 여인의 목소리를 들었다.

"지금의 도량은 내가 머물기에 적합하지 아니하니 대사께서 부디 좋은 가람 터를 잡아 중생 교화에 부족함이 없도록 해 주시오."

소리나는 쪽을 바라보니 기암괴석 옆에 물병을 든 관세음보살님이 동자와 함께 서 있었다.

"아! 관세음보살님."

스님은 황망히 머리를 조아리며 간곡히 청했다.

"소승 식견과 덕이 부족하오니 부디 길을 인도하여 주옵소서."

"대사의 신심이 능히 내 모습을 한 눈에 볼 수 있는 도량을 찾을 것이오."

관세음보살의 음성이 아직 허공에 맴도는 듯한데 여인은 홀연히 자취를 감추고 동자만이 산 아래로 날 듯이 내려갔다. 스님은 동자를 좇으려 급히 발을 옮기려다 그만 바위 아래로 구르게 되었다. 무엇인가 잡으려고 안간힘을 쓰는데 옆에서 누가 흔드는 바람에 정신을 차려보니 법당이었다. 몸에서는 땀이 비오듯 했고 손에 들려 있는 목탁채는 얼마나 힘을 주었던지 손자국이 나 있었다. 스님은 급히 상좌에게 일렀다.

"도원아, 어서 길 떠날 채비를 해라."

"스님, 오늘은 기도 회향일입니다."

찬즙스님은 대중 몰래 상좌 도원만을 데리고 꿈에 본 곳을 찾아 나섰다. 절 떠난 지 벌써 여러 날, 짚신이 동이 나고 장삼 모양도 말이 아니었다. 그러던 어느 날 길을 가다가 노상의 떡장수를 본 도원이 발길을 떼지 않고 곁눈질만 하는 것이 아닌가.

"도원아, 떡 좀 먹으련?"

대답 대신 방긋 웃으며 도원은 볼이 메어라고 떡을 먹었다. 떡을 손에 든 채 이 모습을 물끄러미 바라보는 대사에게 떡장수 할멈이 말을 건넸다.

"신심이 장해야 부처님을 뵙는다는 말이 있듯 시장이 지극하면 내 떡 맛도 괜찮을텐데. 스님은 아직 덜 시장하신가 보구려."

맹랑한 떡장수 할멈의 말에 기분이 언짢아 떡 두어 개를 집어 먹고 일어서려는데 어딜 다녀왔는지 노파는 배를 움켜쥐고 웃으며 다시 말을 던진다.

"살다 보니 별꼴 다 보겠어요 스님. 저 쪽 장터에 가 보니 개 눈을 가려 놓고는 먹을 것을 끈에 달아 희롱하고 있지 않겠어요. 헌데 우스운 것은 그 개 주인이 개를 향해 '눈 가린 것은 풀 생각 않고 먹이 생각만 하는 것이 꼭 봉원사 주지 찬즙 같구먼' 하지 않겠소?"

대사는 한 방 얻어맞은 듯 급히 장터로 가 봤으나 개는 커녕 아무런 인기척도 없었다. 다시 돌아와 보니 떡장수도 간 곳이 없었다. 개에 비유된 자신의 무지함을 생각하며 걷는 찬즙에게 도원이 불쑥 말을 꺼냈다.

"스님 더운데 등멱이나 하시지요."

눈 앞엔 맑은 개울물이 흐르고 있었다. 대사는 말없이 개울로 발길을 옮겨 물 속에 발을 담갔다.

그 때였다. 등을 밀겠다고 다가온 도원이 대사의 등줄기를 후려치더니 태연히 한마디 하는 것이 아닌가.

"법당은 호법당인데 불무영험이로다."

"너 지금 뭐라 했느냐?"

"제 등 좀 밀어 달라고요."

대사가 의아해 하며 도원의 등을 미는데 다시 도원의 목소리가 들려왔다.

"등짝은 제대로 보는데 부처는 왜 못 보나?"

찬즙은 급히 도원에게 절을 했다.

"아이구 날이 더우니 우리 스님 실성하셨네."

찬즙이 머리를 조아리자, 도원은 대경실색하여 엉엉 울기 시작하였다. 하는 수 없이 일어서던 대사는 먹은 떡이 체했는지 그만 배를 움켜쥐었다. 놀란 도원은 울음을 멈추고 인근 의원을 불렀다.

약을 먹고 이튿날 정오에야 정신을 차린 찬즙은 봉원사로 향했다. 여러 날 걸려 바로 절 밑에 이르렀으나 도저히 더는 움직일 수가 없었다.

"가람 터를 찾지 못함이 한스럽구나. 목이 몹시 마르다. 물을 좀…."

대사는 상좌에게 마지막 모습을 보이고 싶지 않았다. 물을 찾던 도원은 물을 철철 흘리며 물병을 들고 오는 동자에게 간청하여 물을 얻어 돌아왔다. 빈사 상태의 스님 입에 물을 흘려 넣으니 신기하게도 혈색이 돌았다. 스님은 차츰 정신을 차리더니 쪽박 물을 단숨에 들이켰다. 언제 그랬냐는 듯 정신을 차린 스님은 상좌와 함께 샘터로 갔다. 돌틈에 두 개의 샘이 아래 위로 있었다. 아래쪽 물에 손발을 씻고 윗물로 공양을 지어 불공을 올렸다.

“부처님 가피로 목숨 부지했사오나 가람터를 발견하고 목숨 버림만 못하옵니다. 부디 소승의 발원 이뤄 주옵소서.”

이 때였다. 돌연 도원이 게송을 읊었다.

“말을 한들 알까, 보여 준들 알까. 물이 덥고 시원함은 마셔 봐야 알 것을.”

멍청히 듣던 스님은 종소리에 정신을 차렸다. 바라보니 중암선사가 주석하는 반야암이었다. 암자로 오르는데 동자들이 바위 위에서 뛰노는듯 오락가락하는 것이었다. 바로 꿈에 본 광경이었다. 다시 자세히 보니 바위 전체가 자애로운 관세음보살의 모습이었다. 찬즙은 눈물을 흘리며 무수히 절하면서 관세음보살을 불렀다. 어느 새 동자는 간 곳이 없었다.

“아! 눈 밝지 못하여 지척에 두고 먼 곳에서 찾았구나.”

반야암에 이르니 중암선사가 경내를 서성이다 반색을 한다.

“대사였구려.”

“무슨 말씀이신지.”

“오늘 아침 예불을 마치고 나오는데 웬 동자 둘이 와서 도량을 크게 일으킬 사람이 올 테니 도와 주라고 하지 않겠소. 그래서 기다리던 중이오.”

새 가람이 세워지자 사람들은 새로 옮겨 지은 절이라 해서 봉원사를 ‘새절’ 이라 불렀다. 지금도 절 동북쪽 능선에 거대한 자연석 관음바위가 있는데 관세음보살님이 이 곳을 관장하시는 관음도량임을 나타내는 것이다.

소요산 자재암

자재암은 동두천 소요산에 위치하고 있다. 이 절은 신라 무열왕 1년 (654)에 원효스님에 의해 창건된 곳으로 원효암이라 불리웠다. 그 뒤 974년(고려 광종 25) 각규覺圭가 중건하여 소요사로 바뀌었고 1909년 성파性坡와 제암이 중창하여 다시 자재암이라 하였다. 그 뒤로는 여러 차례 중수를 거쳐 오늘에 이르렀는데 대웅전, 삼성각, 나한전, 요사채가 현존한다.

자재암 창건과 관련되어 원효스님이 관세음보살을 만나 자신의 수행력을 인증 받았다는 설화가 전하여 오고 있다.

원효스님이 요석공주와 세속의 인연을 맺은 뒤 오로지 수행 일념으로 이 곳을 찾아 초막을 짓고 용맹정진하던 때였다. 하루는 날이 저물었는데 낯선 여자의 목소리가 들려왔다.

"나물을 캐다 길을 잃어 이 곳까지 오게 되었는데 하룻밤 묵어갈 수 있겠는지요?"

'이토록 깊은 밤 폭풍우 속에 여자가 찾아올 리가 없지⋯⋯.'

거센 비바람 속에서 얼핏 여자의 음성을 들었던 원효스님은 자신의 공부를 탓하며 다시 마음을 굳게 다졌다.

'아직도 여인에 대한 동경이 나를 유혹하는구나. 견성성불見性成佛을 이루기 전에는 결코 자리를 뜨지 않으리라.'

자세를 고쳐 점차 선정에 든 원효스님은 휘몰아치는 바람과 거센 빗소리가 점점 멀어지더니 자신의 존재마저 아득함을 느꼈다.

'마음, 마음은 무엇일까?

원효스님은 분명한 본래 모습을 찾기 위해 무서운 내면의 갈등에 휘말리고 있었다.

그 때였다. '바지직' 하고 등잔불이 기름을 튕기며 타올랐다. 순간 원효스님은 눈을 번쩍 떴다. 비바람이 초막 안으로 왈칵 밀려 들었다. 밀려오는 폭풍우 소리에 섞여 여자의 음성이 들렸다. 스님은 귀를 기울였다.

"원효스님 원효스님, 문 좀 열어 주세요."

스님은 벌떡 일어났다. 그러나 다음 순간 망설였다. 여인은 황급하게 문을 두드리며 스님을 불렀다. 스님은 문을 열었다. 왈칵 비바람이 안으로 밀려들면서 방안의 등잔불이 꺼졌다.

"스님, 죄송합니다. 이렇게 어두운 밤에 찾아와서……."

칠흑 같은 어둠 속에 비를 맞고 서 있는 여인을 보고도 스님은 선뜻 들어오라는 말이 나오지 않았다.

"스님, 하룻밤만 지내고 가게 해 주세요."

여인의 간청에 못 이겨 스님은 마음을 다잡고 여인을 들어오게 했다. 스님은 묵묵히 화롯불을 찾아 등잔에 불을 옮겼다. 방 안이 밝아지자 비에 젖은 여인의 육체가 눈에 들어왔다. 와들와들 떨고 있는 여인의 모습은 아름다웠다.

"스님, 추워서 견딜 수가 없어요. 제 몸 좀 비벼 주서요."

여인의 아름다움에 잠시 취해 있던 스님은 눈을 감았다. 그러나 비에 젖어 속살이 들여다보이는 여인의 모습이 더욱 뚜렷하게 나타나는 것이 아닌가.

‘모든 것은 마음 따라 일어나는 것……. 내 마음에 색심이 없다면 이 여인이 목석과 다를 바 있으랴.’

스님은 부지중에 중얼거렸다. 그리고는 여인을 안아 침상에 눕히고는 언 몸을 주물러 녹여 주기 시작했다. 풍만한 여체를 대한 스님은 묘한 느낌이 일기 시작했다. 스님은 순간 여인을 침상에서 밀어냈다.

“나의 오랜 수도를 하룻밤 사이에 허물 수야 없지.”

이미 해골물을 달게 마시고 ‘일체유심조’의 도리를 깨달은 스님은 다시 마음 정리를 시작했다.

‘해골을 물그릇으로 알았을 때는 그 물이 맛있더니 해골로 볼 때는 그 물이 더럽고 구역질이 나지 않았던가. 일체 만물이 마음에서 비롯된다 하였으니 내 어찌 더이상 속으랴.’

이 여인을 목석으로 볼 것이 아니라 있는 그대로의 여인으로 보면서도 마음속에 색심이 일지 않으면 자신의 공부는 온전하다고 생각했다. 스님은 다시 여인에게 다가갔다. 그리고는 여인의 몸을 비비면서 염불했다. 여인의 풍만한 육체는 여인의 육체가 아니라 한 생명일 뿐이었다. 스님은 여인의 혈맥을 찾아 한 생명에게 힘을 부어 주고 있었다. 남을 돕는 것은 기쁜 일. 더욱이 남과 나를 가리지 않고 자비로써 도울 때 그것은 이미 남을 돕는 것이 아니라 자기 삶이 되는 것이다.

돕고 도움을 받는 자의 구별이 없을 때 사람은 경건해진다. 여인과 자기의 분별을 떠나 한 생명을 위해 움직이는 원효스님은 마치 자기 마음을 찾듯 준엄했다. 여인의 몸이 서서히 따뜻해지기 시작했다. 정신을 차린 여인은 요염한 웃음을 지으며 스님 앞에 일어나 앉았다. 여인과 자신의 경계를 느낀 스님은 순간 밖으로 뛰쳐나왔다.

폭풍우 지난 후의 아침해는 더욱 찬란하고 장엄했다. 간밤의 폭우로 물이 많아진 옥류폭포의 물기둥이 폭음을 내며 떨어지고 있었다. 스님은 훨훨 옷을 벗고 옥류천 맑은 물에 몸을 담갔다. 뼛 속까지 한기가 스며들었다. 그러나 스님은 선정에 들어 무한한 삼매에 빠져들고 있었다. 여인이 다가왔다.

"스님, 저도 목욕 좀 해야겠어요."

여인은 옷을 벗어 던지고는 물 속으로 들어와 스님 곁으로 다가왔다. 아침 햇살을 받은 여인의 몸매는 눈이 부셨다. 스님은 생명체 이상으로 보이는 그 느낌을 자제하고 항거했다. 결국 스님은 눈을 부릅뜨고 외쳤다.

"너는 나를 유혹해서 어쩌자는 것이냐?"

"호호호…… 스님도. 어디 제가 스님을 유혹합니까? 스님이 저를 색안으로 보시면서……."

순간 스님의 머리는 혼돈이 일었다. '색안으로 보는 원효의 마음' 이란 여인의 목소리가 계속 스님의 귓전을 때렸다. 그리고 거센 폭포소리가 들렸고 캄캄했던 눈앞의 사물이 제 빛을 찾고 제 모습을 드러내는 것이 아닌가? 이렇게 의식되는 눈앞의 경계를 놓치지 않고 원효스님은 갑자기 눈을 떴다. 원효스님은 처음으로 빛을 발견한 듯 모든 것을 명료하게 보았다.

"옳거니. 바로 이것이었구나. 모든 것이 그것으로 인하여 생기는 그 마음까지도 버려야 하는 그 도리."

스님은 물을 차고 일어섰다. 그의 발가벗은 몸을 여인 앞에 아랑곳없이 드러내며 유유히 걸어나왔다. 주변의 산과 물, 여인과 나무 등 일체의 모습이 생동하고 있었다. 여인은 어느 새 금빛 찬란한 후광을 드리운 보살이 되어 폭포를 거슬러 사라졌다.

원효스님은 그 곳에 암자를 세웠다. 자기의 몸과 마음을 뜻대로 한 곳이라 하여 절 이름을 자재암自在庵이라 했다. 지금도 동두천에서 멀지 않은 단풍으로 유명한 소요산 골짜기에는 보살이 목욕했다는 옥류폭포가 있고 그 앞에는 스님들이 자재의 도리를 공부하는 자재암이 있다.

낭산 중생사

중생사는 경북 경주시 배반동 낭산 부근이었는데 요즘은 조그마한 초암이 다른 이름으로 자리하고 있다.

옛날 중국 오(吳)나라의 황제에게는 총애하는 황후가 있었는데 그 여인은 천하절색이었다.

"아마 이처럼 아름다운 여인은 고금은 물론 그림에서도 볼 수 없을 것이다."

천자는 어느 날 황후와 함께 있는 자리에 당시 가장 이름있는 화공을 불러들였다.

"화공은 듣거라. 오늘부터 이 여인의 실제 모습과 한치 틀림없이 그려 그녀의 아름다움을 오래 오래 볼 수 있도록 해라."

그 화공은 천자의 명을 받들어 여인의 모습을 그렸다. 마침내 그림의 완성을 앞두고 마지막 붓을 놓는 순간 붓을 잘못 떨어뜨려 그림의 배꼽 밑에 붉은 점을 찍어 놓게 되었다. 아무리 지워보려 했으나 고쳐지질 않았다. 어쩔 수 없이 천자께 그 그림을 바쳤다.

'아니 이럴 수가……. 옷 속에 감춰진 배꼽 아래 점까지 그리다니…….'

그림을 본 황제는 내심 놀라지 않을 수 없었다.

"그림의 형상은 실물과 똑같이 매우 잘 그렸으나 감추어진 배꼽 밑의 점은 어떻게 알고 그렸느냐?"

화공이 말이 없자 황제는 진노하여 명을 내렸다.

"화공을 당장 하옥하여 중벌을 내리도록 하라."

이 때 옆에서 듣고 있던 재상이 아뢰었다.

"저 사람은 마음이 아주 곧습니다. 원컨대 용서하여 주십시오."

"만약 그가 어질고 곧다면 어젯밤 짐이 꿈에 본 형상을 그려 바치게 하라. 그 그림이 꿈과 같다면 용서해 주마."

천자의 명을 받은 화공은 어느 새 십일면 관세음보살상을 그려 바쳤다. 황제는 다시 놀라움을 금치 못했다. 과연 간밤 꿈에 본 보살상과 똑같았던 것이다. 황제는 그제서야 화공이 예사롭지 않음을 인정하고 용서해 주었다.

죄를 면한 화공은 재상에게 물었다.

"내가 듣기로는 신라국에서는 불법을 높이 받들어 믿는다 하니 그대와 함께 그 곳에 가서 함께 공부하여 널리 이웃 나라의 불사를 일으킵시다."

재상이 좋다고 승낙하자 두 사람은 신라국에 이르러 중생사 관세음보살상을 만들었다. 그 관음상이 봉안되자 신라인들은 우러러 기도하여 많은 영험을 얻었다.

신라 말 천성년간(天成年間: 926~929)에 호가 정보正甫라 하는 최은함崔殷諴이 살았는데 늦도록 자식을 낳지 못하여 한이 되었다. 그래서 신라의 서울인 서라벌(경주)에 있는 중생사에 가서 관세음보살에게 정성을 다하여 백일기도를 올렸더니 아들을 점지 받게 되었다. 최씨 집에는 경사가 났고 그 아이를 애지중지 키우게 되었다.

그런데 딱한 일이 생겼다. 애를 낳은 지 석 달이 지나지 않아서 후백제의 '견훤'이 난리를 일으켜서 서라벌로 쳐들어왔다. 나라가 큰 난리를 당하여 사람들이 모두 어디론지 피난하였다. 최은함도 피난해야 했지만 백일도 지나지 않은 어린아이를 데리고서는 어려운 일이었다.

생각다 못한 최은함은 아기를 안고 절에 가서 관세음보살 전에 절하며 고하였다.

"관세음보살님, 적군이 갑자기 습격하였기 때문에 피난을 가야 하는데 미처 피난할 시간이 없어 아이 어머니가 먼저 피난을 가고 저와 어린 것만 남았습니다. 제가 지금 피난을 가고자 하나 어린 것이 걸려서 데리고 갈 수도 없고 그렇다고 버리고 갈 수도 없으니 난감할 따름입니다. 이 난리 속에서 어린 것을 데리고 간다 하더라도 이 핏덩이는 물론 저까지도 목숨을 보존할 것 같지가 않습니다. 그래서 생각다 못하여 어쩔 수 없이 이 곳으로 데리고 왔습니다. 관세음보살님께서 점지하여 주신 자식이므로 난리 가운데서라도 살려 주실 수가 있을 것 같아서 데리고 왔으니 대자대비로 받으셨다가 후일에 부자가 다시 만나게 하여 주시옵소서."

최은함은 말을 마치자 세 번 절하고 흐느껴 울다가 어린아이를 강보에 싼 채로 관세음보살이 계신 탁자 밑에 넣고 비장한 마음으로 피난길을 떠났다.

그 후 적군이 물러갔다. 피난길에 올랐던 사람들은 기뻐하며 다시 집으로 돌아왔다. 사람들과 함께 피난했던 최은함도 집으로 돌아왔다. 하지만 그의 발길은 무겁기만 했다. 아이가 살아있으리란 생각은 할 수 없었다. 비통한 마음으로 절에 들어선 최은함은 자기의 눈을 의심했다. 뜻밖에도 아이는 살이 포동포동 찌고 입에서는 젖냄새를 풍기면서 바둥거리며 건강한 모습으로 누워 있는 것이 아닌가!

최은함은 너무도 감격하여 머리가 땅에 닿도록 절을 한 뒤에 머리를
조아렸다.

"관세음보살님, 감사합니다. 저의 무리한 소원을 받아 주시어 이와
같이 살려 주시니 과연 대자대비하신 관세음보살님이십니다."

그 어린아이가 바로 최승노崔丞魯이다. 그는 경주 땅에서 이름을 떨
치고 후에 지위가 정광正匡의 지위까지 올라갔다. 그리고 그 집 자손이
늘어서 대대로 끊어지지 아니하였다.

통화統和 10년(992)에는 중생사에 사는 태성스님이 보살 앞에 고하고
있었다.

"저는 오랫동안 이 절에 살면서 부지런히 예불을 모시고 게으르지
않았습니다. 하나 절의 토지에선 나는 것이 없어 더 이상 향사香祀를 계
속할 수 없으므로 다른 곳으로 옮기려 인사드립니다."

보살께 하직 예불을 올리던 스님이 잠시 졸았다. 그 때 관세음보살이
꿈에 나타나 스님에게 일렀다.

"아직 이 곳을 떠나지 말라. 내가 시주를 해서 제사에 쓸 비용을 충분
히 마련해 줄 것이니라."

잠에서 깬 스님은 기뻐하며 다시 머물기로 작정했다.

그 날부터 13일이 지난 어느 날 갑자기 낯선 사람 둘이서 소와 말에
물건을 잔뜩 싣고 절 문 앞에 이르렀다.

"어디서 오신 뉘신지요?"

"우리는 금주(지금의 김해)에서 온 사람들입니다. 며칠 전 중생사에 사
신다는 스님 한 분이 우리를 찾아와서 공양에 쓸 비용이 없어 시주를
받으러 왔다고 하시기에 마을에서 시주를 모아 쌀 여섯 섬과 소금 넉

섬을 가지고 왔습니다.”

이 말을 들은 스님은 영문을 알 수 없었다.

“이 절에선 시주 나간 스님이 없으니 그대들이 필경 절을 잘못 찾아 온 것 같소.”

“아닙니다, 스님. 그 스님이 우리를 데리고 오다가 저기 우물가에 이르러 절이 멀지 않으니 먼저 가서 기다리겠노라며 앞서 가셨습니다.”

참으로 이상한 일이었으나 태성스님은 그들을 데리고 법당으로 들어갔다. 그 때 그 사람들은 관세음보살상을 바라보며 반가운 듯 크게 말했다.

“스님, 바로 이 부처님이 시주를 구하러 오셨던 그 스님입니다.”

그들은 말하면서도 놀라움과 감탄을 금치 못했다. 그 후 중생사에는 공양 올려지는 쌀과 소금이 해마다 끊어지지 않았다.

또 어느 날에는 일주문에 불이 났다.

“중생사에 불이 났어요. 빨리들 나오세요.”

마을 사람들이 물통을 들고 달려와 불을 끈 후 법당에 올라가 보니 관세음보살상이 없어졌다.

“에그머니나, 부처님이 안 계시잖아요.”

“아니, 부처님이 어디로 가셨을까요?”

“불난 와중에 영험이 있으시다니까 누가 훔쳐간 것이 아닐까요?”

“부처님을 훔쳐 가다니요? 그 벌을 어떻게 다 받을려구요.”

“이렇게 모여서 걱정만 하고 있을 게 아니라 우리 모두 나가서 경내를 찾아 봅시다.”

마을 사람들은 뿔뿔이 흩어져 관세음보살상을 찾았다. 그 때 한 여인이 저 쪽 경내에서 소리쳤다.

"여기 관세음보살님이 계세요."

여인은 뜰 가운데에 우뚝 서 계시는 관음상을 보고 반가움과 놀라움에 자신도 모르게 큰 소리로 외쳤던 것이다.

"불이 나니까 누가 밖으로 안전하게 모셨나 보군요. 누가 부처님을 이 곳으로 모셔 오셨습니까?"

모두 모른다고 고개를 저을 뿐 아무도 대답이 없었다. 그제서야 마을 사람들은 이것은 관세음보살님의 신령스러운 힘인 것을 알았다.

그 후 중생사를 찾는 신도들의 기도는 오늘에 이르도록 끊임없이 이어져오고 있으며 간곡히 기도할 때 기도성취가 이뤄지고 있어 옛 전설을 되살린다고 한다.

팔공산 운부암

경북 영천 팔공산 자락에 은해사라는 큰 절이 있다. 이 곳을 조금 지나 계곡 소리를 들으며 조금만 오르다 보면 그야말로 '구름 위에 떠 있는 암자' 운부암에 도착한다.

해발 400m의 고지에 남향으로 자리한 이 곳은 연꽃 모양의 봉우리로 둘러싸여 그 경치가 감탄을 절로 연발케 한다.

운부암은 은해사의 산내암자로 신라 성덕왕 1년(711)에 의상 스님이 창건했다고 전한다. 그 당시 이 곳에 서운瑞雲이 떠 있어 이 암자를 운부암이라 이름하였다 한다.

그 후 관음도량으로서 많은 불자들의 안식처가 되어 왔다. 고려시대 철종11년(1860) 소실되었던 것을 응허스님과 침운스님이 중건하였고, 1900년에 보화루를 신축해 지금에 이르고 있다.

지금까지 줄곧 수도처로 일관해 온 이 암자는 깊은 산중 사찰인데도 규모가 잘 잡혀 있어 법당인 원통전을 중심으로 왼쪽에 운부란야雲浮蘭若, 오른쪽엔 우의당禹儀堂이 있으며 앞 쪽에는 보화루를 배치해 조용하고 아늑한 느낌을 준다.

특히 운부암 청동관세음보살좌상은 보물 제514호로 지정된 고불인데 신라 말 혜철국사惠哲國師가 인도에서 해금강으로 들어오는 배로 모셔왔다고 전해진다. 1미터가 조금 넘는 아담한 크기의 이 부처님은 장신구가 돋보이고 눈매가 올라간 것이 인상적이다.

근세에 운봉스님, 향곡, 성철스님이 주석하신 이 곳은 보기 드문 수
도 도량으로 지금도 수행자들에게는 한번쯤 마음을 향하게 하는 곳
이다.

대성산 정취암

정취암은 옛 단성현 북방 40리에 위치한 대성산의 기암절벽 사이에 자리한 절로 그 상서로운 기운이 가히 금강산에 버금간다 하여 금강의 장안사에 비유되곤 했다.

신라 신문왕 6년(686) 동해에서 아미타불(육척의 금으로 된 거구)이 솟아 올라 두 줄기 서광을 발하니 한 줄기는 금강산을 비추고 또 한 줄기는 대성산을 비추었다. 이 때 의상스님께서 두 줄기 서광을 좇아 금강산에는 원통전을 세우고 대성산에는 정취암을 창건하였다 한다.

'정취'라는 이름의 보살은 《화엄경》〈입법계품〉에 등장하는데 선재동자의 구법행각 중 스물 아홉 번째 만나는 분이다. 선재동자에게 해탈법문을 널리 설법해 줌으로써 동자를 인도하는데 이 보살을 관세음보살의 응현신으로 널리 받들고 있다.

이렇듯 관세음보살과 인연이 있는 곳이라 이 후 정취암은 고승 납자들의 요결처了結處가 되었고 청담, 동산, 고암, 성철스님과 같은 분들이 주석하신 곳이기도 하다. 또한 많은 선남선녀들이 관세음보살의 가피력으로 보리대원을 성취하여 최고의 관음성지로 알려져 있는 곳이다.

조사스님들께서는 이 땅에 고통받는 중생들을 위하여 관세음보살을 친견하고 또는 현몽을 받아 처처에 대발원지를 열었다. 이는 관세음보살이 응화신으로 나투신 성지의 모습을 찾아 중생들의 묵은 죄를 참회하고 보리심을 발하기 위함이며 자비심을 일깨우기 위함일 것이다.

이외에도 통도사, 선운사, 용문사, 유봉사, 칠장사의 후불벽화나 탱화의 형태로도 관세음보살은 나투어 계신다.

정병을 손에 들고 감로수를 뿌리며 중생을 바라보고 있는 모습, 아기를 안고 있는 모습, 정좌하고 계시는 모습, 용을 타고 하강하는 모습, 사바세계를 쳐다보며 고뇌하는 모습, 한 손에는 보련화를 들고 한 손에는 감로수병을 들고 있는 모습, 노비구가 무릎을 꿇고 기도하는 모습…….

또 보살 뒤에서 보살의 깨달음의 광명을 밝히며 서 있는 나한들은 자유자재한 모습으로 미륵불이 세상에 출현할 때까지 열반에 들지 않고 세상에 머물면서 불법을 수호하며 중생들의 복전이 되리라는 발원이 담겨 있다. 단순히 법당 건물 후미진 곳에 장식되어 있는 그림이 아니라 고해 속에 허덕이는 중생들을 위하여 나투신 모습이다.

관세음보살 무량광(이 세상 어느 곳이고 시공을 초월하여 있으며 본래 구속하여 기울 바 없는 진리)에 어찌 귀의치 않겠는가? 중생들이 고통받는 곳에 같이 계시며 아픔과 슬픔을 감싸 주고 남을 해치는 악한 자에게는 흩어지게 하는 벌을 주는 관세음보살이 아닌가?

처처에 대비의 발원지가 열려 있지 않은가?

귀의하여 발원한다면 보살의 신통력과 영감으로써, 그 티없이 해맑은 거룩한 광명의 지혜와 자애로운 감로수로써 모든 재앙과 번뇌를 식혀 줄 것이다.

사바란 고통의 나라, 얽매임의 나라, 속박의 나라가 아닌가!

살아가는 순간순간이 바로 번뇌의 연속이며 자그마한 행복조차도 더 큰 고통을 맞이하기 위한 단계일 뿐이다. 한평생 고해에서 허덕이다 고해 속으로 떠나야 하는가? 그렇게 마감한다면 무슨 의미가 있겠는가?

본전의 뒤편에서 천수천안으로 항상 중생을 향하고 계신 관세음보살. 찾아오는 이 없어도 멀리서 바라보며 때로는 중생들의 간절한 염원의 소리를 들어주시고 깨달음의 세계로 인도하시는 관세음보살.

처처에서 우리 중생을 항시 기다리고 계실 것이다.

관음 | 관음성지를 찾아서

지은이 • 정만스님 / 펴낸이 • 김동금 / 펴낸곳 • 우리출판사

개정판 제1쇄 인쇄 • 2001년 3월 5일 / 제1쇄 발행 • 2001년 3월 16일

주소 • 서울특별시 서대문구 충정로3가 1-38호 / 등록 • 제9-139호

전화 • (02)313-5047 · 5056 / 팩시밀리 • (02)393-9696

E-mail • woribook@chollian.net

정가 9,000원

ISBN 89-7561-143-4 03220